Enquête sur le changement climatique

Mathieu Zajdela

Enquête sur le changement climatique

Nouvelle édition

L'Harmattan

5-7, rue de l'École-Polytechnique – 75005 Paris

www.editions-harmattan.fr

ISBN : 978-2-336-45303-3

EAN : 9782336453033

A Arianne et Camille

Ce livre est associé à un site web, accessible gratuitement, qui contient extraits, analyses complémentaires, notes, sources de données, retours de lecteurs. www.enquete-climat.com

Tables des matières

Introduction 8

Première partie : faut-il croire au réchauffement climatique ? 13

Deuxième partie : la boite à outil pour comprendre le changement climatique 51

Troisième partie : les responsabilités multiples du réchauffement climatique 105

Quatrième partie : les enjeux historiques, géopolitiques et économiques par macro-région 116

Cinquième partie : politique et changement climatique 160

Sixième partie : scenario pour le futur, comment atteindre un niveau d'émissions zéro ? 179

Septième partie : Et moi, que puis-je faire à mon niveau ? Par où commencer ? 223

La fin de l'enquête? Non, l'enquête continue 236

Introduction

Je me suis attelé au travail de recherche pour l'écriture de cet ouvrage il y a cinq ans environ, en 2017. Auparavant, ayant consacré toute ma carrière à l'analyse des systèmes énergétiques de nombreux pays de la planète, je ne pouvais bien sûr ignorer la question du changement climatique mais celle-ci était loin d'être au centre de mes préoccupations et je n'y connaissais d'ailleurs pas grand-chose en la matière. Par exemple, si je savais que le maintenant fameux gaz carbonique de formule CO_2, principal gaz à effet de serre, était émis lors de la combustion de charbon, gaz ou pétrole, je n'avais aucune idée des autres sources de gaz à effet de serre, ignorant totalement, par exemple, que nos braves vaches et la culture du riz en émettaient beaucoup.

Dans mes engagements personnels, les préoccupations environnementales, celles des gaz à effet de serre comme les autres étaient aussi assez secondaires : ma conduite était loin d'être exemplaire, elle ne l'est toujours pas d'ailleurs, même si ma paresse naturelle, mon histoire ou mes goûts personnels ont pu m'aider à agir de manière positive, mais finalement un peu malgré moi.

Certains évènements récents m'ont néanmoins conduit à changer ma perception : ils sont nombreux, certains ont un caractère *a priori* anecdotique, les autres sont plus importants.

Commençons par l'anecdote, j'en ai plusieurs mais une en particulière. Nos enfants étant grands et autonomes, mon épouse et moi nous sommes retrouvés seuls à la maison, avec néanmoins une vie sociale plutôt active. Or, une de mes tâches est de descendre les poubelles en faisant un tri rigoureux autant que possible : j'ai été effaré du volume de déchets qu'un couple de 2 personnes peut générer, faisant de cette responsabilité une tâche presque épuisante. Mais j'ai surtout pris conscience de l'incroyable gâchis que notre mode de consommation entrainait. Et encore, nous concernant, jamais ou très peu de produits industriels, beaucoup de produits frais du marché (donc moins d'emballage) et *a priori*, pas trop d'achats « inutiles ».

La deuxième est l'annonce puis la naissance de mon premier petit-fils, auquel cet ouvrage est en partie dédié (Camille), l'autre personne (Arianne) étant mon épouse. Tout d'un coup, j'ai réalisé que s'il était peu probable que je sois encore là pour fêter la Saint-Sylvestre en 2049, lui et mes enfants le seraient sans doute, mon petit-fils pouvant même espérer assister à celle de 2099.

La troisième est le travail de recherche que j'ai engagé sur le réchauffement climatique. Celui-ci avait déjà partiellement commencé en 2015 lors de ma vie professionnelle d'expert du secteur de l'énergie lorsque je fus chargé avec d'autres collègues de construire des scenarios de demande d'énergie et de pétrole pour les 20 prochaines années. C'est à cette occasion que j'ai commencé à regarder de manière sérieuse la question des émissions de gaz à effet de serre. Très rapidement après avoir quitté mes fonctions dans ce cabinet de conseil, j'ai décidé d'engager un travail en profondeur sur ce sujet.

Je partais d'un niveau de connaissance minimal, ayant même certains doutes, non sur la réalité du phénomène, mais sur sa gravité et le lien exact avec les activités humaines. Mon souhait était de les lever une fois pour toutes, dans un sens ou un autre, puis d'essayer d'en comprendre les causes. Ensuite, j'avais une série de questions en tête : si ce réchauffement était effectivement en route, quelles pourraient en être les conséquences ? Était-il trop tard pour agir ? Quelles étaient les conditions pour que nous réussissions à inverser la tendance ou limiter les effets du réchauffement ? Quelles étaient les options disponibles ? Quelles seraient les conséquences sociales et économiques, mais aussi politiques et géopolitiques, à la fois si nous ne faisions rien ou peu et si nous nous engagions au contraire dans la transition énergétique.

Ce travail s'appuie sur celui de centaines d'individus : certains sont des chercheurs, d'autres des ingénieurs, d'autres encore des économistes ou membres d'associations environnementales, ou de simples citoyens qui, dans leur vie quotidienne, trouvent les moyens de participer, à leur niveau, à ce combat.

D'une certaine façon, par le nombre considérable d'articles, de bases de données et de conversations qui ont alimenté mes recherches et ma réflexion, cet ouvrage est en fait un travail collectif : c'est une des raisons d'ailleurs pour lesquelles je m'engage à reverser tous les bénéfices de l'auteur à des associations, universités ou même entreprises privées favorisant la diffusion de connaissances scientifiques sur le sujet du changement climatique. Cela me parait juste.

J'ai abordé la question du réchauffement climatique sans aucun a priori, avec le seul désir de comprendre et d'être en mesure d'expliquer à mes proches le fruit de mes recherches. Je n'avais aucune question taboue, y compris celle de savoir si le réchauffement climatique existait réellement et s'il était bien dû à des causes humaines.

Sur ces points, je me suis attaché à prendre le temps de lire et de discuter avec des climato-réalistes, ayant d'ailleurs trouvé dans leurs sites d'informations quelques perspectives intéressantes.

Un objectif central de cet ouvrage est aussi d'expliquer de manière simple, autant que faire se peut, des choses parfois complexes. Il est destiné à un public adulte, curieux de ces questions, mais pas spécialiste, bien au contraire. J'essaye d'aborder tous les aspects techniques, économiques et stratégiques, politiques et géostratégiques, mais sans complexités inutiles. Toutefois, il n'est pas simpliste. Sachez aussi que si vous trouvez certains chapitres trop ardus, vous pourrez vous rendre directement à la fin de chacun où les principales conclusions et choses à retenir sont résumées en quelques lignes.

Un autre objectif était aussi d'avoir une approche holistique, c'est-à-dire couvrant un vaste nombre de sujets, plutôt que les seuls aspects technologiques par exemple. Outre que l'analyse des questions technologiques a déjà été plutôt bien faite, notamment dans le livre de Bill Gates[1], au cours de mes recherches, j'ai été frappé du fait que les questions historiques, politiques, économiques et sociales sont peu abordées, ou seulement avec de forts *a priori* idéologiques.

C'est aussi à dessein que j'évite de parler trop précisément de la situation de tel pays, la France en particulier, en me concentrant sur le Monde et quelques macros-régions/pays, Chine, Etats-Unis, Europe par exemple, sans par ailleurs proposer pour celles-ci une analyse très fouillée. En revanche, j'ai l'intention, attaché à cet ouvrage, de publier sur internet (enquete-climat.com) quelques profils pays car en matière de réchauffement climatique, s'il n'y a en réalité que des élèves plutôt mauvais, au mieux moyens, certains sont clairement des cancres, souvent bavards en plus et communiquant à grands frais leurs rares actions positives en la matière, en bref des élèves qu'aucun professeur n'a envie d'avoir dans sa classe. Ces annexes seront disponibles gratuitement.

Enfin, outre les remerciements sincères que je dois adresser à tous ceux et celles qui m'ont aidé, un chapitre de fin leur est dédié, je souhaite partager trois dernières observations avant que ne vous commenciez la lecture de l'ouvrage.

Ce livre a été mis à jour jusqu'au dernier jour avant l'envoi aux éditeurs. Néanmoins, vous trouverez quelques données qui peuvent vous paraitre anciennes. Parfois, des données plus récentes n'étaient pas disponibles. Dans d'autres cas, elles le sont (par exemple les émissions par pays et secteur économique) mais ayant réalisé une grande partie des calculs nécessaires en 2018-2019, c'eut été un travail considérable que de tout mettre à jour, sans apporter un grand intérêt souvent, les ordres de grandeur n'ayant guère changé en deux ans (j'ai pris le temps de vérifier cela).

Il est matériellement impossible que ce livre ne contienne pas quelques erreurs, notamment parce que les évolutions technologiques nombreuses peuvent rendre caduques certaines hypothèses de base, pas toutes néanmoins, au moins dans un espace de temps de quelques années. Par ailleurs, sur certains sujets, existent des données qui se contredisent. Et si l'erreur est humaine, et presque inévitable lorsque l'on consulte des centaines de sources d'analyse ou de données, j'ai quand même essayé d'en limiter le nombre.

Malgré mon souci d'avoir été le plus « objectif » possible, il vous sera sans doute impossible d'être d'accord avec chacune des pages de cet ouvrage, plus précisément celles s'écartant de la fourniture de données et de faits que peu de scientifiques remettent en cause. Car essayer d'être objectif, ce n'est pas refuser de s'engager et prendre position : vous le verrez, sur ce point, je n'y vais pas quatre chemins.

Mon ambition d'ailleurs n'est pas de vous convaincre de quoi que ce soit, je considère cet ouvrage comme un outil qui j'espère vous donnera l'envie de vous documenter et plus encore et d'agir à votre niveau.

Commençons notre enquête.

Nous allons tout d'abord essayer de répondre à quelques questions simples :

1) Est-on sûr que la température sur terre augmente ?
2) Les variations de température dans l'atmosphère pourraient-elles s'expliquer par d'autres causes que des activités humaines ?
3) D'un point de vue purement physique comprend-t-on les mécanismes du réchauffement climatique, c'est-à-dire le lien entre la hausse du volume de gaz à effet de serre et celle des températures ?
4) Quels sont les gaz à effet de serre ?
5) Peut-on mesurer les émissions de gaz à effet de serre et la concentration de gaz à effet de serre dans l'atmosphère ? Est-on sûr qu'elle augmente ?
6) Qu'en déduire de la cause principalement humaine des émissions de gaz à effet de serre ?
7) Et enfin, quelles sont les implications pour le futur ?

Première partie : faut-il croire au réchauffement climatique ?

Est-on sûr que la température augmente ?

Ouvrons l'enquête par cette question toute bête, qui mérite néanmoins d'être posée, ne serait-ce qu'en raison du fait que l'on ne sait mesurer la température que depuis peu de temps à l'échelle du temps long. La date exacte du premier appareil mesurant la température est sujet à discussion, milieu du XVIIe ou début du XVIIIe siècle, mais cette querelle compte peu : des relevés de température ne sont disponibles que depuis quelques centaines d'années.

Ce n'est que depuis 1850 environ que l'on dispose de suffisamment de stations météorologiques d'observation pour estimer une température moyenne du globe.

Estimer la température pour les 800,000 dernières années est possible pour certaines régions du globe

Par exemple, les calottes glaciaires se forment à mesure que la neige s'accumule, les chutes de neige de chaque année étant conservées sous forme d'une seule couche visible. Il existe des différences chimiques (le contenu en Deutérium) mesurables dans la neige formée à différentes températures, de sorte que les carottes de glace fournissent un relevé de température polaire remontant à environ 250 000 ans pour le Groenland et 800 000 ans pour l'Antarctique. Autre technique, l'analyse des stries des coraux fossilisés et des dépôts de sédiments lacustres dévoile une chimie particulière liée à la température lors de leur formation.

La température moyenne du globe avant le milieu du XIXe siècle ne peut être modélisée que sur la base de données parcellaires obtenues par l'analyse de la croissance des arbres et des coraux, du contenu d'oxygène 18 dans le deutérium des carottes glacières et de manière plus anecdotique en utilisant des témoignages écrits sur les rigueurs des hivers ou le caractère chaud des étés, ou encore des relevés pour certaines villes après le milieu du XVIIIe siècle. Toutefois, bien que donnant une vision partielle de la température du globe, la technique de la mesure du deutérium est scientifiquement prouvée et fiable[2].

Depuis 1850 au contraire, la précision s'accroît, sans être parfaite car les stations météorologiques ne sont pas réparties de manière égale sur la planète : il y en a beaucoup plus en Europe et aux États-Unis qu'en Asie ou en Afrique, et plus sur terre que sur mer. Toutefois, la situation s'améliore graduellement au XXe siècle, de telle façon que l'on atteint peu à peu un plus grand degré de précision. À partir de 1879, l'association météorologique internationale commence à compiler des données de température autour du globe.

En réalité, même avec le très grand nombre de stations météorologiques dont on dispose aujourd'hui, calculer une température moyenne pour la planète n'est pas un exercice facile, car il faut pondérer un très grand nombre de données pour arriver à un résultat fiable. La pondération doit se faire en tenant compte par exemple qu'il y a moins de relevés pour certaines zones que d'autres ou que les relevés sont effectués à différents moments de la journée.

S'y ajoutent d'autres complexités qui obligent à apporter des corrections aux relevés de température. Par exemple, l'urbanisation peut en soi entrainer une hausse de la température, mais celle-ci n'aura pas de rapport direct avec le réchauffement climatique. Ceci explique que le GIEC (Groupe d'experts intergouvernemental sur l'évolution du climat) ait apporté à plusieurs reprises des corrections à son estimation des températures passées, sans jamais toutefois remettre en cause le principe d'une hausse d'environ 1 °C depuis 1850.

Donc, en réalité, même sur cette question de base, il n'y a pas un consensus absolu. Quelques scientifiques, assez rares quand même mettent en doute la réalité même d'une hausse des températures moyennes sur Terre, d'autres considèrent que l'ampleur réelle liée au réchauffement climatique est moindre.

Si la mesure d'une température moyenne du globe est toujours un exercice complexe et sujet à discussion, on peut aussi renforcer l'hypothèse d'une hausse en s'appuyant sur des observations réalisées sur une échelle plus petite, celle d'un pays, de quelques villes ou d'espaces restés plus ou moins identiques depuis 200 ans, n'ayant pas subi un changement majeur du niveau d'urbanisation. En France par exemple, on constate bien une hausse des températures depuis 1850, même si celle-ci a été irrégulière (avec une assez nette accélération depuis 1980 environ), et la même tendance est observée sur la température de quelques villes[3].

Dans le débat sur le climat, l'existence ou non d'un changement climatique, sa cause humaine ou non, il est très important de bien comprendre plusieurs choses. La première est que notre connaissance du phénomène continue de progresser : par exemple, nous avons depuis assez peu d'années une capacité à mesurer la température des océans, notamment en profondeur et non seulement à leur surface.

Pourquoi le GIEC exprime-t-il ses conclusions en termes de probabilité ?

Pour la plupart d'entre nous, les probabilités sont une affaire complexe à appréhender intuitivement. Mon excellent professeur de maths de lycée nous les expliquait très bien tout en affirmant : pour moi, cette matière a peu d'intérêt, un évènement arrive ou n'arrive pas. Il est sans doute plus facile de comprendre le principe d'une probabilité sur un évènement futur mais l'idée d'une probabilité pour un évènement passé semble absurde : un évènement a eu lieu ou pas en effet ! Pourtant c'est possible et même assez courant car il est fréquent que l'on ne sache pas tout du passé. En matière de climat, nous sommes dans cette situation, ayant parfois une incertitude sur certaines mesures du passé. C'est en fait une forme d'honnêteté de la part du GIEC de reconnaitre que concernant des phénomènes climatiques d'une grande complexité, on ne peut presque jamais avoir de certitudes absolues, que ce soit pour le passé ou le futur. Lorsque le GIEC indique une probabilité de 90 ou 95%, il ne s'agit pas d'une certitude, mais quand même d'un événement très probable. Qui d'entre nous hésiterait à jouer au Loto si nous savions avoir 90-95% chances de gagner ? Qui d'entre nous prendrait l'avion si celui-ci avait 90-95% de chances de s'écraser ?≈

La deuxième est que les scientifiques, particulièrement ceux du GIEC, l'organisation internationale qui suit ces questions climatiques, sont très prudents et ne parlent jamais en termes de certitude absolue, mais plutôt en termes de probabilité, même pour les évènements passés.

Le rapport d'évaluation du GIEC inclut des estimations de ces tendances et de leurs incertitudes calculées jusqu'à l'année 2012. Selon ce rapport, la température moyenne planétaire a augmenté en surface de près de 0,9 °C entre 1880 et 2012 (avec une probabilité de 90% pour que le réchauffement soit compris entre 0,65 et 1,06 °C). Cette tendance au réchauffement s'est poursuivie depuis ce rapport du GIEC puisque qu'entre 1880 et 2018 les tendances estimées sont de 0,96°C pour la NASA et la NOAA (National Oceanic and Atmospheric Administration et National Aeronautics and Space Administration), comprise entre 0,81°C et 1,11°C avec une probabilité de 95%[4].

Pour le reste de cet ouvrage, nous allons donc admettre que l'hypothèse d'un accroissement sensible de la température depuis 1850 est quand même hautement probable.

2 ou 3 °C de plus, n'est-ce pas peu de chose finalement (quand la température de ma douche augmente de 2 ou 3 °C, je n'en meurs pas !) ?

Lorsque nous entendons qu'il y a déjà eu 1°C d'accroissement depuis 1850 et qu'il faut tenter de limiter le réchauffement supplémentaire à 0,5 °C, au pire 1 °C, d'ici 2100, notre pente naturelle est de ne pas trop nous inquiéter de ces chiffres, non seulement en raison d'une certaine forme d'égoïsme consistant à reporter aux générations futures le défi d'affronter les conséquences d'une telle tendance, mais aussi parce que ce chiffre nous parle peu dans notre vie quotidienne, sauf à être le témoin de conséquences plus dramatiques. Au fond de nous-même, nous nous rassurons en pensant qu'il suffira d'augmenter un peu la climatisation en été et baisser le chauffage en hiver. Ce sera progressif, on s'habituera.

Certains Anglais se prennent à espérer qu'ils n'auront plus à fuir leur île pluvieuse pour les vacances d'été et les producteurs champenois s'inquiètent que la Grande-Bretagne, n'ayant peut-être plus après le Brexit à respecter les appellations d'origine contrôlées européennes, puisse même devenir productrice de champagne. Au-delà de cette anecdote, plusieurs organisations, banques, consultants, investisseurs, et même gouvernements[5], s'interrogent sur les opportunités offertes par le réchauffement climatique, dans une attitude qui ressemble parfois à un déni de réalité allié à la conviction que toute crise finit par produire des conditions favorables pour de nouvelles affaires. N'en a-t-il pas toujours été ainsi dans l'histoire récente de l'humanité ? Chaque grand changement ou crise n'a-t-il pas, presque toujours, fini par déboucher sur une nouvelle période de prospérité, de croissance, d'innovation ? La fonte des glaciers n'ouvrira-t-elle pas des opportunités d'exploration de gaz et de pétrole et d'autres matières premières ? Des activités aujourd'hui impossibles dans des régions au climat trop froid ne pourront-elles pas se développer à l'avenir ? La hausse du nombre et de l'amplitude des aléas climatiques est-elle un risque pour le secteur de l'assurance, ou au contraire une opportunité pour accroître ses activités ?

Or, la température moyenne s'étant accrue de 1 °C, +1 °C ou +2 °C en plus en moyenne pour la planète, cela fait +2 °C ou +3 °C en tout. C'est un changement important : en augmentant la température d'une pièce ou de l'eau de la douche de 2 °C ou 3 °C, on ressent d'ailleurs très clairement la différence. Un bain de mer dans une eau à 20 °C ou 17 °C ne procure pas la même sensation. Et pourtant, au niveau de la planète, l'effet sera sans commune mesure avec celui perçu d'une hausse de 2°-3° de la température ambiante de notre environnement immédiat, à la maison, au travail ou sous notre douche !

Tout d'abord, les hausses de température ne sont pas homogènes selon les régions ou les périodes de l'année. Une baisse de la température ici va être compensée par des hausses de températures ailleurs de plus de 2-3 °C. Depuis 1900 par exemple, la température moyenne s'est accrue de presque 2 °C en Afrique du Sud ou en Russie, 1,5 °C en Europe en moyenne, mais seulement de 1 °C aux États-Unis et de 0,5 °C en Australie. Dans son dernier rapport, publié en 2018, le GIEC souligne que la hausse des températures a été en général supérieure à 1 °C sur terre, et plus faible sur mer. Le GIEC en conclut qu'il est probable que de 20 à 40 pour cent de la population mondiale vive dans des zones où l'augmentation de la température depuis 1850 a déjà dépassé 1,5 °C en moyenne.

La hausse de la température n'est pas égale au cours de l'année et s'accompagne, on le constate déjà depuis une trentaine d'années, d'une croissance du nombre et de l'amplitude des vagues de chaleur.

Enfin, et c'est cela le plus grave, ce réchauffement climatique entraîne une destruction progressive des écosystèmes dont nous savons qu'ils sont indispensables à la continuation d'une vie humaine sur terre. Avec une augmentation de 2 °C ou 3 °C, la plupart des écosystèmes subiront de très profonds changements, certains sont déjà visibles. Pour comprendre l'impact d'une hausse de température de 2 °C ou 3 °C pour la planète, plutôt que se référer à la température moyenne de notre environnement immédiat, souvenons-nous de ce qui se passe en cas de hausse de la température corporelle d'un nouveau-né. À 37,2 °C, il est en bonne santé, mais les professionnels considèrent que moins d'un degré de plus, dès 38 °C, suffit à indiquer les premiers symptômes de fièvre et qu'au-delà de 38,5 °C, il faut consulter un médecin au plus vite. À 39 °C et plus encore 40 °C, alerte très sérieuse, les choses vont très mal. Au-delà, sa vie est en danger, l'hospitalisation s'impose.

Or, selon les dernières prévisions du GIEC, la hausse de la température en 2100 par rapport à la période préindustrielle se situerait, au rythme actuel, entre 1,5 °C et 4 °C selon le niveau des émissions de gaz à effet de serre d'ici à cette date[6]. Au mieux, une forte fièvre, au pire la mort du nourrisson. Au mieux, quelques désagréments plus ou moins pénibles, au pire des conséquences catastrophiques pour la vie sur Terre.

Les variations de températures ne peuvent-elles pas s'expliquer par d'autres facteurs que les activités humaines ?

La température de la Terre varie en fonction des phénomènes naturels tels que les cycles solaires, dont la durée est de 11 ans, ou des phénomènes particuliers tels que El Nino[7] ou les éruptions volcaniques dont les effets peuvent durer quelques années.

Ces phénomènes ont un impact sur le climat, mais limité dans le temps alors que la hausse de température que nous subissons actuellement est un phénomène régulier entamé depuis plus de 150 ans. En outre, l'amplitude de température que peut occasionner ce cycle est généralement faible, comparée aux hausses enregistrées.

Toutefois, dans son histoire longue, la Terre a enregistré d'importantes variations de sa température moyenne, et ce bien avant l'apparition de l'homme et que l'activité humaine n'ait été susceptible d'influencer le climat. Elle a connu des périodes très chaudes, avec une température de plusieurs degrés supérieure à ce qu'elle connaît actuellement, et des périodes de glaciation intense.

Un scientifique serbe, Multin Milankovitch[8], a mis en lumière un ensemble de cycles naturels liés à différents paramètres, tels que les variations de l'axe de la terre ou de sa rotation autour du soleil. Ces variations très faibles sont néanmoins suffisantes pour modifier le rythme des saisons et entraîner des perturbations importantes du climat. Ces cycles ont une durée comprise entre 20 000 et 40 000 ans et font alterner périodes de glaciation et périodes chaudes. Les scientifiques ont pu montrer que les variations de température entraînent une variation de la teneur en gaz carbonique (de formule chimique CO_2) de l'atmosphère, et non le contraire. Ceci suggère que la hausse des températures accroît la teneur en CO_2 de l'atmosphère, qui en retour accroît l'effet de serre et la température de l'atmosphère. Il s'agit d'une interaction « positive », dans le sens où l'une renforce les effets de l'autre, qui a tout lieu de nous inquiéter et de nous faire craindre un effet d'emballement. On doit toutefois se rassurer en constatant que cet effet d'emballement ne s'est jamais produit dans la longue histoire de la Terre. Il doit aussi exister des interactions « négatives », c'est-à-dire des phénomènes qui, une fois un certain niveau de température atteint, produisent un effet contraire et la font baisser. Ce pourrait être par exemple l'accroissement de la couverture nuageuse entraînée par le réchauffement climatique qui, en retour, protège la terre des rayonnements du soleil.

L'existence des cycles de Multin Milankovitch a souvent été utilisée par les climato-sceptiques pour nier le lien entre activités humaines et réchauffement climatique. Or l'existence des uns ne remet nullement en cause celui du réchauffement climatique et de son lien avec les activités humaines. Dans un cas, nous avons des cycles climatiques très lents, de 20 000 à 40 000 ans, dans l'autre, une brusque hausse de la température liée à une croissance très rapide du taux de CO_2 dans l'atmosphère qui s'est matérialisée depuis 150 ans, s'accélérant même au cours des dernières années. Il s'agit donc d'un faux argument, cycles de Milankovitch et réchauffement climatique existent tous les deux.

Pour autant, peut-on affirmer avec une certitude absolue que le réchauffement climatique est bien dû aux activités humaines, ou encore que l'intégralité de la hausse des températures est liée aux activités humaines ? Certains scientifiques suggèrent, sans d'ailleurs pouvoir apporter de preuves convaincantes, soit qu'il n'y a pas de lien direct, soit que les activités humaines expliquent une petite partie du réchauffement climatique.

Que dit le GIEC sur ce point ? Il n'affirme pas que nous sommes absolument certains de cette causalité, il suggère seulement que celle-ci est hautement probable. Dans son dernier rapport, dont les premiers éléments sont parus au milieu de l'année 2021, le GIEC considère que l'impact des phénomènes naturels a été marginal à long-terme, même s'ils ont pu influencer, l'accélérant ou la retardant, la hausse des températures à court-terme.

Là encore, pour la suite de cet ouvrage, nous allons nous en tenir à l'hypothèses que le GIEC considère comme la plus probable (mais pas certaine, rappelons-le encore), à savoir que le réchauffement climatique est une réalité et qu'il est bien dû aux activités humaines entrainant des émissions de gaz à effet de serre, dont le CO_2. Et ce d'autant plus que sur le plan purement physique, la relation entre les deux est connue depuis longtemps.

Connaît -on les mécanismes physiques du réchauffement climatique ?

Je m'inspire ici de la démonstration très simple et convaincante développée par un jeune physicien français, David Louapre[9] qui tient un blog de vulgarisation scientifique remarquable, « Science Étonnante ». L'une de ses vidéos s'attaque à la question du réchauffement climatique sous le titre : « Faut-il croire au réchauffement climatique ? » Elle ne couvre que le problème du gaz

CO_2, dont nous verrons qu'il est responsable des trois quarts du problème environ. David Louapre utilise ici une technique puissante pour analyser un problème ; elle consiste à décomposer une hypothèse en sous-hypothèses. Sa démonstration tient donc en 3 points :

1. Les activités humaines rejettent du CO_2 ;
2. Le CO_2 est un gaz à effet de serre ;
3. L'effet de serre réchauffe la planète.

Les activités humaines rejettent du CO_2

Si les activités humaines utilisent des énergies fossiles, elles rejettent donc du CO_2 : il s'agit d'un phénomène physique lié à la combustion du charbon, gaz, pétrole. Chaque tonne d'énergie fossile émet 2,7 tonnes de CO_2, mais nous verrons plus loin que le niveau d'émission n'est pas le même selon les énergies fossiles, notamment par rapport à l'énergie fournie. C'est pire pour le charbon, mauvais pour le pétrole, un peu mieux pour le gaz.

Si nous brûlons des énergies fossiles depuis assez longtemps (les Romains utilisaient déjà du charbon), ce n'est que depuis le début du XIXe siècle, plus franchement après 1850-1880 que son usage dans l'industrie, les transports et le chauffage a commencé à devenir d'abord significatif, puis massif. C'est aussi vers cette même date que l'usage du pétrole a commencé à décoller dans les transports et la chimie. Il nous est assez facile d'avoir une estimation des quantités de charbon, puis de pétrole et de gaz, utilisées depuis cette époque dans le monde : des statistiques de production assez fiables sont disponibles depuis au moins le début du XIXe siècle, et l'on sait qu'avant cette date, les quantités utilisées étaient marginales.

Le gaz carbonique est un gaz à effet de serre

L'effet de serre est un mécanisme par lequel, au lieu d'être renvoyées dans l'espace, les radiations de chaleur émises par la Terre (liées à la chaleur qu'elle reçoit du soleil) restent prisonnières dans l'atmosphère. Les gaz à effet de serre agissent comme des grands miroirs réfléchissants en altitude. Le gaz carbonique n'est pas le seul à être un gaz à effet de serre, c'est le cas de tous les gaz composés d'au moins trois atomes ou de deux atomes différents[10]. La formule du gaz carbonique est CO_2, indiquant que chaque molécule contient un atome de carbone et deux atomes d'oxygène. Le CO_2 est responsable de 75% des émissions de gaz à effet de serre, contre 20% pour le méthane et 5% environ pour tous les autres gaz[11].

Or nous pouvons mesurer le niveau de CO_2 dans l'atmosphère, par des relevés depuis 1950 environ et remonter de plusieurs centaines de milliers d'années dans le temps en utilisant d'autres techniques. Les données montrent que la quantité de CO_2 dans l'atmosphère a augmenté des deux tiers depuis le milieu du XIXe siècle et n'a jamais été aussi élevée depuis des dizaines de milliers d'années.

Enfin, l'effet de serre réchauffe la planète

Nous connaissons l'existence et les mécanismes de l'effet de serre depuis au moins 150 ans. C'est même en partie grâce à lui que la vie a pu se développer sur Terre : en son absence, la température moyenne y serait de -18 °C (donc, la Terre serait surtout une grande banquise et un désert glacé) au lieu de 14 °C environ actuellement. En réalité, aucun climato-septique ne nie cette réalité physique. Le débat ne porte donc pas sur son existence mais sur le fait de savoir si le réchauffement climatique est lié aux activités humaines ou si c'est un phénomène naturel lié par exemple aux cycles du soleil.

Pour que la vie végétale et animale se maintienne pour encore une longue période, il faut que le mécanisme du réchauffement climatique s'exerce dans certaines limites : suffisamment fort pour que la Terre ne soit pas trop froide, mais pas trop quand même ; au-delà d'une certaine limite, ces formes de vie sont en danger. Bref, la température *moyenne* de la terre doit rester autour de 14-15 °C, en évitant aussi trop de pics, trop chauds ou trop froids. Or nous avons vu que nous avons très probablement enregistré une augmentation importante de la température depuis 1850 (et même en fait depuis que l'on mesure la température avec un thermomètre), avec un doute réel encore moindre depuis 1980, et qui s'accélère nettement.

Si l'on résume les réalités scientifiques suivantes…

- La quantité de CO_2 dans l'atmosphère augmente vite et atteint un niveau jamais enregistré depuis des dizaines de milliers d'années ;
- Le CO_2 est un gaz à effet de serre et l'on connaît les mécanismes physiques du réchauffement climatique ;
- La température, on la mesure depuis 1850, moyenne du globe augmente, plus nettement depuis 80 ans, avec une nette accélération depuis 1970-1980.

…alors on ne peut que poser comme très raisonnable l'hypothèse que le réchauffement climatique existe, qu'il est bien causé par l'augmentation des gaz à effet de serre, que le principal d'entre eux est le CO_2, et que l'augmentation de son volume dans l'atmosphère est liée à la consommation d'énergie fossiles. Mais David Louapre, en scientifique rigoureux ne nie pas non plus que s'agissant d'un phénomène très complexe, avec ce qu'il appelle des boucles positives et négatives, nous ne comprenons pas parfaitement l'ensemble des mécanismes. S'agissant du futur, lui aussi ne pose qu'une hypothèse très probable d'une augmentation continue des températures.

Parmi les facteurs qui pourraient l'accélérer ou le ralentir, il note avec justesse l'importance de la couche nuageuse. Si celle-ci augmente à cause du réchauffement, elle peut faire écran à une partie du rayonnement solaire…ou au contraire garder plus de chaleur sur terre. Un autre est la fonte de la banquise, dont une des spécialités est de renvoyer, un peu comme un miroir géant, les rayonnements solaires. Sans cet effet, l'accroissement de la température pourrait être plus fort.

Quels sont les gaz à effet de serre responsables du changement climatique ?

De très nombreux gaz contribuent au réchauffement climatique, mais quelques-uns, dont deux principaux, le gaz carbonique (nous l'avons vu de formule CO_2) et le méthane (de formule CH_4), sont responsables d'une très large majorité du problème, au-delà de 90%.

En 2018, on estime à 55,6 milliards de tonnes le volume total de gaz à effet de serre émis en équivalent CO_2. Ce chiffre comprend toutes les émissions y compris celles dues à la déforestation, mal connues mais estimées à 3,9 milliards de tonnes. Le montant, hors déforestation, des émissions était donc de 51,8 milliards de tonnes. Sur ce total, le gaz carbonique (CO_2) représentait 72%, le méthane (CH_4) 19%, le dioxyde d'azote (NO_2), 6%, les autres gaz, 3%. Si l'on ajoute les émissions liées à la déforestation, qui sont principalement du CO_2, la part du CO_2 et du méthane est encore plus élevée, proche de 95%. C'est pourquoi, dans cet ouvrage, nous nous concentrerons sur ces deux gaz.

Nous allons maintenant examiner plus en détail la contribution de chacun de ces gaz. Ce sont des éléments un peu techniques mais utiles à connaitre. Pour calculer les émissions de gaz à effet de serre, il faut d'abord prendre la mesure du poids des émissions de chacun des gaz, sans prendre en compte le fait que tous n'ont pas le même impact, certains, du point de vue du réchauffement étant plus dangereux que d'autres. Ce tonnage était de 37 milliards de tonnes la même année (et non 55,6 milliards), comme résumé dans le tableau ci-après:

Gaz	Formule	Volume en millions de tonnes
Gaz carbonique	CO_2	37 000 (>99 %)
Méthane	CH4	360 (<1 %)
Dioxyde d'azote	NO2	8 (<0,01 %)
Autres	CFCs	<1

Les volumes d'émission des autres gaz à effet de serre sont beaucoup plus faibles, de l'ordre de 10 000 tonnes par exemple pour les CFC.

Si l'on veut comprendre l'importance relative des différents gaz, les choses se compliquent un peu car tous ces gaz n'ont pas le même pouvoir de gaz à effet de serre. Leur pouvoir réfléchissant (capacité à garder la chaleur prisonnière dans l'atmosphère plutôt que de la laisser s'échapper dans l'espace) est très variable. D'autre part, tous ces gaz n'ont pas la même durée de vie dans l'atmosphère, pour certains, leur transformation en d'autres éléments peut être rapide.

Pour le CO_2, on estime sa durée de vie à 100 ans, même si les scientifiques reconnaissent qu'il est très difficile de lui calculer une durée de vie précise. Pour le méthane, c'est environ 12 ans, durée après laquelle il est détruit par d'autres composants contenus dans l'atmosphère[12]. Pour d'autres gaz à effet de serre, la durée de vie se compte en milliers d'années.

Durée de vie dans l'atmosphère et potentiel de réchauffement global (PRG) des gaz à effet de serre

(Rapport du GIEC, 2007)

Gaz	Durée de vie (années)	PRG Selon la période 20 ans	100 ans	500 ans
Dioxyde de carbone (CO_2)	100	1	1	1
Méthane (CH_4)	12	72-87	25-36	7-8
Oxyde nitreux (N_2O)	114	289	298	153
PFC-14 (Tertrafluorure de carbone, CF_4)	50 000	5 210	7 390	11 200
HFC-23 (Trifluorométhane, CHF_3)	260	9 400	12 000	10 000
Hexafluorure de soufre (SF_6)	3 200	15 100	22 200	32 400

C'est pourquoi, en composant ces deux aspects, puissance de l'effet de serre et durée de vie, les scientifiques calculent un effet de serre pour différentes périodes, en la comparant au gaz carbonique. Dans le petit tableau ci-dessous, comme l'effet de serre produit par le gaz carbonique sert de référence, il est égal à un.

Ce tableau suggère que sur une période de 20 ans, chaque tonne de méthane a un effet 72 à 87 fois plus important qu'une tonne de gaz carbonique. Sur une période de 100 ans, son effet est seulement 25-36 fois plus important en raison du fait d'une durée de vie relativement faible. Rappelons au passage que le méthane, lorsqu'il est brûlé, dégage beaucoup de CO_2, 2,8 tonnes pour chaque tonne de gaz brûlé. Néanmoins, sa contribution à l'effet de serre est 10 fois moindre que lorsqu'il s'échappe dans l'air.

Cela fait beaucoup de chiffres, mais maintenant, nous pouvons commencer à comprendre le phénomène du réchauffement climatique dans toute sa complexité. Car bien sûr, en tenant compte de ces coefficients, l'impact des différents gaz à effet de serre est bouleversé. Voyons l'effet des différents gaz à effet de serre en prenant en compte les coefficients de chacun d'entre eux.

Que nous disent les chiffres corrigés de la page suivante? D'abord, le CO_2 reste le principal gaz à effet de serre, en raison des quantités émises. Pour autant, le méthane a un effet très important. L'impact négatif du méthane, mesuré par rapport à celui du CO_2, varie selon la période considérée. Le méthane est très puissant, au sens nocif du terme, mais son effet dure moins longtemps que le CO_2. Les chiffres de 72% pour le CO_2 et 19% pour le méthane sont basés sur l'effet relatif à cent ans. Mais à 25 ans, le poids du méthane est bien plus fort, près de la moitié. Si l'on veut agir vite sur le réchauffement climatique, il faut s'attaquer autant au problème du méthane qu'à celui du CO_2 !

Gaz à effet de serre	Formule	Effet à 20 ans	Effet à 100 ans
Gaz carbonique	CO_2	54 %	72 %
Méthane	CH_4	41 %	19 %
Dioxyde d'azote	NO_2	<2 %	6%
Autres gaz	PFC, HFC, SF	<2 %	3%

Par ailleurs, ces chiffres montrent bien qu'on ne peut déjà plus faire grand-chose pour limiter la hausse de la température à l'horizon 2040. Les scientifiques le disent, elle continuera de s'élever sauf si une chute massive et brutale des émissions se produit dès… aujourd'hui. Les mesures que nous prenons aujourd'hui pour fortement réduire les émissions, et les porter à zéro le plus vite possible, impacteront surtout le climat au-delà de 2040.

Mais si l'on veut terminer ce chapitre sur une note optimiste, on peut retenir que les émissions de méthane se désagrègent assez vite, 12 ans, dans l'atmosphère. Donc, si celles-ci se stabilisaient par exemple à leur niveau actuel, leur volume dans l'atmosphère n'augmenterait pas, la destruction des émissions émises douze ans auparavant compensant les nouvelles émissions. Pour être plus précis, une très forte réduction des émissions de méthane, si elle intervient vite, pourra faire sentir ses effets plus rapidement que pour le CO_2. Or, la stabilisation, puis la baisse des émissions de méthane est un objectif qui n'est pas hors de notre portée avec les technologies existantes. Jonathan Safran Foer dans l'ouvrage intitulé *L'avenir de la planète commence dans notre assiette*[13], y explique que pour combattre le réchauffement climatique le plus efficacement possible, mieux vaut ne pas manger de viande rouge (ou même pas de viande du tout) puisqu'en effet une proportion importante des émissions de méthane (21% environ à l'échelle mondiale) vient de l'élevage de nos ruminants (veaux, vaches, bœufs, moutons, agneaux). Néanmoins, cette recommandation est au mieux simpliste, puisque près de 80% des émissions de méthane viennent d'autres sources, et que pour vraiment résoudre le problème des émissions de gaz à effet de serre, il va falloir s'attaquer au CO_2.

Peut-on mesurer les émissions de gaz à effet de serre et leur teneur dans l'atmosphère, mais aussi les prévoir ?

Tout d'abord, rappelons que les émissions annuelles de gaz à effet de serre sont beaucoup plus faibles que le volume total contenu dans l'atmosphère. Chaque année en effet, nous ajoutons un certain volume à un stock existant, mais une partie de ce stock est aussi détruit par des mécanismes naturels.

C'est une différence importante, par exemple la même que celle entre l'épargne placée chaque mois sur un compte ouvert à cet effet, peut-être 100 euros, et le montant des économies dans ce même compte, qui sera en principe plus élevé car les dépôts vont s'additionner avec le temps (mais il faudra aussi prendre en compte les retraits pour connaitre ce qu'il reste sur le livret).

C'est un peu la même chose pour les gaz à effet de serre, c'est pourquoi nous examinerons d'une part les émissions, puis les réductions naturelles possibles et enfin le niveau de gaz à effet de serre dans l'atmosphère.

Ainsi, si les émissions de gaz à effet de serre baissent une année, comme ce fut le cas en 2020 en raison de la crise sanitaire du Covid-19, le volume de gaz à effet de serre dans l'atmosphère aura quand même continué à augmenter.

Mesurer les émissions de gaz à effet de serre *d'origine humaine*

Nous avons vu qu'il y a deux principaux gaz à effet de serre, le gaz carbonique (CO_2) et le méthane (CH_4). Mesurer les émissions de CO_2 est relativement facile, il suffit de savoir le volume de production ou de consommation d'énergies fossiles (charbon, gaz, pétrole) pour lesquelles nous avons des statistiques plutôt fiables remontant assez loin. On sait que cette consommation était très faible avant 1850, plus encore avant 1800. Pour le CH_4 néanmoins, les sources sont différentes : l'élevage des ruminants (et d'autres activités agricoles, dont la production de riz et celle de fumier), la production pétrolière et gazière et les décharges. Or on connait avec moins de précision, pour le présent et encore moins pour le passé, ces différentes activités : par exemple, nous n'avons pas une liste exhaustive de toutes les décharges à ciel ouvert de la planète. Pour les champs pétroliers et gaziers, on en connait assez le volume, notamment grâce aux observations par satellite, mais seulement pour les plus grands d'entre eux.

Avec toutes ces restrictions, il existe plusieurs organismes qui suivent les émissions de gaz à effet de serre par pays et dans le monde. Par exemple, pour le CO_2, la plus connue est l'Agence Internationale de l'énergie (AIE ou IEA en anglais). Mais c'est un organisme hollandais, associé à l'Union Européenne, qui publie chaque année un bilan complet de toutes les émissions de gaz à effet de serre, *PBL Netherlands Environmental Assessment Agency*. Cet organisme compile une série de données publiées par d'autres instituts et procède à un ensemble de vérification de cohérence, n'oubliant jamais de mentionner les données qui souffrent d'un certain degré d'imprécision. Les émissions sont ainsi calculées par pays et par secteur depuis 1970. Avant cette date, il existe d'autres sources, mais moins complètes et moins fiables.

Depuis 1970, les émissions de gaz à effet de serre ont doublé. Plus inquiétant encore, entre 1990 et 2015, non seulement les émissions annuelles n'ont montré aucun signe de fléchissement, mais elles se sont accrues plus vite que pendant la période précédente : + 30% « seulement » entre 1970 et 1990, contre + 60% entre 1990 et 2015[14]. Le problème n'est donc pas que les émissions ne baissent pas assez vite (ce serait déjà une situation assez préoccupante) ou qu'elles se sont durablement stabilisées (situation resterait négative mais donnerait au moins le signe encourageant que la tendance s'est inversée) : le problème est que les émissions continuent d'augmenter. Une analogie simple : un conducteur identifie un précipice au loin sur la route, la logique voudrait qu'il commence à freiner, ou *a minima*, qu'il stabilise sa vitesse. Or que fait notre conducteur ? Il accélère !

Pour le CO_2, c'est une évolution régulière entre 1970 et 2018, presque une ligne droite. Les émissions ont augmenté chaque année, à quelques exceptions près lors de ralentissements économiques majeurs comme en 1982 ou en 2009. La croissance annuelle a été un peu plus forte depuis 1990, + 1,9% au lieu de 1,8%, mais on doit quand même noter un petit ralentissement de 2010 à 2018, avec une croissance qui n'est plus « que » de 1,4% par an. La crise sanitaire, puis économique, liée à l'épidémie du Covid-19 a entrainé une baisse importante des émissions en 2020 (mais avec un fort rebond en 2021).

Pour le méthane, l'évolution est plus négative encore : la croissance annuelle a été de + 2,1% par an entre 1970 et 1990, et de 2,9% par an entre 1990 et 2015[15], et il n'y a aucun ralentissement depuis 2010.

Donc, retenons deux choses :

1) Si l'on ne connait pas le volume exact de ces émissions, les estimations sont fiables, avec une incertitude un peu plus élevée pour le méthane que le CO_2;
2) Les émissions sont très élevées et elles continuent de croitre.

Le volume de gaz à effet de serre dans l'atmosphère

Voyons maintenant un peu plus en détail ce qui se passe pour le contenu dans l'atmosphère de ces deux principaux gaz à effet de serre, gaz carbonique et méthane.

Mesurer la teneur en CH_4 ou CO_2 d'un volume d'air est un exercice relativement facile, même si les quantités sont limitées. On calcule les quantités en ppm (particules par million), c'est comme un pourcentage, sauf qu'au lieu d'être un nombre pour cent, c'est un nombre pour un million.

En 2019, la quantité de CO_2 était de 408,9 ppm (soit 0,04%) avec une incertitude de 0,1 ppm, donc quasiment rien. Pour le CH_4, les quantités sont encore beaucoup plus faibles : en 2019, le contenu moyen atteignait presque 1,9 particule par million, avec là encore avec une faible incertitude.

Mais il y a mieux, remonter dans le passé est beaucoup plus facile et on peut le faire sur un temps très long, plusieurs centaines de milliers d'années. Depuis 1950 environ, nous avons des relevés, et pour les périodes précédentes, on prélève des carottes de glace en profondeur, sachant avec une bonne précision quand elles se sont formées. Les petites bulles d'air qui ont été piégées lors de la formation des glaces peuvent être facilement analysées. Il s'agit donc essentiellement de la même technique utilisée que pour mesurer la température sur un temps long.

On sait donc que la teneur en CO_2 de l'atmosphère n'a jamais été aussi élevée en 800 000 années qu'actuellement, et qu'elle a augmenté de presque 50% entre 1750 et 2020 (d'un peu moins de 280 ppm à un peu plus de 400 ppm). On sait aussi que la croissance s'est fortement accélérée depuis 1960, date à laquelle la teneur n'était encore que de 310 ppm.

Pour le CH_4, on peut aussi, utilisant les mêmes techniques, remonter dans le temps. Sa teneur dans l'atmosphère est restée stable autour de 0,7 particule par million jusqu'en 1800. Puis entre le début de la révolution industrielle et aujourd'hui, la teneur dans l'atmosphère a été multipliée par 2,5, une croissance encore plus forte que pour le CO_2 (pour lequel la croissance n'a été « que » de 50%).

Nous savons estimer avec une grande précision les émissions annuelles de gaz à effet de serre, nous pouvons en mesurer le contenu dans l'atmosphère, mais y-a-t-il cohérence entre les deux ?

Que deviennent les gaz émis par les activités humaines ?

Lorsqu'une baignoire contient un certain volume d'eau, disons 150 litres, l'ajout de 30 litres permet de conclure avec une certaine confiance qu'elle en aura 180 litres (150 + 30), même si la réalité n'est pas si simple, la baignoire peut avoir une fuite et une (petite) partie de l'eau peut s'évaporer.

Pour le climat, c'est un peu la même chose, mais en beaucoup plus compliqué et les scientifiques admettent volontiers ne pas comprendre exactement tous les phénomènes qui entrent en ligne de compte.

Tout d'abord, une partie du volume du CO_2 émis chaque année est absorbé par les océans et les forêts, qui eux-mêmes en émettent beaucoup, selon des mécanismes que l'on ne connait pas parfaitement. Le CO_2 absorbé n'est pas forcément celui produit dans l'année, les arbres ou les océans demandent rarement leur carte d'identité aux molécules de CO_2 avant de les absorber. Mais du point de vue du climat et de la teneur en CO_2 de l'atmosphère, l'âge de la molécule absorbée compte peu.

Le commissariat général au plan, sur la base des données publiées par le GIEC, résume la situation dans son rapport de 2019. Le bilan carbone porte sur les années 2000 à 2009, ce qui est donc un peu ancien, mais pour une période plus récente, la mécanique et les ordres de grandeur restent les mêmes.

Pendant cette période, les émissions de CO_2 ont été en moyenne de 28,6 milliards de tonnes par an. A ceci s'ajoute un petit volume émis par les volcans, mais surtout les émissions liées à celles du bois qui est brulé par les feux de forêt ou une fois que le bois tiré des forêts est lui-même brulé. Ce peut être très vite, pour le bois coupé et utilisé pour le chauffage ou la cuisine, ou après une longue période, par exemple pour les éléments en bois d'une maison qui finissent par être brulés à la fin de vie de la maison. S'y ajoutent quelques autres phénomènes regroupés sous l'appellation « changement d'usage des sols » : c'est 4,0 milliards de tonnes en plus chaque année. Les scientifiques reconnaissent une « petite » part d'incertitude sur ce chiffre de 28,6 milliards de tonnes, de moins de 10% néanmoins (donc cela pourrait être 31 ou 26).

A l'inverse, les forêts forment une sorte de puits à CO_2: les arbres absorbent du CO_2 pendant la journée (ils en rejettent la nuit) et émettent de l'oxygène. D'ailleurs, quand on se promène en forêt, l'air est généralement beaucoup plus agréable à respirer même si ce n'est pas en fait la raison principale, la première étant que là où il y a beaucoup d'arbres, il y a rarement beaucoup de voitures et de centrales à charbon. L'arbre, être vivant très utile au-delà d'être magnifique, transforme le C du CO_2 en composés carbonés, mais en utilisant de l'eau (qui s'écrit H_2O et qui a donc deux atomes d'hydrogène pour un d'oxygène) et rejette de l'oxygène. Je vous épargne le détail de la relation chimique, pas si compliquée que cela d'ailleurs, mais comme l'explique simplement David Louapre dans un blog, en réalité, l'oxygène rejeté par l'arbre n'est pas tant celui du CO_2 que celui de l'eau[16] !

Cette réaction chimique naturelle, appelée photosynthèse, a plusieurs conséquences : la première, c'est que sur les 28,6 milliards de tonnes de CO_2 émises par les activités humaines, surtout en raison de la combustion d'énergies fossiles, environ 10 milliards de tonnes sont absorbées par les forêts. Le mot « environ » est important, on ne connait pas le montant exact que l'on l'estime entre 5 et 15 milliards de tonnes. Il s'agit d'un gros écart et les scientifiques ne nient en rien l'existence d'une marge d'incertitude (laquelle se réduit néanmoins à mesure que progressent observations et connaissances dans le domaine).

Mais dame nature fait aussi un travail formidable dans les océans, puisqu'il est estimé que ces derniers ont absorbé 8,4 milliards de tonnes de CO_2 en moyenne par an (en net, car ils en émettent aussi). Là encore, une assez grande incertitude existe puisque ce volume est compris entre 6 et 12 milliards de tonnes. Comme le souligne Françoise Gaill, directrice de recherche au Centre national de la recherche scientifique (CNRS) et spécialiste de ces questions, on est encore assez loin de comprendre totalement les mécanismes d'absorption du CO_2 par l'Océan et surtout dans quelle mesure ceux-ci pourront perdurer. Elle déclare notamment : « L'océan, c'est 90% de notre eau, il faut déjà qu'on réalise cela. Les fleuves ne représentent guère que 5% du total. Il est la source principale des précipitations. C'est lui ensuite qui absorbe la chaleur avec le plus d'efficacité. L'augmentation de la concentration des gaz à effet de serre dans l'atmosphère génère un excédent d'énergie que le milieu marin stocke à plus de 90%. Jusqu'à quand pourra-t-il continuer à jouer ce rôle ? Nous l'ignorons, car nous ne savons pas précisément comment fonctionne ce mécanisme d'échange avec l'atmosphère, c'est un phénomène que l'on constate[17] ».

Résumons donc ce qui s'est passé *en moyenne* entre 2000 et 2009 ; le plus simple est de la faire via un petit schéma.

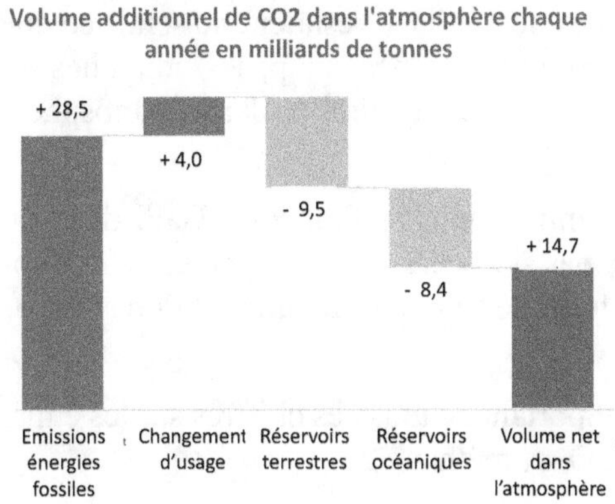

Ce graphique montre que partant d'un niveau moyen d'émissions *annuel* entre 2000 et 2009 de CO_2 de 32,8 milliards de tonnes liées essentiellement à des activités humaines, la moitié environ s'est additionnée au volume déjà existant dans l'atmosphère. Pour reprendre l'analogie de notre baignoire ayant déjà 150 litres et à laquelle on rajoute 30 litres, son volume total n'est pas de 180 (150 + 30) mais de 165 litres, 15 litres environ ont été perdus à cause d'une fuite et de l'évaporation. Dans le cas de la baignoire, c'est une mauvaise nouvelle, pour le climat, c'en est plutôt une bonne.

Voici encore un élément qui mérite d'être noté. Nous avons vu qu'il existe une plus ou moins grande incertitude sur le volume de ces 4 grandeurs qui s'additionnent pour donner la quantité qui va se rajouter in fine à l'atmosphère : on pourrait imaginer que l'incertitude sur les quantités ajoutées est énorme. En effet, souvent, les incertitudes s'ajoutent : par exemple, si je ne connais pas exactement la distance entre mon lieu d'habitation et mon lieu de vacances, et qu'en plus je ne connais pas la vitesse à la laquelle je pourrais parcourir cette distance, l'incertitude sur mon heure d'arrivée va être très élevée, combinant les deux !

Mais pour le climat, ce n'est pas la même chose car on peut mesurer la teneur en CO_2 une année, puis l'année suivante, si bien que par différence on sait assez combien, *in fine* ont été ajoutés.

Pour le méthane, on a beaucoup moins d'incertitude, on peut estimer que si les volumes de méthane restaient ne serait-ce que constants, la teneur ne s'accroîtrait plus beaucoup, les nouvelles émissions étant compensées par des pertes naturelles dans l'atmosphère sur un cycle de 12 ans.

En revanche, comme souligne Françoise Gaill dans l'interview déjà citée, on ne sait pas si l'océan va pouvoir continuer à absorber chaque année un tel volume de CO_2 dans le futur, et l'on soupçonne plutôt que non.

Que retenir d'important de tous ces chiffres sur les émissions de gaz à effet de serre, CO_2 et méthane ?

Toutes les émissions liées aux activités humaines ne partent pas dans l'atmosphère, environ la moitié pour le CO_2 sont absorbées naturellement pas les forêts et océans. Aucun scientifique ne prétend que nous comprenons parfaitement tous ces phénomènes, ceux du GIEC admettent parfaitement une marge d'erreur possible.

Sur la question en particulier de la mesure des émissions de gaz à effet de serre et de leur niveau passé, l'incertitude est finalement relativement faible. Elle est un peu plus élevée sur la hausse des températures, mais avec une amplitude faible. C'est un point essentiel, car les ajustements ou marges d'incertitude avouées par le GIEC sont fréquemment utilisées par les climato-sceptiques pour remettre en cause l'ensemble des conclusions du GIEC. Or les révisions du GIEC en matière de hausses passées des températures sont dues aux progrès scientifiques.

Pour le futur, peut-on prévoir l'évolution du montant de gaz à effet de serre dans l'atmosphère ?

Là encore, le montant va dépendre du stock actuel, des additions de gaz à effet de serre chaque année, et des correctifs négatifs, comme ceux que nous avons entrevus. Le GIEC se livre à de savants calculs pour estimer comment cette teneur pourrait évoluer, avec toutes les incertitudes que nous avons décrites, mais bien sûr il lui faut poser certaines hypothèses sur le niveau des émissions annuelles et les mécanismes d'absorption. A court-terme, c'est-à-dire pour les 20 ou

30 prochaines années (en matière de climat, le court-terme se compte en dizaines d'années), il n'y a guère de doutes sur le fait que la teneur en gaz à effet de serre dans l'atmosphère va continuer à croître même si les émissions annuelles devaient être fortement réduites.

Le lien entre augmentation des gaz à effet de serre et celle de la température est-il clairement établi ?

Il l'est d'un point de vue physique, mais transcrire des principes physiques que nous comprenons très bien dans le monde réel de la climatologie est une affaire très complexe.

Commençons par le passé : nous avons d'un côté un volume de gaz à effet de serre dans l'atmosphère que l'on connaît avec une grande précision, et de l'autre une température moyenne du globe.

Or si l'on sait bien que la hausse des gaz à effet de serre doit entraîner une hausse des températures, l'on est néanmoins totalement incapable d'établir un lien rigoureux et direct entre le volume de gaz à effet de serre dans l'atmosphère et la température d'une année ou même d'une décennie.

Quand on constate que la réaction physique attendue ne se manifeste pas, par exemple la température moyenne baisse une année alors que les gaz à effet de serre ont continué de croître, on est réduit à essayer de comprendre pourquoi : en effet, les températures n'ont pas augmenté de manière régulière chaque année, contrairement à celle de la teneur en gaz à effet de serre. Pour les scientifiques, cela ne remet pas en cause le lien entre gaz à effet de serre et augmentation de la température, mais les incitent plutôt à identifier des phénomènes qui ont pu par exemple retarder (ou accélérer certaines années) la hausse des températures. Parmi ceux-ci, l'existence ou absence du courant chaud El Nino, les éruptions volcaniques ou les cycles solaires. Il est avéré que le premier accroît la hausse des températures tandis que les éruptions volcaniques ont l'effet contraire : l'impact peut être très significatif.

Là encore, il s'agit parfois d'un argument utilisé par les climato-sceptiques ou réalistes pour mettre en doute la qualité des travaux du GIEC et la fiabilité des modèles prédictifs dont la plupart anticipent une hausse continue des températures à venir. Ces modèles ayant presque toujours échoué à prévoir l'évolution des températures sur une courte période, doit-on les croire pour leurs prédictions à long-terme ? La réponse à cette question légitime est que l'incapacité à prévoir l'évolution des températures sur une courte période ne remet pas en cause les principes physiques fondamentaux sous-jacents au phénomène du réchauffement climatique, elle montre seulement que la climatologie est une science très complexe et que des phénomènes divers peuvent retarder ou accélérer momentanément la hausse des températures. D'ailleurs, depuis 2000, le GIEC souligne dans son dernier rapport que les prévisions de température réalisées par les modèles collent à la réalité à +/- 20% près en raison de ces éléments perturbateurs[18].

Et pour le futur ?

Pour le futur, les mêmes incertitudes demeurent : il est impossible de prévoir avec exactitude quelle sera la température moyenne d'une année ou même d'une décennie et encore moins les variations d'une région à l'autre. S'y ajoute l'incertitude sur le volume des nouvelles émissions. Toutefois, depuis 150 ans, nous sommes dans l'enchainement des causes qu'illustre ce schéma[19] :

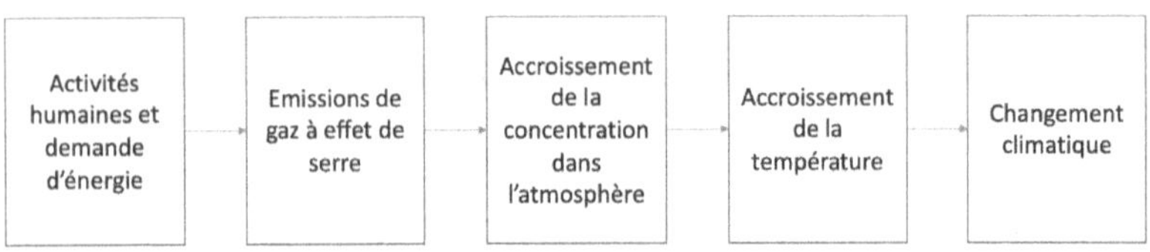

Comme nous l'avons vu en détail, il existe des marges d'incertitude. L'absence de doute scientifique majeur ne veut pas dire que nous comprenons *exactement* comment cela se passe, que nous avons un dossier complet sur les gaz à effet de serre présumés coupables, comme on pourrait en avoir dans un dossier criminel où la scène de crime aurait été filmée de bout en bout sans aucune contestation possible.

Pour illustrer notre connaissance du phénomène, prenons l'exemple d'un coup donné sur une balle de tennis par une de ces machines dont les terrains d'entraînement sont souvent équipés. S'il connaît la force du vent, le poids de la balle, l'angle et la force avec laquelle elle est lancée, un étudiant en physique de première année sera en mesure de calculer assez précisément son point d'arrêt théorique. Oui mais : il y a la force du vent au moment précis du lancer, le taux d'humidité de l'air, la nature et la dureté du sol sur lequel la balle va retomber la première fois ; bref, il est bien possible que les calculs de l'étudiant soient un peu éloignés de la réalité. Cela ne suggère pas que nous ne comprenons pas le phénomène physique, c'est le cas depuis les découvertes du savant britannique Newton au XVIIe siècle, mais seulement qu'il existe une série d'inconnues ou de facteurs très difficiles à maîtriser.

La marge d'erreur de l'étudiant sera aussi comprise dans certaines limites. Par exemple, il ne va pas se tromper sur la direction que prendra la balle et la longueur approximative avant le premier touché : il sait que ce ne sera pas plus de 25 mètres par exemple, ni moins de 15 et que la balle ne partira pas en arrière. Sauf évènement vraiment inattendu bien sûr : par exemple un extraterrestre qui, au moment précis du tir, débarque sur Terre et décide d'attraper la balle au vol et de la jeter en arrière, un dérèglement de la machine, ou une bourrasque imprévisible très violente. Si les deuxième et troisième événements sont plus du domaine du possible que le premier, reconnaissons que les trois ont une probabilité assez faible de se manifester.
C'est pourquoi l'on a besoin de modèles climatologiques qui résument nos connaissances actuelles sur le réchauffement climatique et les mécanismes qui l'expliquent. Non, on ne peut pas prévoir avec une précision exacte ce qu'il va se passer, et d'ailleurs, aucun scientifique spécialiste du réchauffement climatique ne le prétend. Mais sur la direction, la distance approximative, on a peu de chance de se tromper !

En réalité, le débat sur l'existence d'un réchauffement climatique a été entamé au XIXème siècle et commencé d'être tranché depuis la fin des années 1970 ou le début des années 1980. Aujourd'hui, rares sont les lobbys professionnels, même ceux les plus exposés aux conséquences du réchauffement climatique, par exemple aucune société pétrolière ou gazière, qui nient cette réalité. Et ce n'est pas, comme quelques-uns le prétendent encore parfois sur internet ou d'autres médias, à cause d'un « lobby vert » ou du politiquement correct, mais tout plutôt en raison de connaissances physiques surtout, de découvertes scientifiques, aux investissements très importants en recherche qui ont été réalisés depuis 1970, et à nos capacités d'observation des phénomènes climatiques (grâce aux satellites notamment). Chacun semble avoir pris conscience du risque énorme de ne pas commencer à traiter le problème vite, même si nous verrons que les postures idéologiques des uns et des autres sont, sur cette question, très différentes.

Quels seront les effets du changement climatique, et pour commencer, quels ont été les effets déjà enregistrés ?

Sur cette question le débat est encore ouvert, quoique beaucoup moins depuis quelques années. En moyenne donc, sur l'ensemble des continents, sur mer comme sur Terre, la température a augmenté d'environ 1°C depuis 1850 selon une probabilité très forte. Nous avons vu que bien qu'apparemment modeste, ce chiffre est important.

Quelles ont été les conséquences de cette hausse de température ?

Pour répondre à cette question, les scientifiques procèdent en trois étapes. Tout d'abord, avec un peu de bon sens et quelques connaissances physiques de base, ils imaginent quels auraient dû être les phénomènes attendus liés à une hausse des températures. Deuxième étape, ils procèdent à des observations pour confirmer ou non leur existence. Enfin, étape essentielle, si les phénomènes attendus ne se sont pas matérialisés, ils se posent la question : cette situation remet-elle en cause l'existence même du réchauffement climatique ou d'autres facteurs pourraient-ils expliquer que ce qu'on attendait ne se soit pas produit ?

Tout cela a l'air un peu complexe, mais quelques exemples concrets vont nous permettre de bien comprendre cette approche et pourquoi elle est essentielle dans l'analyse des phénomènes liés au réchauffement climatique. Un peu comme dans une enquête policière. Si la police imagine qu'il y a eu crime, elle pourrait alors s'attendre à trouver quelques indices sur la scène du crime (traces de sang, d'ADN ou de violence par exemple). Si néanmoins on ne trouve pas tous les indices attendus, l'hypothèse même de l'existence d'un crime doit-elle être remise en cause ou peut-on expliquer l'absence de certains indices d'une autre façon ?

De quelles hypothèses simples partent les scientifiques ?

Premièrement, le simple bon sens suggère que s'il y a hausse des températures, il fait en moyenne plus chaud. Et s'il fait plus chaud, on pourrait s'attendre par exemple à :

- Moins d'hivers rigoureux en moyenne ;
- Une fonte accélérée des glaces ;
- Moins de chutes de neige, en plaine et montagne ;
- Probablement plus de pics de chaleur, car la hausse de la température n'a aucune raison d'être homogène au cours de l'année. Ces pics de chaleurs devraient en principe entrainer une augmentation de la fréquence des incendies de forêts ;
- Un accroissement plus important de la température dans certaines régions, compensé par une hausse plus faible dans d'autres car la hausse n'a aucune raison d'être égale d'une région à l'autre.

Il existe un autre effet lié à la hausse des températures que les ingénieurs connaissent bien mais que le commun des mortels ignore parfois pour la simple raison qu'il n'est pas visible à l'œil nu : la matière à tendance à se dilater avec la chaleur, et c'est le cas pour l'eau.

Si la même quantité d'eau prend plus de place et que, dans le même temps, les glaciers fondent pour se transformer en eau liquide, il serait logique de penser que le niveau de la mer a augmenté. D'autre part, nous avons vu que les océans absorbent une partie du surplus de CO_2 émis par les activités humaines. Or le milieu marin, en devenant plus riche en CO_2, devient aussi plus acide, situation que poissons et coraux n'adorent pas trop en général. L'observation des écosystèmes marins devrait donc apporter des preuves d'une hausse de la teneur en CO_2 des océans et de la moindre capacité des océans à le transformer.

Également possible, une hausse des précipitations liées à l'accroissement de la couverture nuageuse, liée elle-même à la hausse de la température de l'eau. Sur ce point néanmoins, les scientifiques ont toujours fait preuve d'une grande prudence, puisque plus de précipitations, c'est en effet possible même avec une augmentation des températures (il y a plus de précipitations en Amazonie qu'en France, pourtant il y fait plus chaud), mais cela n'est pas automatique (il y a moins de précipitations en Arabie Saoudite qu'en France). Théoriquement, l'augmentation des températures doit entrainer une hausse des précipitations puisqu'un phénomène physique fait augmenter l'humidité de l'atmosphère d'environ 7% pour chaque degré supplémentaire. Ceci doit entrainer une masse nuageuse plus dense, ce qui devrait en principe induire plus de pluies, au moins plus d'épisodes de pluie violents[20], quand l'air chaud chargé en humidité rencontre des masses froides.

La chaleur de l'eau augmentant, certains scientifiques ont spéculé sur un accroissement possible des tornades, (différent des épisodes de pluies violentes) sachant que les écarts de température entre l'atmosphère, l'eau en surface et en profondeur jouent un rôle important dans leur déclenchement. Sur ce sujet, rappelons qu'une très large majorité des tornades survient aux États-Unis, en particulier pour les plus violentes. Ceci fait que l'examen des seules statistiques Américaines est une bonne évaluation de la situation mondiale.

Enfin, l'un des sujets les plus importants, est l'impact possible du réchauffement climatique sur La Circulation Méridienne de Retournement Atlantique (CMRA ou AMOC en anglais). Derrière ce nom barbare se cache un phénomène essentiel pour les variations climatiques autour du globe. Le climat d'une région est influencé notamment par les courants marins en profondeur et en surface, qui font que l'eau des océans voyage d'une région à l'autre au cours de l'année. En passant près des zones plus froides, les pôles, ces courants se refroidissent, puis ils se réchauffent en continuant vers des zones plus chaudes. Dans l'Atlantique en particulier, ils circulent du Sud vers le Nord en Europe, puis du Nord vers le Sud en Amérique. Le courant Nord-Atlantique a une influence majeure sur le Climat de ces régions, il explique par exemple qu'il fasse beaucoup plus chaud à

Naples (en moyenne) qu'à New York alors que ces deux villes sont à la même latitude (c'est-à-dire la même hauteur sur la carte). Ces courants sont aussi d'une importance majeure pour la bonne santé de certains écosystèmes.

Il existe une grande inquiétude sur les effets potentiels du changement climatique sur la force et la direction de ces courants, et certains observateurs se sont alarmés du fait que la hausse des températures déjà observée ait pu avoir eu un impact.

Or, que s'est-il passé ? Quels sont les phénomènes attendus qui ont été observés et ceux qui ne se sont pas manifestés ?

La Circulation Méridienne de Retournement Atlantique : Non, mais

Dans ce domaine, rappelons qu'aucun scientifique climatologue sérieux n'a jamais affirmé que la hausse de la température déjà observée aurait dû déjà avoir des conséquences observables sur les courants marins. Jusqu'à présent, nous n'avons pas détecté de changement majeur, même si certaines études récentes suggèrent un affaiblissement de ces courants[21]. Si la tendance se poursuivait dans le futur, les conséquences seraient très graves.

Plus de tornades : Aucune indication et ce pourrait être le contraire

A-t-on eu une augmentation du nombre des tornades depuis 1850 par exemple aux États-Unis ? Non, pas réellement en fait, et l'administration Américaine compétente[22] relève aussi une marge d'incertitude. Les États-Unis forment un grand pays avec de larges zones très peu peuplées ou qui au moins l'étaient jusque dans les années 1950. Or, sans personne pour constater un cyclone, celui-ci ne peut être comptabilisé, surtout avant l'apparition des instruments de mesure dont on dispose depuis la deuxième guerre mondiale. Il est donc possible que les cyclones aient été plus fréquents avant cette date, ce qui amènerait à conclure que la tendance a été plutôt négative.

Plus de précipitations et d'épisodes violents de pluie : probablement

Nous ne disposons pas d'une base de données complète pour le monde nous permettant de répondre de manière certaine à la question de savoir si ceux-ci ont augmenté en nombre.

Les épisodes violents de pluie ont toujours existé, mais les dernières années laissent penser, en Europe particulièrement, que ceux-ci se sont accrus. Il s'agit encore une fois d'une question de logique : s'il est plus fréquent d'avoir une atmosphère lourdement chargée en humidité dans des zones où c'était plus rarement le cas, ce que la hausse des températures entraine, alors il sera aussi plus fréquent, qu'au contact d'une masse d'air froid, cette humidité se transforme en pluies diluviennes. Or le climat de l'Europe reçoit aussi des masses d'air froid venant de la Russie et du Nord. Ainsi, dans une étude réalisée en 2021, le *World Weather Attribution* (WAA) considère que les pluies diluviennes intervenues en Allemagne et Belgique et ayant causé la mort de plus de 200 personnes sont bien dues au changement climatique.

Plus de sécheresse : sans doute

Là encore, nous ne disposons pas d'une base de données complète pour mesurer la sécheresse des sols ; en revanche, nous avons de nombreuses évidences anecdotiques que celle-ci a progressé dans de nombreux endroits de la planète, disparition quasi-complète de cours d'eau ou lacs, depuis une cinquantaine d'années, sans que l'on sache toujours avec certitude si celles-ci sont liées au climat ou à une utilisation trop intensive de l'eau.

Concernant la sécheresse des sols sur la France entière cette fois, on dispose de données depuis 1958. Comme le note Météo France, « le diagnostic (basé sur la fraction du territoire en sècheresse au cours d'une année) est assez différent de celui posé pour les sécheresses météorologiques. La tendance à l'augmentation de la fréquence et de l'intensité des sècheresses (au sens de la surface affectée) est particulièrement nette depuis la fin des années 1980 ».

On peut analyser la force et la fréquence des sécheresses sur une longue période soit par des séries pluviométriques (le volume de pluie par an par exemple que l'on relève depuis de très nombreuses années), soit par la sécheresse des sols (on ne dispose que d'un historique depuis 1958). Méteo France note : « Pour la ville de Paris par exemple, pour laquelle on dispose de relevés pluviométriques depuis 1873, ceux-ci sont marqués par une forte variabilité interannuelle à décennale. La sécheresse de 1921 qui a duré de décembre 1920 à mai 1922, avec un pic en janvier 1922, est de loin la plus sévère des 150 dernières années. Elle est suivie, en matière de sévérité, par deux sécheresses successives à la fin des années 1940 (octobre 1945 à mai 1946 et février 1949 à avril 1950). La sècheresse forte la plus récente a eu lieu en 1996 ». Les courbes sur longue période ne montrent ni augmentation, ni baisse nette[23].

Toutefois, des indices récents s'accumulent dans plusieurs autres régions laissant penser que le changement climatique entraine bien un risque plus élevé de sécheresse : le WWA avait déjà calculé que le « dôme de chaleur » qui a suffoqué le Canada et l'Ouest américain à la fin de juin 2021 aurait été « presque impossible » sans les effets du changement climatique[24].

Plus de feux de forêts : dans certains cas, c'est moins, mais dans d'autres oui

Sur les feux de forêts, il y a l'anecdotique, les images à la télévision des feux en Australie et en Californie, régions qui ont toujours connu des feux importants. D'autres évènements récents sont néanmoins beaucoup plus inquiétants, par exemple des feux dans des régions qui en avaient très peu, comme la Suède ou la Russie.

Mais il y a les statistiques et les faits. Nous ne disposons pas non plus de données fiables et mondiales sur le volume des feux depuis très longtemps, mais c'est plus le cas pour certains pays ou régions. En France par exemple, la tendance est clairement à la baisse. Il y avait beaucoup plus de surfaces brulées en 1980 qu'aujourd'hui, et pourtant, la hausse de la température y est incontestable (et plus forte que la moyenne mondiale).

Cette absence de corrélation est utilisée par certains climato-sceptiques pour mettre en doute l'existence même du réchauffement selon la logique :

Hausse des températures => Plus de feux attendus

Alors

Moins de feux => pas de hausse des températures

En logique pure, ces deux propositions sont identiques, si la première est vraie, alors la seconde l'est également. Or cette approche ne fonctionne que si l'on a un seul évènement en entrainant un seul autre. Or les feux de forêts sont multi-causes et la température n'est qu'un des paramètres qui peuvent les déclencher, pas le plus important.

Beaucoup plus critiques sont par exemple la gestion de la forêt, l'existence ou non de vents violents, le nombre de départs de feux criminels. En France, dans les années 80, beaucoup des feux dans le Sud-Est et en Corse étaient d'origine criminelle. A ceci s'ajoute que la forêt était bien moins entretenue et que nous disposions de moins de moyens de surveillance.

Donc, affirmer que le fait qu'il n'y ait pas eu d'augmentation claire du nombre des feux de forêt et des surfaces brûlées au niveau mondial (ou en France) met en cause l'existence même d'un réchauffement, est une faute logique. La réalité est plutôt que, par exemple pour la France, les feux de forêt ont baissé en intensité et fréquence depuis 1980 malgré une hausse des températures : ce facteur de risque supplémentaire a été plus que compensé par d'autres évolutions favorables (moins d'incendies criminels, forêt mieux entretenues, moyen de détection plus efficace…).

En Californie, les feux ont été multipliés par 5 en quelques dizaines d'années. Personne ne prétend que le changement climatique est la cause unique, ce n'est pas le cas du gouvernement Américain d'ailleurs, reconnaissant que les feux de forêt, leur ampleur et les dégâts qu'ils entrainent sont multi-causes. Mais cela ne veut pas dire que le changement climatique n'a joué aucun rôle : dans une étude gouvernementale, il est estimé que sa responsabilité dans la hausse est de l'ordre de 50%[25], le solde devant être attribué à d'autres facteurs.

Fonte des glaciers : oui

Il existe de nombreuses données qui confirment, au-delà des anecdotes de fort recul de certains glaciers, cette tendance. Le Danish Meteorological Institut suit le niveau des glaces dans l'hémisphère nord, publie des données complètes et claires sur ce sujet depuis 1979[26].

Hausse du niveau de la mer : oui, même si c'est irrégulier

Des statistiques assez détaillées sont disponibles sur le niveau de la mer dans une multitude d'endroits, au moins depuis 1990 et la généralisation des observations satellites. Cette hausse n'est pas massive, mais elle est très nette : 8 cm par exemple depuis 1992[27]. Il s'agit donc là d'une confirmation des hypothèses de base, liée à la fonte des glaces et la hausse de la température de l'eau. Toutefois, cette hausse du niveau de la mer est difficile à appréhender à l'échelle d'une année ou même d'une décennie, car plusieurs autres facteurs entrent en ligne de compte : les variations saisonnières de la température à elles seules peuvent faire changer le niveau des océans de plusieurs centimètres et le fameux El Nino a un impact significatif dans certaines parties des océans.

Moins de neige en général : probablement

Il n'existe pas de mesure générale et fiable des chutes de neiges depuis longtemps, ne nous restent que des données partielles en Russie, dans le Nord des États-Unis ou dans les Alpes par exemple, où les chutes de neige sont fortes et le semblent moins en moyenne depuis 30 à 40 ans. Dans son rapport de 2014, le GIEC estime que la couverture neigeuse de printemps a diminué en surface de 8% sur la période 1970-2010 par rapport à la période 1922-1970. Une étude récente publiée dans le revue Nature quantifie la baisse des chutes de neige depuis 1980. Une assez forte baisse est observée aux États-Unis, mais aucune tendance claire sur le continent Euro-Asiatique[28].

Augmentation de l'acidité des Océans : oui

Une étude scientifique du *World Wildlife Fund* (WWF) montre que déjà 25% des coraux sont affectés. A noter que cette tendance n'est pas liée à l'augmentation des températures mais à celle de la teneur en CO_2 de l'atmosphère qui entraine une absorption plus importante par les océans. A ce sujet, citons à nouveau une partie des propos Françoise Gaill, directrice de recherches au CNRS dans l'article du journal Le. Monde déjà cité : « Il ne s'agit de toute façon que du sommet de l'iceberg : toute la chaîne trophique – des bactéries aux mammifères marins – va être touchée par le changement climatique, les espèces proches de la surface en premier. Or elles sont un maillon essentiel qui conditionne tout le reste, en particulier la production d'oxygène. L'écosystème planctonique nous fournit de l'oxygène en transformant le gaz carbonique selon le principe de la photosynthèse. Cependant, la situation des eaux côtières apparaît préoccupante. Dans les années 1990, on avait repéré des morts massives de poissons, de crabes...On s'est aperçu que ces hécatombes se produisaient après avoir traversé des zones anoxiques – par manque d'oxygène, donc. On a commencé à les cartographier. Il en existe des naturelles, mais de nouvelles zones sans vie apparaissent le long des côtes, dans le Golfe du Mexique par exemple. Et elles semblent bien liées aux rejets émanant des activités humaines, à l'augmentation de la température aussi. Il va falloir étudier ça de plus près ».

Autres signaux

Il existe d'autres signaux confirmant le changement climatique, ils ne sont pas tous recensés sans doute dans cette section. L'un d'entre eux néanmoins est particulièrement intéressant : Serge Zaka, spécialiste en agro-climatologie, a conduit une étude qui montre une avancée nette de plusieurs jours depuis plus d'un siècle des dates de floraison dans différentes parties du monde, mais aussi de celles des vendanges.

Au total, les observations confirment-elles les hypothèses ?

Les observations scientifiques permettent de conclure qu'une bonne partie des effets attendus se sont matérialisés : si l'on cherchait une confirmation à la hausse des températures passées, pour ceux qui en douteraient encore, la réalité des faits oblige de reconnaitre que les observations apportent bien ce que l'on cherchait, particulièrement concernant la baisse de la surface des glaciers et la montée du niveau de la mer. Seules les hypothèses les moins robustes n'ont pas encore trouvé de confirmation dans les observations du passé.

Toutefois, il faut aussi mentionner qu'il reste encore une certaine marge d'incertitude, parfois faible, et que les observations ne remontent souvent pas très loin dans le temps, donc il pourrait y avoir d'autres effets réels non ou mal mesurés. Sur certains sujets, évolution de l'enneigement ou des précipitations, on trouve encore des études aux résultats contradictoires.

Cela conforte, *a posteriori* notre choix d'accepter l'hypothèse, très probable, du GIEC sur l'existence d'un réchauffement.

A noter, un rapport parfois utilisé par les climato-sceptiques ou réalistes est celui des assurances : ils soulignent que celles-ci n'ont vu pas un accroissement sensible du coût des évènements météorologiques extrêmes, en déduisant que ceux-ci n'ont pas augmenté. Une fois encore, cet argument est peu robuste car le coût des évènements extrêmes est multi-cause. Celui d'un tremblement de Terre au Japon par exemple, sauf exception, est faible en raison des normes sismiques appliquées aux immeubles, alors qu'avec la même force, il sera beaucoup plus élevé ailleurs. Le coût lié aux tornades dépend beaucoup de la nature des constructions, celui des feux, des moyens mis en œuvre pour les combattre. Par ailleurs, les sociétés d'assurance refusent parfois tout simplement de couvrir un risque qu'elles jugent trop élevé, donc les conséquences n'apparaissent pas toujours dans leur bilan !

Bref, le rapport des sociétés d'assurances ne nous dit pas grand-chose sur l'existence ou non d'un changement climatique.

Et dans le futur, quels effets attendre ?

Dès que l'on s'attache au futur en essayant d'anticiper les conséquences possibles d'une augmentation graduelle des températures, en plus de la hausse déjà enregistrée, les choses deviennent beaucoup plus compliquées et le GIEC ne s'en cache aucunement.

Une approche simple consiste à envisager que si les températures continuent d'augmenter, ce qui est très probable nous l'avons vu, les effets déjà constatés vont s'amplifier. Cette approche peut sembler raisonnable sauf qu'en réalité, elle consiste à prévoir le futur en regardant dans son rétroviseur. C'est ce que font la plupart des scénarios planeurs néanmoins, souvent il n'y a guère d'autres options même si l'on sait que les résultats ne sont d'expérience pas toujours fameux. Mais revenons à notre hypothèse de départ selon laquelle un peu de bon sens et des connaissances en physique de base peuvent permettre d'imaginer ce qui s'est passé dans le passé, cela reste vrai pour le futur.

Sur cette base, il est possible de prévoir, avec sans doute un bon degré de certitude :

- ⇨ La hausse continue du niveau des mers même si celle-ci a toutes les chances d'être lente, comme par le passé ;
- ⇨ Des pics de chaleur plus fréquents avec des feux de forêts plus nombreux ;
- ⇨ L'acidification continue des océans, avec potentiellement des conséquences dramatiques sur les écosystèmes ;
- ⇨ Une disparition complète de certains glaciers, au moins pendant certaines périodes de l'année ;
- ⇨ Des périodes de sécheresse plus longues et intenses, mais aussi peut-être des épisodes de pluies « tropicales » dans des régions plutôt éloignées des tropiques.
- ⇨ Une dérégulation plus forte des écosystèmes sur terres (floraisons bouleversées, espèces d'arbres en danger, etc..)

Même si une plus grande incertitude règne sur le volume de précipitations, les tornades et tempêtes, dans son dernier rapport publié en août 2021, le GIEC a modélisé un certain nombre de risques selon la hausse des températures. Il relève que les pics de températures ont été déjà 2,8 fois plus nombreux avec la hausse actuelle des températures, et qu'ils seront de 4,1 à 9,4 fois plus fréquents suivant la hausse envisagée (de +1,9 °C à +5,1°C). Pour les fortes précipitations, la fréquence est déjà 1,3 fois plus élevée, et elle le serait de 1,5 à 2,7 fois plus (de 1 °C à +4 °C).

Sur les feux de forêts par exemple, ceux-ci pourraient être beaucoup plus importants si le réchauffement climatique s'accompagnait de vents plus violents et que dans le même temps, aucun effort n'était réalisé pour déployer plus de moyens de lutte contre les incendies et mieux entretenir les forêts.

Mais il est essentiel ici de rappeler ce que les Anglais appellent un *tipping point* (point de basculement, souvent sans retour). Dans la vie réelle, les effets sont rarement linéaires : dans le déclenchement de la combustion d'une buche par exemple, on chauffe celle-ci et rien de très notable ne se passe jusqu'à ce qu'elle prenne feu. Une fois la combustion enclenchée, il devient difficile de revenir en arrière.

Il n'y aucune raison de penser qu'il en sera autrement pour le climat : Il est possible que, jusqu'à une certaine température, les effets restent finalement relativement modérés et à ce titre « gérables » mais qu'une fois atteint le point de basculement, la situation devienne difficile voire ingérable.

Nous voici maintenant en position d'aborder la deuxième partie de l'ouvrage et d'entrer dans le vif du sujet. Mais avant cela, rappelons un fois encore les principales conclusions de cette première partie :

1) Il existe une très forte probabilité d'une hausse des températures depuis 1850 ;
2) Si celle-ci n'est que d'un peu plus de 1°C, la Terre a enregistré dans le temps long des variations plus importantes, c'est une hausse significative sur une aussi courte période, en particulier parce que la hausse des températures a été inégale d'une région à l'autre ;
3) Très probablement, celle-ci est liée aux activités humaines en grande partie, particulièrement celles impliquant une consommation d'énergies fossiles, ce d'autant plus que sur le plan strictement physique, l'on sait depuis longtemps qu'une hausse de la teneur en gaz à effet de serre conduit à un réchauffement ;
4) Les effets attendus d'un réchauffement se sont assez largement matérialisés, renforçant l'hypothèse déjà solide d'une hausse des températures ;
5) Les effets futurs seront sans doute une amplification des phénomènes observés dans le passé, mais l'on ne peut exclure

des effets plus graves et irréversibles, après que la hausse des températures a dépassé un certain seuil.

Dans son dernier rapport, le GIEC réévalue la hausse des températures à 1,1°C depuis 1850, estimant que la teneur en gaz à effet de serre est déjà suffisante pour réchauffer la planète de 1,5°C, l'un des objectifs fixés par l'Accord de Paris, mais que la pollution aux particules fines provenant des combustibles fossiles le masque en fournissant un effet de refroidissement.

D'autre part, le rapport considère que nous disposons de suffisamment de preuves scientifiques pour affirmer sans équivoque le lien entre activités humaines et réchauffement climatique.

Deuxième partie : la boite à outil pour comprendre le changement climatique

Nous allons aborder dans cette partie plusieurs éléments techniques dont il est important de comprendre les tenants et aboutissants. Certains relèvent de la physique pure, ils sont utiles à savoir, les autres plutôt de la statistique. Si vous êtes intéressé par le sujet du réchauffement climatique, ce qui est très probable vu votre décision de vous procurer cet ouvrage, vous aurez déjà entendu parler de certains de ces thèmes, sans peut-être, c'était mon cas il y a seulement 2 ou 3 ans, comprendre exactement de quoi il retourne. Rassurez-vous, pas de complexités inutiles, pour la physique, quelques souvenirs de collège ou de lycée suffisent, pour les mathématiques, c'est la même chose.

Combien d'énergie utilisons-nous et d'où vient-elle ?

En moyenne, chaque habitant de la planète consomme en une année une quantité d'énergie de près de deux tonnes en équivalent pétrole. C'est l'équivalent de 64 pleins d'essence par an, soit plus d'un par semaine pour chaque habitant : pour une famille de 4 personnes, cinq pleins par semaine !

À quoi correspond ce chiffre ? C'est toute l'énergie que nous achetons d'une façon ou d'une autre, que ce soit pétrole, charbon, gaz ou même énergie renouvelable, et, plus important encore, sous quelque forme que ce soit. Ainsi, il inclut bien sûr l'essence ou le gazole dont nous remplissons nos réservoirs pour nous déplacer. Mais cette utilisation n'est que la partie visible de l'iceberg puisqu'en France par exemple, les carburants utilisés pour la voiture individuelle ne représentent qu'à peine 10 % de l'énergie totale consommée. S'y ajoutent aussi, pour ne citer que quelques exemples, le gazole nécessaire au transport des objets que nous achetons, l'électricité que nous utilisons pour nous chauffer ou alimenter nos portables. Il comprend aussi la quantité de pétrole contenue dans les plastiques de nos objets quotidiens (tableau de bord de voiture, coque de smartphone ou chaussures de sport), l'énergie que l'usine a utilisée pour fabriquer ces objets, l'électricité pour faire tourner les serveurs qui alimentent internet et celle pour l'air conditionné qui leur est nécessaire. En fait, à chaque activité humaine ou presque correspond une consommation d'énergie, dans la plupart des cas payante car il a fallu des êtres humains et des capitaux pour la produire, l'extraire, la transformer et l'acheminer jusqu'à nous.

Ce chiffre correspond à toute l'énergie que nous consommons, à l'exception de celle qui est totalement gratuite, comme le soleil qui nous réchauffe le corps et l'esprit et fait pousser les plantes de notre balcon ou potager (car celle-ci n'étant pas vendue, elle n'est pas comptée dans les statistiques). Le volume d'énergie consommé par personne est évidemment beaucoup plus important dans les pays développés car entre autres facteurs, il dépend du niveau de développement économique. Un habitant du Bangladesh, l'un des pays les moins développés économiquement et aussi l'un des moins énergivores utilise toutes énergies confondues 90 fois moins qu'un Qatari ou un Islandais[29], qui sont les champions du monde dans ce domaine. En traduisant à nouveau l'énergie consommée en nombre de pleins de carburants, pour un habitant du Qatar, c'est l'équivalent de deux pleins d'essence de 35 litres par jour, cinq par semaines pour les habitants des États-Unis, mais seulement un plein tous les deux mois pour un habitant du Bangladesh. Les quatre cinquièmes de l'énergie que nous consommons sont des énergies fossiles. Les autres sources d'énergie, celle d'origine nucléaire, l'énergie produite par les barrages, les panneaux solaires ou les éoliennes, celle fournie par la combustion de produits naturels, le bois par exemple, ou encore les énergies dérivées de la transformation de résidus naturels, bio-carburants ou biogaz par exemple, ne représentent que 20% de l'énergie utilisée. Parmi les énergies non fossiles, seules celles dont les réserves sont illimitées, vent ou soleil par exemple, ou pouvant se régénérer par elles-mêmes dans un temps assez court (les forêts, dont est extrait le bois), sont considérées comme renouvelables.

Les énergies fossiles, c'est quoi au juste ?

Beaucoup d'entre nous ont quelques vagues souvenirs des cours de chimie de l'école. Pas de panique, il ne faut guère plus que quelques connaissances acquises au lycée pour comprendre les enjeux de qualité de l'air et du climat. Rassemblons donc ensemble ces quelques souvenirs et tâchons d'éviter les complexités inutiles.

La matière est composée d'atomes, qui se combinent en molécules, qui elles-mêmes se combinent en beaucoup d'autres choses, dont des organismes vivants plus ou moins complexes. Le plus sophistiqué d'entre tous : l'homme.

Les atomes sont en général représentés par une lettre, par exemple C pour le carbone, O pour l'oxygène, H pour l'hydrogène, N pour l'azote. La formule des molécules, une combinaison d'atomes, contient plusieurs lettres, par exemple l'eau, H_2O, qui indique qu'une molécule d'eau contient un atome d'oxygène pour deux atomes d'hydrogène.

Avec ces bases minimales de chimie, nous en savons bien assez pour comprendre les problèmes environnementaux relatifs à la qualité de l'air et au réchauffement climatique. Les énergies fossiles sont toutes composées entre autres d'atomes de carbone, d'hydrogène et d'azote. Ceci est bien normal puisqu'elles proviennent d'un long processus de décomposition de matières organiques, végétation et êtres vivants, essentiellement formés comme nous-mêmes de carbone, d'hydrogène, d'oxygène et d'azote.

Le processus de décomposition, d'enfouissement dans le sol et de transformation de ces matières organiques, qui a commencé il y a plusieurs centaines de millions d'années, a peu à peu entraîné la disparition de presque tout l'oxygène et de l'azote contenus dans ces résidus organiques, dont il reste néanmoins toujours des traces. Il a permis la formation de nappes de pétrole ou de gaz ou de gisements de charbon. Durant le processus d'enfouissement, ces matières organiques devenues énergies fossiles ont aussi été contaminées par d'autres produits contenus dans le sol, comme le soufre ou des métaux lourds, dont le mercure.

Ainsi, si d'autres planètes existent permettant la vie, sous forme de végétation et d'êtres vivants comparables à ceux qui ont pu se développer sur Terre, donc composées de ces mêmes éléments chimiques, carbone, hydrogène, oxygène et azote, il est aussi fort probable que leur sous-sol regorge d'importantes réserves d'énergies fossiles, et même que celle-ci seront aussi chargées de résidus lourds.

Elles ressembleront donc beaucoup à celles que l'on extrait du sol de la terre.

Compte tenu des distances nous séparant de ces planètes, des milliers de milliards de kilomètres, voire plus encore, il ne faudra pas trop compter sur ces réserves pour résoudre le problème de l'épuisement des ressources sur la planète bleue. D'ailleurs, si la lune avait accueilli la vie comparable à celle que l'on trouve sur terre, elle aurait sans doute aussi dans son sol d'importantes réserves de charbon, de gaz et de pétrole. Or, même à cette minuscule distance comparée à celle qui nous sépare d'autres planètes, l'exploitation de ces ressources serait d'un coût astronomique, sans doute plusieurs milliers de dollars au baril quelle que soit la technologie utilisée pour l'extraction et le transport. De quoi rendre les énergies renouvelables sur terre très attractives en comparaison.

Les trois types d'énergie fossile sont donc le charbon, le pétrole et le gaz[30]. Ces énergies fossiles couvrent 81% de consommation énergétique, dont 27% pour le charbon, 33% pour le pétrole et 22% pour le gaz naturel[31]. Nous consommons 8 milliards de tonnes de charbon chaque année, 4,5 milliards de tonnes de pétrole et près de 4 milliards de mètres cubes de gaz chaque année. Il nous est difficile de réaliser ce que veulent dire ces chiffres : pour la seule consommation annuelle de charbon, c'est l'équivalent du poids de plus de 250 000 tours Eiffel qui, si nous les empilions sur les unes sur les autres, nous permettrait de faire deux fois le tour de la Terre.

Le charbon est composé essentiellement de carbone, ce qui lui vaut d'être solide et de couleur noire. Les autres constituants du charbon, en faible proportion en général, sont des gaz, de l'hydrogène et du méthane, de l'eau, mais aussi des impuretés tel que du soufre, de l'azote, ainsi que des résidus de métaux lourds, comme le mercure. Le soufre, le charbon peut en contenir beaucoup, typiquement entre 1 et 4%, mais avec des pointes à 10% pour les qualités les moins bonnes.

Le soufre (on le désigne par la lettre S) est la poudre jaune utilisée essentiellement pour la fabrication de l'acide sulfurique, un composant essentiel pour l'industrie chimique, mais aussi de manière anecdotique pour la fabrication des allumettes.

Le pétrole quant à lui est une soupe d'hydrocarbures, c'est-à-dire de molécules qui contiennent un nombre variable d'atomes de carbone et d'hydrogène, d'où leur nom, hydro pour hydrogène, carbure pour carbone. Plus le pétrole est chargé en molécules riches en hydrogène, plus il est liquide, clair et léger. Plus il est chargé en molécules riches en carbone, plus il est lourd, foncé et se rapproche par son apparence du charbon. Le pétrole contient aussi des impuretés, de l'eau, du soufre, de l'azote, des métaux lourds (mais aussi du gaz que l'on essaye de récupérer). En général, plus le pétrole est lourd, plus il contient un pourcentage élevé d'impuretés, notamment du soufre. Ceci fait que tous les pétroles ne se valent pas.

La dernière énergie fossile, le gaz naturel, est comme le pétrole un hydrocarbure même si la grande majorité des molécules qui le composent ont plus d'atomes d'hydrogène que de carbone.

Proportionnellement, il y a bien plus d'atomes d'hydrogène dans une tonne de gaz que dans une tonne de pétrole qui lui-même en a beaucoup plus que le charbon. Comme le charbon et le pétrole, le gaz naturel est au aussi un mélange. Il contient principalement du méthane, le nom savant que l'on donne au gaz de ville que nous utilisons pour nous chauffer et faire la cuisine dans les appartements et maisons raccordées au réseau. Le méthane, source d'énergie essentielle et plutôt propre, au moins comparé au charbon, est aussi un des principaux gaz responsables du réchauffement climatique lorsqu'il s'échappe dans l'atmosphère sans être brûlé.

Le gaz naturel contient aussi d'autres gaz, essentiellement de l'éthane, un gaz utilisé pour la pétrochimie et pour la production de matières plastiques, du propane ou du butane, les gaz de nos bouteilles de gaz pour un usage domestique ou le camping.

Enfin, le gaz naturel contient aussi des impuretés, de l'azote, du gaz carbonique, du sulfate d'hydrogène (H_2S), un gaz incolore mais qui sent l'œuf pourri et est dangereux pour la santé, même en faible quantité. Ces impuretés sont généralement en quantités moindres que dans le charbon et le pétrole.

L'hydrogène est un gaz transparent et explosif : il est présent à l'état naturel dans l'air, mais on en trouve beaucoup combiné à d'autres atomes, au premier rang desquels l'eau (H_2O), et dans les hydrocarbures.

L'hydrogène est un composant important pour l'industrie, c'est aussi le gaz dont on espère qu'il pourra se substituer au pétrole pour certains usages. Au-delà de la Terre ; c'est l'atome qui est le plus présent en quantité dans l'univers : il y en a vraiment beaucoup.

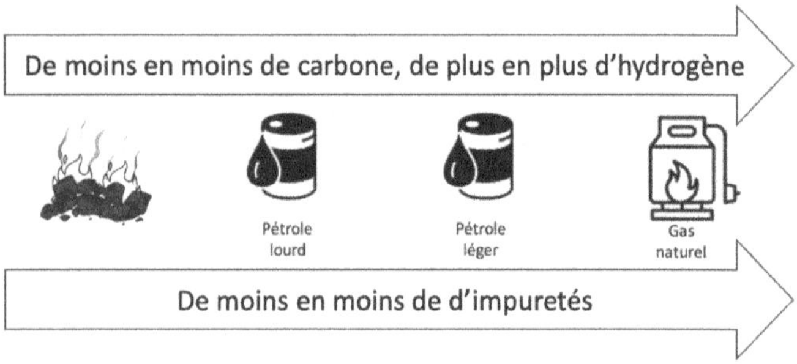

Que se passe-t-il quand on brûle des énergies fossiles ?

Tout d'abord, avant de brûler des énergies fossiles, on les traite, surtout le pétrole et le gaz. Pour le gaz, c'est un procédé relativement simple, qui consiste d'une part à séparer les différents éléments gazeux contenus dans le gaz naturel (car ces derniers ont des applications et des prix différents) et, d'autre part, à filtrer les impuretés.

En général, on ne brûle pas le pétrole tel quel, on le transforme au travers d'un processus beaucoup plus compliqué, appelé raffinage, où l'on extrait et recombine certaines molécules ou atomes, en ajoutant d'autres composants aussi, pour obtenir les produits désirés comme de l'essence et du diesel pour les voitures et camions, ou du kérosène pour les avions. Au cours de ce procédé industriel, on enlève aussi beaucoup des impuretés contenues dans le pétrole brut.

Pour le charbon, on peut le brûler directement après extraction et transport de la mine, mais dans la pratique on le lave aussi pour enlever la terre et la roche auquel il est mêlé.

Le phénomène de combustion dégage de la chaleur, elle nous permet de cuire les aliments, nous chauffer, de la transformer en électricité ou en force de mouvement dans les voitures, camions, bateaux, locomotives et avions. Rappelons que si presque tout le charbon est brûlé pour fournir de l'énergie, une proportion significative du pétrole et du gaz ne l'est pas : 5% pour le gaz et 14% pour le pétrole sont transformés en d'autres produits, notamment les plastiques[32].

Il se passe deux choses au cours de la combustion. Tout d'abord, la plupart des atomes présents dans les énergies fossiles vont se combiner avec des molécules d'oxygène présentes dans l'air pour former des nouvelles molécules. En l'absence d'oxygène, il ne peut y avoir de combustion : c'est pourquoi les fusées n'embarquent pas seulement de l'hydrogène, le carburant qui leur permet de se mouvoir, mais aussi de l'oxygène qui n'est bien sûr pas présent dans l'espace. C'est aussi pourquoi la meilleure façon d'éteindre la flamme d'une bougie ou un début d'incendie est de les priver d'oxygène, bien plus que de les arroser d'eau.

Nous avons vu que les énergies fossiles contiennent beaucoup d'hydrogène (H), de carbone (C) et en bien moins grandes quantités des atomes de souffre (S), d'azote (N), du mercure, du plomb ou d'autres résidus.

Donc, c'est simple, en brulant, les atomes d'hydrogène vont se combiner avec de l'oxygène pour former les molécules d'eau[33]. La combustion des énergies fossiles produit donc de l'eau, et même beaucoup pour le pétrole et le gaz, en raison de leur contenu élevé en hydrogène. Par exemple, la combustion d'un litre d'essence entraîne la formation d'un litre d'eau, dont une majorité s'évapore dans l'atmosphère en raison de la chaleur dégagée par la combustion. Pour chaque kilo de gaz de ville brulé se forme plus de 2,25 kg d'eau, essentiellement de la vapeur d'eau : si la combustion de gaz produit beaucoup d'eau, c'est en raison de la composition de la molécule de méthane, le gaz naturel, CH_4 (quatre atomes d'hydrogène pour un atome de carbone). À l'inverse, brûler du charbon dégage peu d'eau car le charbon contient peu d'hydrogène, le gaz nécessaire avec l'oxygène à la formation d'eau.

Comme il y a aussi beaucoup d'atomes de carbone, le deuxième élément produit en grande quantité lors de la combustion est le gaz carbonique, de formule chimique CO_2. Là, c'est le contraire de ce qui se passe pour la production d'eau : plus les énergies fossiles sont chargées en atomes de carbone, moins elles vont émettre d'eau, mais plus elles vont émettre de gaz carbonique. Le charbon en émet donc plus que le pétrole, qui lui-même en émet plus que le gaz. Chaque atome de carbone va se combiner à deux atomes d'oxygène pour former une molécule de CO_2, 3,7 fois plus lourde que l'atome de carbone.

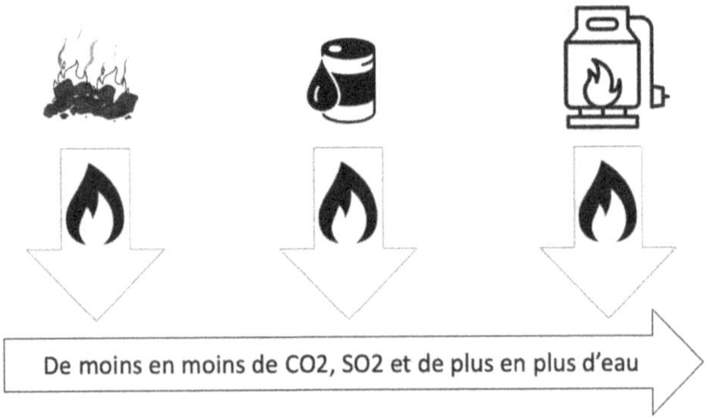

Le charbon contient essentiellement des atomes de carbone, dont le pourcentage varie avec la pureté : brûler une tonne d'un charbon moyen produit autour de 3 tonnes de CO_2. En consommant un litre d'essence, un véhicule particulier émet 2,4 kg de CO_2 et plus que son propre poids chaque année. Au bout de 10 ans, il faut donc imaginer 10 voitures empilées les unes sur les autres pour se faire une idée du poids du CO_2 émis par la combustion liée à sa consommation d'essence. Ceci ne compte pas le CO_2 émis à l'occasion de la production du pétrole, ni celui lié à sa transformation en essence ni les émissions liées à la production de la voiture ou à son entretien. Notons que ces chiffres peuvent varier du simple au double suivant les pays, en raison du kilométrage moyen réalisé et de la consommation par kilomètre. Quand on brûle un kilo de gaz, on émet autour de 2,7 kg de CO_2. Une maison équipée au gaz pour l'eau chaude, la cuisson et le chauffage va utiliser environ 1,3 tonne de gaz naturel et émettre 3,5 tonnes de CO_2 chaque année. Il lui faudra environ 20 ans pour émettre autant de CO_2 que son propre poids. Là encore, ces émissions ne comptent pas celles liées à la production du ciment et autres matériaux nécessaires à sa construction et entretien, pas plus que les émissions associées à l'électricité pour l'éclairage et les appareils ménagers.

Il est important de se garder un chiffre en mémoire, en gros trois tonnes de CO_2 pour chaque tonne d'énergie fossile brûlée, car il illustre à quel point le phénomène de combustion dégage beaucoup, vraiment beaucoup de CO_2[34].

Le CO_2 est, nous l'avons vu, le principal gaz responsable du réchauffement climatique, mais en faibles quantités, moins de 0,5%, ce n'est pas un polluant, bien au contraire, il est nécessaire à la vie, celle des plantes en particulier. Lorsque nous respirons, nous inspirons et expirons du gaz carbonique, si bien que nous en réinspirons une partie. Lorsque nous buvons un soda ou une eau gazeuse, les bulles sont constituées de gaz carbonique purifié. En revanche, au-delà d'un certain niveau de concentration, il cause un sentiment de malaise, qui peut conduire à l'évanouissement et à la mort dès que sa concentration dépasse 10% de l'air que nous respirons. Or la teneur moyenne actuelle dans l'atmosphère étant de 0,04%, nous sommes très loin du seuil au-delà duquel il devient dangereux pour la santé.

Le problème est que tous les autres éléments contenus dans les énergies fossiles, le soufre et l'azote en particulier, vont aussi se combiner avec des atomes d'oxygène. Ces produits sont certes en faible quantité (bien moins de 5% en général), mais suffisante pour créer de sérieux problèmes de pollution, car les nouveaux composés (le S du souffre devient SO_2 et le N de l'azote devient NO ou NO_2) sont de très graves polluants aux effets très nocifs pour la santé. Le SO_2, dioxyde de soufre est incolore, mais il a une odeur acide qui le rend détectable au nez lorsqu'il atteint un certain niveau de concentration dans l'air. Il se dilue très facilement dans l'eau et donc se mêle aux petites gouttelettes qui forment les nappes de brouillard ou les nuages. C'est un polluant puissant, aux effets très néfastes pour la santé, mais aussi le principal responsable des pluies acides et il compte beaucoup dans la pollution dans les villes. Le NO mais surtout du NO_2 sont deux gaz potentiellement très polluants (on les regroupe sous le nom de NOx), et si le premier n'est pas dangereux pour la santé, le deuxième l'est. Sous l'effet de la lumière et de la chaleur du soleil, les deux tendent à se recombiner dans l'air à d'autres atomes pour créer d'autres polluants dangereux, comme par exemple l'ozone ou des fines particules, dont la présence entraîne la formation de smog, cet air brunâtre qui stagne dans l'atmosphère, réduisant fortement la visibilité dans les villes.

Mais les choses se compliquent un peu du point de vue du réchauffement climatique. Le NO_2 est aussi un puissant gaz à effet de serre, dont les émissions contribuent à moins de 5% du problème. Par contre, le SO_2 aurait plutôt un effet positif car il reflète les radiations du soleil en les empêchant d'atteindre la terre, un peu comme le ferait un miroir géant. À tel point que Paul Crutzen, Prix Nobel, a suggéré d'envoyer du soufre dans l'atmosphère pour combattre le réchauffement climatique.

Ce n'est pas tout : la combustion de charbon émet aussi du plomb (42 tonnes aux États-Unis par an), du cadmium et de l'arsenic[35]. Selon une étude américaine, la combustion du charbon est responsable de 42% des émissions de mercure aux États-Unis, un métal lourd toxique qui peut endommager les systèmes nerveux, digestif et immunitaire, et constitue une menace sérieuse pour le développement de l'enfant.

La combustion s'accompagne aussi d'un autre phénomène : elle n'est jamais parfaite, que ce soit dans une centrale électrique au charbon, un moteur à essence ou une chaudière au gaz, surtout si ceux-ci utilisent des vieilles technologies, sont anciens et mal réglés.

Mais au fait, une combustion imparfaite, c'est quoi ? C'est une combustion où toutes les particules ne se combinent pas avec de l'oxygène pour former des molécules stables, parfois parce que l'apport en oxygène n'est pas suffisant. Essentiellement, ces produits non désirés sont ce qu'on appelle des « imbrûlés », il y en a toujours dans une combustion. Moins il y en a, plus la combustion est complète et dégage des composés oxygénés (eau, CO_2) et plus elle dégage d'énergie. Les hydrocarbures imbrûlés qui s'échappent du tuyau d'échappement d'un moteur à essence, même en petite quantité, sont formés essentiellement par du benzène, un gaz très toxique, utilisé en pétrochimie et dont l'inhalation peut entraîner des cancers ou des leucémies. Ces imbrûlés (appelés VOC pour volatile organic components) sont aussi ceux qui peuvent donner aux échappements d'un moteur à essence une odeur désagréable (sinon, en principe, les fumées d'échappement d'un moteur bien réglé ne doivent presque rien sentir, c'est du CO_2 et de l'eau, essentiellement). Quant aux particules fines de carbone, elles sont aussi mauvaises pour la santé, causant maladies respiratoires et contribuant à la formation d'autres polluants. Elles sont principalement produites par la combustion du charbon et du diesel, plus chargés en carbone que l'essence.

Le moteur diesel est plus performant que le moteur à essence conventionnel, il utilise donc moins d'hydrocarbures pour produire la même énergie de mouvement et émet 20 à 30% moins de gaz à effet de serre. En clair, avec un litre de diesel, un véhicule roulera en général plus de kilomètres qu'avec un litre d'essence, même si certains modèles essence-hybrides font presque aussi bien sur l'ensemble de leur cycle de vie. En revanche, le moteur diesel émet plus de polluants, surtout les particules fines, même pour les qualités les meilleures utilisées dans les pays développés. C'est évidemment une difficulté supplémentaire dans la lutte contre le réchauffement climatique : lorsque la proportion de véhicules diesel baisse, comme c'est le cas actuellement, les émissions nocives vont chuter mais celles de CO_2 augmenter, avec un impact négatif pour le réchauffement climatique.

Pour le charbon, l'importance de ces émissions très nocives dépend aussi de la qualité du charbon, tous ne se valent pas et contiennent des résidus autres que le carbone en proportion variable. Elle dépend aussi du type de centrale : dans les pays développés, en Europe, États-Unis ou Japon, les normes d'émissions sont beaucoup plus sévères et leurs émissions en polluants, autres que le CO_2 donc, sont plus faibles : les centrales sont obligées de filtrer ces polluants. Dans d'autres pays au contraire, les normes sont beaucoup plus laxistes, au CO_2 s'ajoutent donc tous les polluants.

Concernant les polluants émis par la combustion des carburants, des efforts énormes ont été réalisés depuis la fin des années 70, surtout depuis 1990, pour radicalement changer leur composition mais aussi le fonctionnement des moteurs ou la capacité des véhicules à capter certains de ces polluants grâce aux pots catalytiques. Cet effort a commencé aux États-Unis, puis s'est étendu à l'Europe qui a peu à peu durci les spécifications pour réduire non seulement la consommation et donc les émissions de CO_2, mais les émissions de ces polluants. Progressivement, la grande majorité des pays du globe ont adopté les mêmes normes pour les carburants routiers[36].

Au total, grâce à des carburants purifiés de beaucoup de leurs impuretés et aux technologies des moteurs et des pots catalytiques, les émissions de polluants (SO_2, NOx, particules fines, etc.) ont beaucoup baissé, si bien que la qualité de l'air s'est en fait sensiblement améliorée. La teneur dans l'atmosphère de ces polluants est mesurée de manière indépendante, sérieuse et complète : les relevés montrent des réductions considérables (plus de 90% depuis 1990) malgré la croissance continue du parc automobile depuis cette date.

A noter, cela a été un peu moins le cas en Europe qu'ailleurs : en effet, cette région est la seule où la part du diesel, responsable de la pollution aux particules fines, est importante pour les véhicules privés.

Le scandale Volkswagen

Le constructeur Allemand a admis avoir équipé ses véhicules d'appareils visant à fausser le calcul des émissions de ses véhicules diesel.

Si ce scandale a eu des conséquences réelles sur l'image du premier constructeur Allemand auprès du public et de ses clients, il a eu aussi une conséquence indirecte et plutôt positive : les normes d'émissions et des carburants ont été encore durcies en Europe (mais aussi dans certains états comme la Californie aux États-Unis, ou en Chine), à la fois pour les polluants et le CO_2. Il est aujourd'hui pratiquement impossible d'atteindre les émissions moyennes demandées aux constructeurs sans basculer une partie des ventes vers des véhicules électriques.

Si le sujet vous intéresse, données et analyses complémentaires disponibles sur le site.

Par rapport au sujet qui nous intéresse, le réchauffement climatique, que faut-il retenir de tout cela ?

Tout d'abord, la combustion d'énergies fossiles émet vraiment beaucoup de CO_2 dans des proportions que nous avons du mal à réaliser car c'est sous la forme d'un gaz incolore et inodore. Si notre voiture ou notre chaudière au gaz produisait un déchet solide plutôt qu'un gaz, nous obligeant de temps à autre à aller vider un réservoir de résidus comme nous le faisons pour nos poubelles, notre prise de conscience serait plus facile. En effet, les déchets de notre voiture et ceux de notre chauffage représentent chacun plus de deux tonnes tonne par an et pour rappel, nos ordures ménagères ne pèsent que 354 kg en moyenne[37] : en bref, nous passerions notre temps à vider le réservoir à déchets de la voiture ou de la chaudière !

Le CO2 n'est pas un polluant à faible dose, au contraire. La pollution due aux énergies fossiles est surtout liée à la combustion de toutes les impuretés qu'elles contiennent, souffre ou azote en particulier, mais aussi à la combustion imparfaite, accompagnée du rejet de particules fines ou autres produits polluants. Toutefois, depuis le début des années 70, plus encore depuis les années 90, les normes s'appliquant aux produits pétroliers ont été changées de telle sorte que la qualité de l'air s'est en fait fortement améliorée.

Cette situation crée une confusion dans l'esprit du public entre réchauffement climatique et pollution des villes. En Chine par exemple, l'amélioration de la qualité des produits pétroliers, le développement du parc de véhicules électriques et la fermeture ou le déplacement des centrales à charbon les plus polluantes ont permis, à partir de 2014, d'obtenir une très nette amélioration de la qualité de l'air dans certaines villes[38]. Résultat, les études d'opinion montrent que les Chinois sont moins inquiets aujourd'hui qu'ils ne l'étaient en 2014 par les conséquences du réchauffement climatique alors que ce problème-là s'est aggravé et que la part de la Chine dans les émissions a continué de croître.

Autre enseignement, toutes les énergies fossiles émettent du CO_2 lors de la combustion, mais dans des proportions variables. Le charbon est l'énergie fossile qui en émet le plus, suivi du pétrole, puis du gaz. Sur la base du volume d'énergie produit, le charbon émet deux fois plus de CO_2 que le gaz et 50% de plus que le pétrole. Néanmoins, le gaz naturel ne peut en aucun cas prétendre au statut d'énergie propre même si substituer du charbon avec du gaz par exemple pour produire de l'électricité permet de réduire les émissions de CO_2 par deux, voire trois.

Énergie fossile	Impact sur la pollution des villes	Impact sur le réchauffement climatique
Charbon	Fort impact, particules fines, résidus divers (plomb, etc.), SO_2	Fortes émissions de CO_2 Mais le SO_2 et les fines particules réduisent le réchauffement climatique
Pétrole et Essence	Faible impact avec les nouveaux carburants et les pots catalytiques	Fortes émissions de CO_2
Pétrole et Diesel	Fort impact des particules fines, malgré l'amélioration de la qualité des carburants	Moindres émissions de CO_2 que l'essence, les particules fines réduisent le réchauffement
Gas naturel	Faible impact	Émissions de CO_2 importantes, mais moindres que pour le charbon

Dans un système énergétique basé sur les énergies fossiles, près des deux-tiers de l'énergie consommée sont perdus en chaleur

Il y a trois façons de mesurer l'énergie consommée. La première, appelée consommation d'énergie primaire, est la plus élevée. En 2017, nous avons utilisé 14 milliards de tonnes en équivalent pétrole, donc un peu moins de deux tonnes par habitant. C'est toute l'énergie consommée, sous toutes les formes et en comptant les pertes[39].

Or plus de 30% de cette énergie est utilisée pour… produire de l'énergie, particulièrement de l'électricité. En effet, dans un système de production traditionnel d'électricité utilisant principalement des énergies fossiles et du nucléaire, le rendement des centrales électriques est très faible. Pour une centrale nucléaire par exemple, seulement 30% de l'énergie produite est transformée en électricité, le reste est perdu en chaleur[40]. C'est un peu mieux pour le charbon, 35% à 45% pour les plus performantes, et le gaz, de 50% à 65%. En moyenne, le rendement est de l'ordre de 45%, ce qui veut dire que plus de la moitié de l'énergie utilisée pour produire de l'électricité est perdue en chaleur par les centrales électriques, auxquelles s'ajoutent leur propre consommation en énergie et les pertes pendant le transport et la distribution. Une raffinerie consomme aussi beaucoup d'énergie pour transformer le pétrole brut en produits pétroliers tels que l'essence ou le diesel, l'équivalent de près de 10% de la totalité du pétrole traité[41]. Si l'on retranche les pertes en chaleur liées à la distribution de l'énergie, il ne reste que moins de 10 milliards de tonnes. C'est ce volume d'énergie qui est vendu aux consommateurs finaux, entreprises, administrations et particuliers. C'est la deuxième façon de mesurer l'énergie consommée, aussi appelée consommation finale d'énergie. A noter, ces pertes ne sont pas un pas un « gâchis » au sens où on l'entend traditionnellement, quand on jette par exemple une bonne partie de la nourriture produite ou achetée, elles relèvent en grande partie à des contraintes d'ordre physique : ce ratio peut être amélioré mais seulement à la marge.

Mais il ne s'agit pas là de l'énergie que nous consommons vraiment. En effet, dans les transports par exemple, environ 60% de l'énergie que nous achetons, principalement sous forme de pétrole, est perdue en chaleur. Dans un moteur thermique en effet, le rendement est de l'ordre de 40% en moyenne. Une partie importante de l'énergie achetée dans l'industrie est aussi perdue, de l'ordre de la moitié de toutes les énergies fossiles utilisées dans ce secteur. Dans l'habitat ensuite, une partie de l'énergie est perdue, que l'on utilise des énergies fossiles (gaz naturel ou fioul) ou de l'électricité, en raison d'une isolation insuffisante[42].

Dans une maison très mal isolée, la consommation d'énergie pour atteindre le même niveau de confort peut être cinq fois plus élevée que dans la même maison disposant d'une meilleure isolation. Dans la mesure où à peine 10% des logements et bureaux atteignent l'optimum en matière de consommation d'énergie, on peut estimer que 50 à 60% de l'énergie utilisée pour le chauffage est en fait utilisée pour chauffer l'atmosphère !

Sur les 14 milliards de tonne d'énergie consommées chaque année, près des deux tiers sont perdus en chaleur dans l'atmosphère

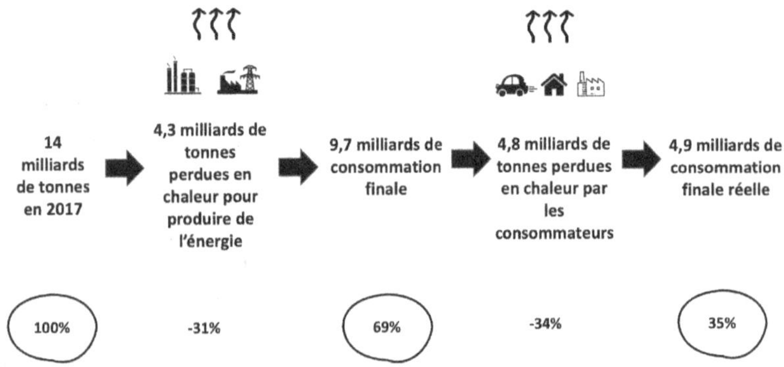

Si l'on déduit l'ensemble des pertes, pour produire de l'énergie au moment où nous utilisons de l'énergie, les 10 milliards de tonnes ne sont en réalité qu'à peine 5 milliards. C'est pourquoi l'énergie que nous utilisons vraiment n'atteint qu'un peu plus du tiers de l'ensemble de l'énergie consommée, le reste étant perdu en chaleur.

C'est ainsi que l'on arrive à presque trois tonnes de CO_2 pour chaque « tonne » d'électricité[43]. Utiliser du charbon est la pire des solutions pour deux raisons : brûler du charbon émet plus de CO_2 que le gaz par exemple, et le rendement d'une centrale au charbon est aussi plus faible. À l'opposé, l'électricité renouvelable, hydroélectricité, énergie du vent ou solaire, a un impact positif double. Tout d'abord, le rendement est par nature plus élevé : certes, une éolienne par exemple, ne transforme qu'une partie de l'énergie du vent en électricité, mais les pertes en chaleur sont minimales et les pertes dans la distribution plutôt plus faibles que dans un système de production traditionnel d'électricité. On a donc besoin de moins d'énergie lorsque celle-ci est produite sous la forme d'électricité renouvelable. Et bien sûr, les renouvelables émettent peu de CO_2. Si l'on combine un basculement de la production d'énergie vers du renouvelable et l'électrification de l'économie, l'électricité se substituant aux énergies fossiles dans le transport, l'industrie ou l'habitat, on obtient un système énergétique où il y a beaucoup moins de pertes.

Le développement de la production d'énergie renouvelable a donc un effet automatique et significatif sur l'efficacité énergétique.

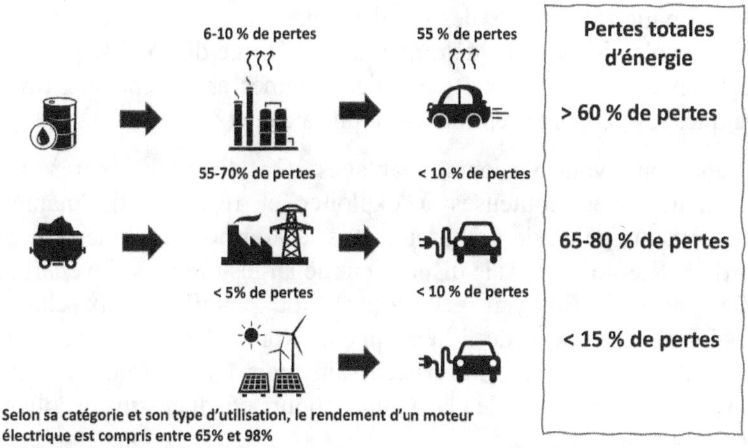

Nous commençons ici à entrevoir une des solutions au problème du réchauffement climatique : pour la production d'électricité, il va falloir accélérer le développement des renouvelables et se passer du charbon.

Pourquoi les énergies fossiles se sont-elles imposées comme la principale source d'énergie ?

Les énergies fossiles représentent 80% aujourd'hui de l'énergie que nous consommons, ce qui parait très élevé si l'on considère que d'une part ces énergies sont très polluantes et qu'en outre, le rendement est très faible. Pourquoi donc se sont-elles imposées comme la principale source d'énergie des sociétés modernes ?

Historiquement, c'est d'abord le charbon qui a émergé comme source d'énergie lors de la première révolution industrielle intervenue dès le milieu du XVIIIe siècle. On le sait, celle-ci est liée à la mise au point de la machine à vapeur qui allait entrainer un bouleversement complet des structures économiques et de la façon dont on pouvait à la fois produire et transporter les choses. Le développement des transports permettait aussi de rapprocher consommateurs et producteurs et d'offrir à ces derniers de nouveaux débouchés.

Avec la machine à vapeur, une vague massive de mécanisation dans l'industrie allait entrainer une hausse considérable de la productivité, et une forte baisse des prix relatifs, permettant le développement de la consommation de masse, des textiles notamment. C'était un progrès considérable si l'on considère que la seule force disponible pour les machines et la traction était celle des hommes et des chevaux (avec quelques les petites exceptions, moulins à eau et à vent).

Le charbon avait plusieurs avantages. On disposait de réserves abondantes, peu couteuses à exploiter et réparties de manière relativement égale : de nombreux pays, en Europe, en Amérique du Nord, en Russie et en Asie disposaient de larges réserves. Le charbon offrait aussi un moyen peu couteux de chauffage aux classes populaires des pays de l'hémisphère Nord. Avoir des réserves importantes était une condition nécessaire mais non suffisante, comme le montre l'exemple de la Chine, pour engager un décollage économique rapide.

Assez rapidement néanmoins, dès la fin du XIXe siècle, l'utilisation intensive de charbon, à la fois pour les machines dans l'industrie, le chauffage et le transport a commencé à poser de sérieux problèmes de pollution dans les zones à forte densité de population, particulièrement au moment où son usage pour la production d'électricité s'est fortement accru. Les pays Européens ont donc engagé, dès le début du XXe siècle leur première transition énergétique[44], plus clairement après la deuxième guerre mondiale, commençant à substituer du charbon avec du gaz naturel et du nucléaire. Aujourd'hui en Europe, sauf dans quelques pays (Pologne, dans une moindre mesure Allemagne et autres pays de l'Europe centrale et l'Est), le charbon n'est plus guère utilisé, ni pour le chauffage, ni pour l'électricité.

Le pétrole porte bien son surnom d'or noir, une matière première vraiment extraordinaire. Premièrement, le pétrole est liquide à la température de l'air ambiant (15 °C en moyenne sur la Terre), au moins pour la plupart des qualités. En général, il n'est pas inflammable à cette température, même si la plupart des produits qui en sont dérivés le sont. Il n'est pas explosif non plus, pas plus que ne le sont la plupart des grands dérivés du pétrole, essence et diesel. Si Hollywood adore faire exploser voitures et camions dans ses films d'action, il faut en réalité des conditions très particulières pour qu'un véhicule explose en raison de son carburant, et dans la plupart des cas, il se contente de brûler. Il est donc idéal pour être transporté facilement, en toute sécurité, ce qui n'est pas le cas du gaz naturel, et est plutôt moins facile pour le charbon. On peut le transporter sur courtes et longues distances et par tonne d'énergie, c'est l'énergie fossile pour laquelle le coût de transport de la zone d'extraction vers le consommateur est le plus faible, surtout pour des applications comme le transport.

Deuxième grande qualité, à l'air ambiant, le pétrole contient beaucoup plus d'énergie que tout autre concurrent. Certes, un litre ou kilo d'hydrogène par exemple, contient plus d'énergie que l'équivalent en pétrole, mais pour obtenir un kilo d'hydrogène, il faut compresser le gaz très fortement et le maintenir tel quel durant son transport. Si bien que le coût et le poids du réservoir et de la chaîne logistique (sans compter les pertes) réduisent grandement l'avantage de l'hydrogène par rapport au pétrole (en outre l'hydrogène lui est explosif). On peut aussi produire des carburants pour le transport à partir du charbon, mais ce procédé est très coûteux et polluant. Quant au gaz, bien qu'il soit aussi utilisé pour le transport, c'est en volume limité, en raison de contraintes technologiques et économiques, qui le rendent peu compétitif par rapport au pétrole, sans compter que le gain en CO_2 par kilomètre parcouru est relativement faible.

Troisième qualité, le pétrole peut être transformé en une multitude de produits avec des technologies relativement peu coûteuses. Avec du pétrole, on fabrique de l'essence ou du gasoil pour les voitures et camions, du kérosène pour les avions, du fuel pour les bateaux, mais aussi une multitude de produits chimiques qui entrent dans la composition de centaines de produits de notre quotidien (peintures, cosmétiques, plastiques en tout genre, médicaments, cosmétiques…).

Certes, les autres énergies fossiles, gaz et charbon, peuvent aussi servir de base à la production de carburants ou produits chimiques, d'ailleurs 5% de la consommation de gaz naturel est utilisée par l'industrie chimique (moins de 3% pour le charbon), mais c'est en général à un coût plus élevé et avec des procédés qui offrent moins de souplesse.

Il est aussi possible, là encore à un coût relativement modéré, de le nettoyer d'une bonne partie de ses impuretés, au moins pour la majeure partie de ses dérivés, et de réduire fortement l'impact environnemental lié à sa combustion : ainsi, l'essence ou le diesel que nous consommons aujourd'hui a très peu à voir avec les produits que nous utilisions il y a 30 ou 40 ans. Les composants les plus nocifs pour la santé ont été soit éliminés (le soufre par exemple), ou fortement réduits en quantité (Benzène). Enfin, l'extraction du pétrole ne coûte pas très cher, même si c'est très variable d'un champ pétrolifère à l'autre. Dans certains cas, ce n'est guère plus d'un centime au litre, quand il est extrait à un faible niveau de profondeur et sur terre. Dans d'autres, jusqu' à 30 centimes au litre, quand il faut forer à plusieurs milliers de mètres sous terre en eaux profondes, et dans des conditions difficiles. Il s'agit donc d'une matière magique et même stratégique, dont on comprend bien pourquoi elle est devenue si importante dans nos vies quotidiennes.

Depuis que le pétrole est devenu l'une des principales sources d'énergie, autour des années 1930-1940, l'évolution de son prix a été erratique : s'il a été largement stable entre 15 et 20 dollars le baril en prix d'aujourd'hui (le baril est l'unité de mesure dans ce métier, il correspond à 153 litres) jusqu'au milieu des années 1970, il a atteint un pic à plus de 100 dollars au début des années 1980. Cette forte hausse enregistrée lors du choc pétrolier des années 1970-80 a entrainé une première transition énergétique dans les pays développés. Peu à peu, l'usage du pétrole s'est concentré dans les secteurs où il avait un avantage économique majeur, celui des transports et de la pétrochimie, tandis qu'il perdait des parts de marché au profit du nucléaire et du gaz naturel dans la production d'électricité ou le chauffage.

Puis le prix a entamé un long déclin, le point bas ayant été atteint en 1998, à moins de 20 dollars. Il a à nouveau très fortement progressé pour atteindre un nouveau pic à plus de 120 dollars au début des années 2010. Depuis, le prix du pétrole a de nouveau fortement chuté, le fort ralentissement économique lié à la crise sanitaire du Covid ayant amplifié la tendance, puis il a de nouveau fortement rebondi en 2021. Cependant, en raison des réserves mondiales relativement limitées, particulièrement celles ayant un coût d'exploitation faible, si nous ne trouvons pas un moyen de nous affranchir du pétrole, son prix augmentera inévitablement.

Combien d'années de réserve avons-nous pour les énergies fossiles ?

Nous disposons aujourd'hui de 50 années de réserves pour le pétrole et le gaz, chiffre assez stable depuis plusieurs années, c'est-à-dire qu'au rythme actuel où nous l'utilisons, la dernière goutte de pétrole aura été brûlée en 2070. Pour le charbon, c'est plus de l'ordre de 120 années. Retenons qu'en moyenne, même en prenant en compte de probables nouvelles découvertes, nous avons environ une centaine d'années de réserves d'énergies fossiles et que celle dont nous disposons le plus, est aussi la plus polluante, le charbon.

Si le sujet vous intéresse, données et analyses complémentaires disponibles sur le site dédié : www.enquete.climat.com

D'un point de vue statistique, on peut mesurer les émissions de plusieurs manières (et ce « détail » a son importance)

Vous avez peut-être lu quelque part que la France par exemple est un des pays qui émet le moins de CO_2 (surtout à cause du nucléaire) par habitant…Or, notre empreinte carbone par habitant est loin d'être aussi faible, nous rangeant plutôt parmi les mauvais élèves (mais pas les pires néanmoins). Comment expliquer cette différence ? Sommes-nous parmi les meilleurs ou les moins bons élèves ?

La réponse est simple, cela dépend de la façon dont on compte les émissions. Il existe deux méthodes qui chacune donne des résultats très différents, et le choix d'utiliser la première ou la deuxième n'est pas sans arrière-pensées politiques. Mais il y a d'autres petites subtilités dans le débat sur la responsabilité des différents pays du globe, chacun ayant tendance à utiliser la mesure qui l'avantage le plus.

Émissions de CO_2 ou empreinte carbone ?

Premier problème, de quelles émissions parle-t-on exactement lorsque, par exemple nous disons qu'un Nord-Américain émet environ 20 tonnes de gaz à effet de serre, un Chinois 9 tonnes, un Européen 8 et un Indien 3 tonnes ? C'est assez simple car cela repose sur une méthodologie qui présente le *gros avantage* d'avoir été agréée internationalement : elle n'est donc pas l'objet de discussions méthodologiques sans fin, même si les données transmises par certains pays sont parfois sujettes à caution faute d'une transparence suffisante. Il s'agit de toutes les émissions émises sur le *territoire* de ces pays. Pour la France par exemple, ces émissions comprennent toutes celles émises par les centrales électriques, usines, administrations, appartements et maisons situées en France, mais aussi par tous les carburants, essence, diesel ou GPL utilisés par des véhicules roulant en France[45]. Sont incluses toutes les émissions des usines françaises, mêmes celles liées à la production de biens destinés à être vendus ailleurs : par exemple, les émissions d'une usine Peugeot située en France mais fabriquant des voitures destinées au marché allemand ou espagnol seront quand même comptabilisées dans le bilan de la France. À l'inverse, pour une chemise fabriquée en Chine mais achetée en France, c'est seulement une petite partie des émissions qui est considérée comme françaises, alors que c'est bien l'achat du consommateur français qui est à l'origine des émissions liées à la production de cette chemise. Le dessin de la page suivante illustre cette situation simplement.

Il peut exister une grande différence entre les émissions par habitant sur la base du territoire de chaque pays (telles qu'elles sont agréées internationalement) et les émissions basées sur la consommation, qu'on appelle « empreinte carbone ». Dans l'exemple de notre chemise fabriquée en Chine mais achetée en France, l'empreinte carbone est de 55 kg pour le consommateur, tandis que les émissions territoriales ne sont que de 6 kg. Cet exemple illustre un cas extrême, celui d'une importation d'un pays ayant de fortes émissions de gaz à effet de serre. Toutefois, aucun pays n'importe toutes les marchandises qu'il consomme, il en produit aussi sur place pour sa propre consommation ou en exporte au contraire : dans ce dernier cas, les émissions liées à l'usine de fabrication située dans le pays sont en fait réalisées pour le compte d'autres pays.

Seuls 6 kg de CO2 apparaissent dans le bilan territorial de la France

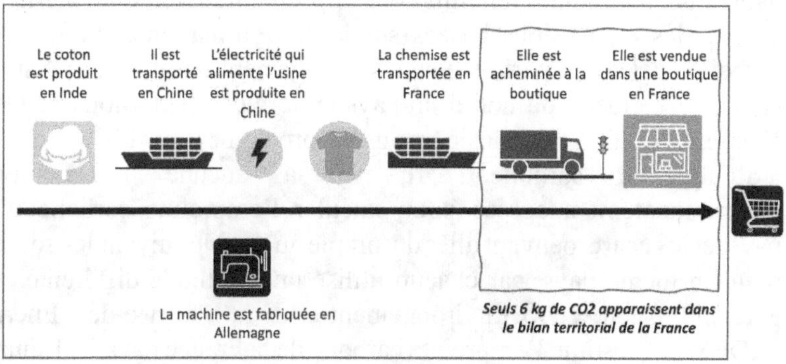

L'empreinte carbone de la chemise: 55 kg

Pour certains pays, l'écart peut être important, c'est notamment le cas du Danemark, de la France ou du Royaume-Uni, pour d'autres, il l'est moins. Voyez la situation de quelques pays[46]:

Zones	Émissions de CO_2 territoriales par habitant	Empreinte carbone par habitant	Écart
Chine	7,9	6,1	-23 %
États-Unis	16,2	18	+11 %
Europe	9,2	10,5	+14 %
France	4,9	6,8	+39 %
Danemark	6	9,2	+54 %
Allemagne	9,6	10,9	+13 %
Royaume-Uni	6,3	8,9	+13 %
Arabie saoudite	19,3	19,5	+1 %

Source : The CarbonProject, année 2017.

Pour certains pays, ceux qui en général exportent beaucoup plus qu'ils n'importent, les émissions basées sur la consommation peuvent être sensiblement inférieures à celles émises sur le territoire national car ces pays produisent des émissions pour d'autres. C'est le cas de la Chine, dont 20% environ des émissions sont liées à des exportations destinées à d'autres pays.

Quelle est la bonne mesure alors ?

Lorsque l'on analyse la situation d'un pays et les efforts de ses habitants pour réduire les émissions de CO_2, il faut toujours garder un œil sur les « émissions basées sur la consommation », l'empreinte carbone : cela peut parfois nuancer le jugement que l'on porte sur le caractère vertueux ou non d'un pays en termes d'émissions de CO_2. Néanmoins, il y a plusieurs *gros* problèmes avec le concept « d'empreinte carbone ». Il n'y a aucune méthodologie internationalement agréée pour calculer l'empreinte carbone d'un pays, et les écarts peuvent aller du simple au double suivant les sources pour un même pays, car chacun utilise une méthode différente. Par exemple, Agence de l'Environnement et de la Maîtrise de l'Énergie (ADEME) [47] estime l'empreinte carbone de la France pays à 11 tonnes par habitant (tous gaz à effet de serre), c'est plus que d'autres sources et la source nationale Allemande n'est pas du tout en ligne avec d'autres sources sur ce sujet. Sans méthode commune, c'est un dialogue de sourds : un peu comme un Allemand et un Américain comparant la grandeur de leur appartement respectif sans réaliser que l'un parle en mètres carrés et l'autre en pieds carrés (or, le deuxième est 10 fois plus petit que le premier). D'ailleurs, plusieurs pays ne calculent pas l'empreinte carbone car ils n'en ont pas l'obligation dans le cadre des accords internationaux tels que l'Accord de Paris.

Aussi, calculer l'empreinte carbone est un exercice très difficile, dont je vous épargne ici toutes les complexités, sans d'ailleurs être sûr que nous disposions des données complètes pour le faire. Bref, se mettre d'accord sur une méthodologie commune pourrait prendre des années de discussion[48]. D'ailleurs, à titre d'exemple, Service Statistique du Ministère de l'Écologie (SDES) a publié pour la France une nouvelle version de l'empreinte carbone, qui n'est rien de moins que 20% inférieure à celle qui avait été estimée précédemment ; elle est par ailleurs en baisse de 30% depuis 1995 alors que l'étude précédente, largement citée par le Haut Conseil du Climat, l'estimait en hausse de 5%[49].

Ensuite, reprenons l'exemple de la chemise achetée par le consommateur français et dont la production et la distribution entraînent 55 kg de CO_2 mais qui n'apparaît que pour 6 kg dans le bilan français. Si cette chemise a une empreinte carbone si forte, c'est aussi parce que les usines en Chine émettent beaucoup de CO_2, notamment en raison de l'électricité chinoise qu'elles utilisent. Que la Chine accroisse ses émissions pour chaque T-Shirt produit, et l'empreinte carbone du pauvre consommateur français va se détériorer sans qu'il n'en sache rien ou puisse faire la moindre chose.

C'est donc imputer au consommateur français la responsabilité d'un acte sur lequel, *in fine*, il n'a que peu de contrôle. Certes, on pourra argumenter que le consommateur est libre de choisir l'origine de la chemise qu'il achète, à ceci près qu'une offre provenant de pays plus « propres » soit disponible et qu'il dispose de l'information nécessaire sur le contenu en CO_2 de différents T-Shirt, ce qui n'est pas le cas. Si l'usine Chinoise produisant le T-Shirt vendu en France utilisait de l'électricité renouvelable, ses émissions seraient bien moindres ; or c'est la Chine qui décide de sa politique énergétique et non le consommateur ou gouvernement français !

Enfin, que l'on calcule les émissions par habitant en utilisant l'une ou l'autre méthode ne change que rarement le « classement » des pays de manière fondamentale : ceux ayant un niveau élevé d'émissions territoriales ont généralement aussi une empreinte carbone élevée, la correction à apporter est rarement de plus de 15-20%.

Les États-Unis, par exemple, sont de gros émetteurs de CO_2 par habitant, et la méthode de l'empreinte carbone aggrave plutôt la situation par rapport à celle des émissions territoriales. C'est aussi le cas pour le Canada, l'Arabie saoudite, l'Australie, autres gros émetteurs.

La bonne mesure : les émissions territoriales corrigées

L'empreinte carbone est utile au niveau individuel. Mais pour juger de du poids et de la trajectoire d'un pays en matière d'émissions de gaz à effet de serre, les émissions territoriales sont plus utiles et fiables. Pour autant, celles-ci ont un défaut majeur : en effet, elles n'intègrent pas les émissions liées au transport international par avion (seules les émissions du transport domestique comptent), ni celles liées au transport maritime international. Or si un Français se rend aux Etats-Unis par exemple, c'est bien son acte d'achat qui est à l'origine des émissions même si une grande partie intervient au-dessus de l'Atlantique. Il faut donc les rajouter au bilan de la France. A l'inverse, les émissions d'un camion Allemand traversant la France pour approvisionner l'Espagne sont comprises dans le bilan des émissions territoriales la France. Il faut les en retrancher. Pour certains pays, européens notamment, la différence peut être significative. Dans le cas de la France, pays pour lequel des données fiables sont disponibles sur les voyages à l'étranger, c'est loin d'être négligeable. En apportant ces corrections, on s'aperçoit que nos émissions de CO2 sont 15 % plus élevées, et que le poste aviation représente 13-14 % du total plutôt que 1 %. Soit presqu'autant que la voiture pour usage privé.

Voici quelques petites autres subtilités que vous rencontrerez souvent si vous vous intéressez au sujet.

Émissions nettes ou brutes ?

Il y a deux façons d'apprécier la contribution d'un pays ou d'une région aux émissions de gaz à effet de serre. En effet, le bilan d'un pays en gaz à effet de serre est la différence entre ce qu'il émet, en raison de son activité économique, et ce qu'il absorbe en raison de ses forêts. Donc, pour réduire ses émissions, un pays peut théoriquement réduire ses émissions ou augmenter sa capacité d'en absorber en accroissant par exemple les surfaces forestières. Dans le futur, on pourra peut-être imaginer d'autres options pour absorber du CO_2, mais pour le moment les technologies sont loin d'être capables de répondre à l'urgence de réduire vite et de manière massive nos émissions : à court terme donc, augmenter (et déjà préserver) les écosystèmes absorbant naturellement du CO_2 est la seule option réaliste.

Émissions actuelles ou cumulées depuis le début de la révolution industrielle ?

Dans certains cas, les organismes qui suivent les émissions des différents pays comptent celles émises depuis le début de la révolution industrielle, plutôt que celles émises en 2020 par exemple ou depuis 1990. En effet, c'est depuis 1850 environ que l'envolée de la population et de la croissance économique a entraîné une forte croissance de l'utilisation de l'énergie, particulièrement du charbon, et que les émissions de CO_2 ont vraiment décollé. Cette approche a du sens car le CO_2 émis aujourd'hui reste environ une centaine d'années dans l'atmosphère : le CO_2 émis par les centrales électriques européennes au milieu du XXe siècle pourrait être encore présent dans l'air, et agir autant que celui émis hier par notre véhicule. Résultat, si l'on compare les émissions additionnées depuis le début de la révolution industrielle, cela change un peu la donne. C'est le cas particulièrement pour la Chine : ce pays émet aujourd'hui plus de CO_2 que les États-Unis et l'Europe combinés et est donc de loin la première macro-région/pays émetteur de la planète, plus d'un quart à lui seul. Par contre, si l'on tient compte de toutes les émissions depuis le début de la révolution industrielle, le poids de la Chine n'est 'que' de 13%, un quart seulement du poids combiné de l'Europe et des États-Unis, responsables à eux deux de près de la moitié de toutes les émissions[50].

Cette mesure de la contribution historique est-elle utile ?

Elle l'est en partie et justifie en effet que les pays qui ont émis le plus et le plus tôt soient aujourd'hui leaders pour amorcer la direction opposée. Nous verrons que la vieille Europe, si souvent méprisée, moquée, parfois insultée par les nouvelles puissances, accepte en général cette réalité, ce qui était moins le cas des États-Unis, au moins jusqu'à l'élection de Joe Biden. Or ce pays est la première puissance économique, devant l'Europe, depuis le début des années 1940[51] et sa contribution historique est plus élevée (malgré une population moindre, rappelons-le). Mais, là encore, cet argument a ses limites :

Premièrement, il est injuste par certains aspects. Imaginez que vous ayez eu un arrière-grand-père qui ait été assez riche en 1910 : il aurait été par exemple un cultivateur aisé ou un commerçant prospère. Néanmoins, vous ne l'êtes point vous-même, pour des raisons diverses, y compris peut-être votre moindre intérêt pour les affaires d'argent. Trouveriez-vous normal que, allant au restaurant avec un ami disposant d'un revenu beaucoup plus élevé que vous aujourd'hui mais issu d'une famille historiquement moins aisée, il vous demande de payer l'addition au motif que, en cumulé depuis 1880, votre famille, y compris votre arrière-grand-père a été historiquement plus riche que la sienne ? Pire encore, qu'il vous demande de lui verser une rente pour compenser la pauvreté historique dont sa famille a souffert par rapport à la vôtre ?

D'autre part, si certains pays ont moins émis de CO2 entre 1850 et aujourd'hui, c'est que leur développement économique a été plus lent : or attribuer aux pays plus anciennement développés la responsabilité totale de ce retard est une position difficilement défendable, particulièrement pour la Chine entre 1870 et 1970 !

Enfin, la réalité est qu'on ne peut estimer les émissions de CO_2 depuis 1850 qu'assez grossièrement. On connaît assez bien sans doute la consommation de charbon, de gaz ou de pétrole depuis cette époque (les principales sources d'émission), mais pas très bien les émissions « négatives », liées par exemple à l'importance des forêts, ou celles liées au méthane. Enfin, à nous « chamailler » *at nausea* sur le passé, on ne risque guère d'avancer pour le futur.

Émissions potentielles produites

C'est un indicateur dont on parle peu, à ma connaissance aucun organisme ne le suit, et pourtant il est très important. Rappelez-vous, si par exemple l'Australie produit une tonne de charbon mais l'exporte en Chine, où il sera brulé, c'est bien dans les émissions de la Chine que le CO_2 émis sera compté. En revanche, si la même tonne est brulée pour les besoins intérieurs de l'Australie, ce sera bien dans le compte Australien. Si on attribuait à l'Australie toutes les émissions liées au charbon que le pays produit, que celui-ci soit ou non utilisé en Australie, on aurait une image très différente des différents responsables des gaz à effet de serre. En fait, tous les gros exportateurs d'énergies fossiles auraient un très lourd bilan, aux premiers rangs desquels la Russie, l'Arabie Saoudite et tous les pays exportateurs de charbon, de pétrole et de gaz, mais elle ne changerait pas tellement la donne pour les États-Unis par exemple (une grande partie est consommée sur place et déjà comptée dans le bilan Américain). Cela compte aussi pour des pays comme le Canada ou la Norvège par exemple : si ce dernier État est relativement vertueux, disposant de grandes ressources hydroélectriques, il exporte beaucoup de pétrole. Pour le Canada, c'est pire encore, car le pays est déjà un grand consommateur d'énergies fossiles, mais aussi un gros exportateur. D'une certaine façon, cet indicateur mesure l'effort que ces pays devront faire, non seulement pour utiliser moins d'énergies fossiles, mais surtout pour réorienter leurs économies vers d'autres activités que leur production.

Les équations de Kaya

Les équations de Kaya ont été inventées en 1993 par l'économiste Japonais Yoichi Kaya[52]. Elles permettent de comprendre de manière mathématique, donc non vraiment discutable, les facteurs qui influencent l'évolution des émissions de CO2 liées à la combustion d'énergies fossiles.

D'abord, rappelons un chiffre important : le CO_2 ne représente qu'environ 72% des émissions de gaz à effet de serre. D'autre part, la combustion d'énergies fossiles, c'est 90% environ des émissions de CO2, le reste est essentiellement la production de ciment. Donc, on multiplie les deux chiffres et l'on aboutit à la conclusion que les émissions liées aux CO_2, c'est 65% (72% multiplié par 90%), donc un peu moins des deux-tiers du problème.

Les équations de Kaya ne permettent de comprendre que cette seule composante, pas le tiers restant. Néanmoins, les deux-tiers, c'est déjà pas mal, et ce d'autant plus qu'elles nous permettent non seulement de comprendre le passé, mais aussi d'envisager des solutions pour le futur.

Voici le raisonnement sous-jacent aux équations de Kaya :

1) Ce sont les êtres humains qui utilisent des énergies fossiles, la première variable est donc la population de chaque pays.
2) La consommation d'énergies fossiles dépend aussi du niveau d'activité économique. Donc, l'activité économique par habitant est un autre facteur.
3) Mais elle dépend aussi de l'intensité en énergie de l'activité économique, c'est-à-dire le montant d'énergie nécessaire pour l'activité économique.
4) Enfin, les émissions dépendent de la nature de l'énergie utilisée. Si l'énergie est produite à partir de charbon, alors, les émissions vont être très importantes. Si elle est produite à partir de renouvelables (ou de nucléaire), cela va être très peu.

Examinons ensemble le schéma ci-dessous, il explique l'enchaînement des causes de manière simple et logique :

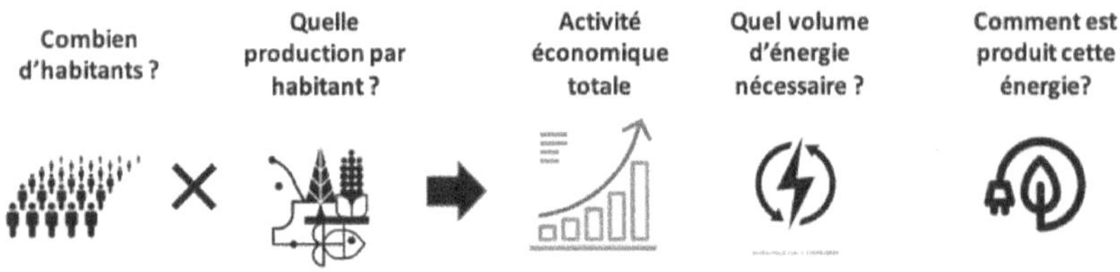

Ce graphique nous permet d'analyser les performances passées de différents pays, mais aussi de construire des scénarios possibles pour le futur. En effet, comme le montre ce schéma, il n'y a que quatre façons de baisser les émissions de CO_2 liées à la consommation d'énergie, dont deux sont peu souhaitables ou difficiles à mettre en œuvre :

⇨ Réduire la population ou la production par habitant, ou au moins leur croissance

Nous verrons que pour ces deux points, une certaine marge de manœuvre existe, mais elle est finalement assez faible, au moins à court terme et très difficile à mettre en œuvre :

- ⇨ Réduire la consommation d'énergie en augmentant l'efficacité énergétique ;
- ⇨ Utiliser une énergie plus propre.

Attardons-nous donc sur ces 4 variables, en commençant par le nombre d'habitants et la production par habitant, deux concepts *a priori* assez simples.

Population et production par habitant

Le nombre d'habitants d'un pays est tout simplement sa population totale, tous âges et sexes confondus. L'activité économique est la valeur créée par l'ensemble des secteurs économiques : agriculture, industrie ou service, quelle que soit la nature des entreprises, privées ou publiques, ajoutant celle des administrations publiques ou associations, mais pour ces deux dernières, la valeur créée est réduite aux salaires versés. Le chiffre total de cette valeur est divisé par le nombre d'habitant. C'est un indicateur simple qui est souvent utilisé pour apprécier le niveau de développement économique d'un pays donne. Là encore, ces grandeurs sont bien connues même s'il existe quelques complexités les concernant.

Comment mesure-t-on l'activité économique d'un pays ?

Sont prises en compte toutes les formes d'activités, agricoles, industrielles, de service, qu'elles soient publiques ou privées et on ajoute la valeur produite par les services publics (qui ne sont pas vendus). Cela a l'air relativement simple, mais là où cela se complique, c'est lorsque l'on veut comparer un pays à l'autre, notamment au cours du temps. Pas trop de problème quand les deux pays ont la même monnaie, par exemple l'Allemagne et la France, plus compliqué quand ce n'est pas le cas. Que fait-on alors ? On convertit en dollars les productions de tous les pays. Mais comme la valeur du dollar change chaque année, on prend en général un taux de change fixe. On dit alors, activité économique de la France, sur la base des taux de change de l'année 1990 par exemple. Oui, mais : avec 100 dollars, on ne fait pas du tout la même chose à Manhattan-New York par exemple que dans un village du Périgord, pour la simple raison que les prix sont beaucoup plus élevés pour un même bien et service dans la première ville. On corrige donc du niveau des prix pour que, une fois divisée par le nombre d'habitants dans chaque pays, on ait une idée de la richesse moyenne par habitant, ou développement économique. On parle alors d'activité économique en parité de pouvoir d'achat (PPA). Vous êtes perdus, trop compliqué ? Retenez que l'activité en PPA par habitant est la mesure la plus pertinente pour comparer deux pays. En revanche, si vous en voulez plus, voici une autre complexité bien connue des économistes : ceux-ci reconnaissent en général que la production par habitant est un indicateur très grossier au-delà d'un certain niveau (25 000 $ environ), même s'il est utile pour mesurer le confort matériel moyen des habitants d'un pays. Il n'illustre que de manière très imparfaite la vraie qualité de vie des habitants d'un pays, et pour deux raisons : la première est que cet indicateur ne dit pas comment est répartie la richesse produite chaque année. La deuxième, des éléments très importants, non monétaires, ne sont pas pris en compte. Par exemple, quelle est la qualité de l'air, celle du système éducatif et de santé, le niveau de sécurité et de cohésion sociale, des facteurs qui contribuent beaucoup à la qualité de vie de manière concrète dans notre quotidien. Et la qualité ne dépend pas que de l'argent dépensé, une comparaison des résultats par pays est très claire là-dessus, aucune ambiguïté !

Passons maintenant au troisième facteur.

Intensité énergétique

La troisième grandeur mesure le volume d'énergie nécessaire à l'activité économique. C'est un ratio simple, on divise le volume d'énergie total utilisé par un pays par la valeur totale des biens et services que son économie produit, son activité économique. Cet indicateur est connu sous le nom « d'intensité énergétique », très prisé des économistes car particulièrement utile pour non seulement comprendre les performances énergétiques d'un pays, mais aussi bien d'autres choses sur la nature de son économie. Il présente l'énorme avantage, par sa simplicité, de ne pas faire l'objet de discussions méthodologiques complexes et sans fin entre experts : pour un pays donné, on connaît en principe bien les deux valeurs utilisées dans cette équation.

La consommation d'énergie est souvent mesurée en équivalent pétrole en convertissant toutes les autres énergies, gaz, électricité ou charbon en fonction de leur teneur en énergie ou en joules, unité de mesure de l'énergie, par millions d'euros d'activité.

Le terme « équivalent pétrole » veut seulement dire « comme si nous utilisions que du pétrole, pour rendre les choses comparables », même si bien sûr en réalité, tous les pays utilisent une variété d'énergies (charbon, gaz, nucléaire, renouvelables ou autres). Par exemple, pour le France, ce ratio était de 100 en 2015[53], indiquant que le pays utilisait 100 tonnes d'équivalent pétrole pour chaque million d'euros d'activité, l'équivalent de trois poids lourds à pleine charge.

Malgré cette forte consommation, la France utilise sensiblement moins d'énergie pour chaque unité de production que le reste du monde : son intensité énergétique est même 30% moins élevée que la moyenne mondiale.

Voyons maintenant ensemble ce ratio plus en détail, l'intensité énergétique. Pourquoi un pays utilise-t-il plus ou moins d'énergie pour son activité économique, à chaque fois que ses habitants produisent l'équivalent d'un million d'euros de richesse ? Analysons les deux raisons possibles pour à la fois juger des performances des différents pays sur le plan de la lutte contre le réchauffement climatique et envisager des solutions. Il s'agit d'un élément essentiel donc restons ensemble pour bien comprendre !

Commençons par les faits, l'intensité énergétique pour les quatre catégories de pays, en fonction de leur niveau de développement économique.

		Tonnes d'énergie par million de US$, PPP			Tonnes d'énergie par million de US$, PPP		
	Définition	1990	2015	Variation	1990	2015	Variation
Pays très développés	Prod/hab > 35 000 $	168	114	-1,5%	156	110	-1,40%
Pays développés	Prod/hab > 19 000 $	197	127	-1,7%	268	179	-1,60%
Pays intermédiaires	Prod/hab > 9 000 $	206	140	-1,5%	389	279	-1,30%
Pays peu développés	Prod/hab < 9 000 $	237	123	-2,6%	700	378	-2,40%
Monde		**172**	**120**	**-1,4%**	**231**	**181**	**-1,00%**

Comme le montre cette sélection de données, les pays les plus développés utilisent, en général, moins d'énergie pour chaque million de dollars d'activité. Toutefois, les performances se rapprochent nettement depuis 1990, les écarts entre les groupes de pays sont aujourd'hui inférieurs à 15%.

La question est pourquoi les pays plus développés utilisent moins d'énergie par unité de production (précisons qu'ils utilisent plus d'énergie au total car leur activité économique est beaucoup plus importante) ? Deux réponses possibles :

1) Leurs activités économiques, par leur nature même, utilisent moins d'énergie ;
2) Leurs activités sont plus efficaces sur le plan énergétique, l'intensité énergétique baisse.

Or ce n'est pas du tout la même chose.

Les deux composantes de l'intensité énergétique

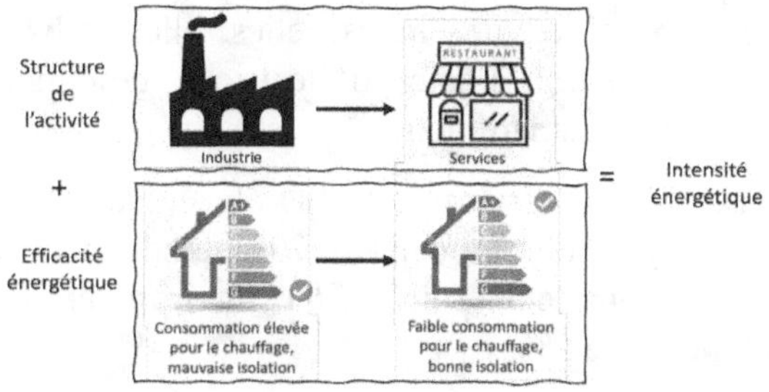

La première raison, parfois la principale, pour laquelle un pays utilise plus ou moins d'énergie pour son activité économique tient à la structure de ses activités. Les activités de service utilisent 5 à 10 fois moins d'énergie pour chaque euro d'activité que les activités industrielles. Ceci est bien naturel : pour 100 euros de chiffre d'affaires, un restaurant, un cabinet comptable ou celui d'un médecin a besoin de beaucoup moins d'énergie qu'une aciérie.

Tonne d'énergie par million d'Euro d'activité

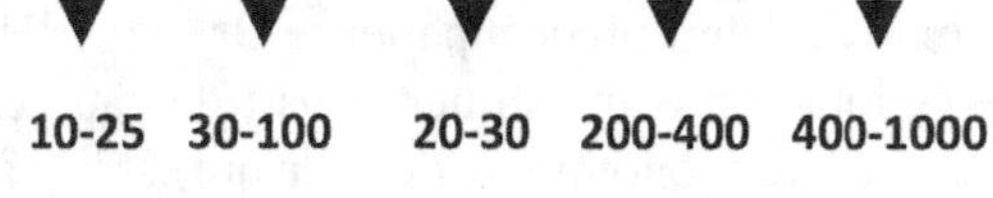

En conséquence, les pays dont l'économie est fortement orientée vers les services vont utiliser proportionnellement moins d'énergie. Toutefois, cela n'indique pas que les activités de ce pays, sur une base comparable, sont plus efficaces sur le plan énergétique. D'autre part, même pour des pays ayant des structures d'activité économique comparables, même poids relatif de l'industrie par exemple, cette dernière peut être orientée vers des activités plus ou moins énergivores et polluantes par nature. En effet, la consommation d'énergie varie aussi selon le type d'activités industrielles, elle est beaucoup plus élevée pour la production d'acier, d'électricité, de ciment que pour celle de voitures ou de smartphones[54].

En général, la part des services est plus élevée dans les économies développées où elle atteint ou dépasse 70%, tandis que l'industrie et la construction comptent pour 25% environ et l'agriculture, sensiblement moins de 5%.

Si l'on transforme une aciérie en usines de fabrication de smartphone ou en musée, l'intensité énergétique va automatiquement baisser. Mais cela ne dit absolument rien des efforts réels pour améliorer la véritable efficacité énergétique parmi les aciéries de ce pays d'une part, dans ses usines de fabrication de smartphone ou musées de l'autre. Voilà pourquoi le deuxième facteur, l'efficacité énergétique, est très important : il mesure le volume d'énergie utilisée pour une même activité, par exemple, combien d'énergie pour produire une tonne d'acier ou de ciment, faire rouler une voiture ou transporter des marchandises sur 100 kilomètres, chauffer une maison ou des bureaux.

Une amélioration de l'efficacité énergétique est le résultat de *véritables* efforts des acteurs économiques, consommateurs, entreprises et administrations publiques, pour réduire leur consommation énergétique. Cela requiert non seulement des incitations légales ou fiscales, mais aussi de mettre la consommation d'énergie au cœur de leurs préoccupations. Or, dans l'évolution de l'intensité énergétique, on peut estimer la part due aux changements de la structure d'activité économique, de celle qui est liée à l'évolution de l'efficacité énergétique.

Voyons la situation au niveau mondial. Entre 1990 et 2015, l'intensité énergétique a baissé de 1% à 1,4%[55] par an. Or, dans le même temps, la part des activités de services est passée de 52,2 à 65%[56], ce qui a entraîné une baisse mécanique de l'intensité énergétique. On peut estimer qu'environ la moitié de la baisse de l'intensité énergétique,

0,6%-0,7% est due à un basculement vers des activités de services, mais aussi des activités manufacturières moins gourmandes en énergie. Si bien que la véritable efficacité énergétique ne se serait accrue que de 0,3 à 0,8% par an. Sur la base des données d'activité économique de la banque mondiale de l'AIE pour la consommation d'énergie, l'intensité énergétique a d'ailleurs peu progressé dans le secteur manufacturier, 0,2-0,7% par an, elle s'est même détériorée dans l'agriculture, baissant toutefois de manière importante dans les services (entre 1,5 et 2% par an). Ceci nous montre que les efforts réels pour améliorer l'efficacité énergétique ont été finalement assez limités, la baisse de l'intensité énergétique étant plutôt due à une évolution naturelle qui ne doit guère aux politiques gouvernementales mais plutôt au fait que plus les revenus des consommateurs augmentent et plus la part allouée aux services (santé, éducation, services légaux, culture…) s'accroît. Cette situation est à la fois une bonne et mauvaise nouvelle : mauvaise, nous avons peu fait, bonne, dans la plupart des pays, on peut faire beaucoup mieux et souvent en améliorant la compétitivité du pays, et en faisant, nous consommateurs, des économies.

Le taux de carbone

Voyons enfin le 4e et dernier facteur, le niveau de CO_2 par unité d'énergie utilisée. Là encore, c'est un ratio très simple, on divise le volume des émissions de CO_2 par la consommation d'énergie. Il mesure de manière simple la teneur en CO_2 de l'énergie utilisée : plus il est élevé, plus il traduit une utilisation intensive des énergies fortement émettrices de CO_2 comme le charbon et une moindre utilisation d'énergies bas-carbone, nucléaire ou renouvelables. C'est donc un indicateur de « propreté » de l'énergie utilisée, au moins du point de vue du CO_2.

Nous avons vu que les émissions de CO_2 sont essentiellement dues à l'utilisation d'énergies fossiles et que la consommation d'une tonne d'énergie fossile entraîne la formation d'environ trois tonnes de CO_2.

Toutefois, d'une part le chiffre de trois varie selon le type d'énergie fossile utilisé, et de l'autre, il peut être beaucoup plus faible si nous utilisons aussi d'autres formes d'énergie, comme le nucléaire, les énergies renouvelables des barrages hydrauliques, des éoliennes ou des panneaux solaires, qui émettent très peu ou pas de CO_2. C'est pourquoi il est en général inférieur à trois.

Ce taux varie donc beaucoup selon qu'un pays utilise plus ou moins de charbon, de pétrole, de gaz, de nucléaire ou de renouvelables. C'est *in fine* le plus important des 4 facteurs : même avec une croissance économique et démographique modérée et avec tous les efforts possibles pour améliorer l'efficacité énergétique (tout ce qui ralentit la demande d'énergie et donc les émissions de CO_2), les émissions de CO_2 pourront continuer à croître si un pays utilise plus d'énergies fossiles et particulièrement de charbon (cas typique de la Chine). À l'inverse, un pays peut avoir une forte croissance économique, être finalement très peu efficace sur le plan énergétique, les émissions de CO_2 pourront être faibles si la majorité de l'énergie est produite à partir de renouvelables ou de nucléaire.

En moyenne, ce taux a légèrement baissé depuis 1990 et comme le montre le tableau ci-dessous, il varie presque du simple au double d'une macro-région à l'autre. Le cas de la Chine mérite d'être souligné : en moyenne, l'énergie consommée dans ce pays émet presque 25% plus de CO_2 par tonne d'énergie consommée en 2017 qu'en 1990. C'est la seule macro-région du monde à avoir enregistré une évolution si défavorable, et à elle seule, la Chine a inversé la tendance du reste du monde, puisque la baisse a été, hors de Chine, de près de 8%.

CO2 par tonne d'énergie

	1990	2017	Variation
Chine	2,41	3,02	25,7%
Asie Du Nord	2,45	2,41	-1,8%
Asie du Sud-Est	1,87	2,27	21,2%
Asir du Sud	1,63	2,35	44,0%
Etats-Unis + Canada	2,46	2,17	-11,6%
Amerique latine	1,81	1,92	6,3%
Europe	2,43	2,01	-17,1%
Ex-Union soviétique	2,49	2,08	-16,3%
Moyen-Orient	2,54	2,38	-6,3%
Afrique	1,38	1,46	6,0%
Monde	**2,32**	**2,29**	**-1,1%**
Le Monde hors Chine	2,31	2,13	-8,0%

Source: IEA highlights

Avec ces quelques concepts « simples », nous voilà maintenant mieux armés pour analyser les données disponibles et juger de la réelle performance des différentes régions et pays en matière d'émissions, mais aussi comprendre pourquoi les choses ne se sont guère améliorées depuis 1990, mais au contraire plutôt dégradées.

Par le passé, nous avons été capables de résoudre, en partie, des problèmes environnementaux, pourquoi pas celui du changement climatique ?

La situation environnementale ne s'est pas dégradée sur tous les fronts, contrairement à ce que l'on lit parfois, elle s'est même franchement améliorée sur certains. Nous avons vu que la qualité de l'air, en raison des pollutions industrielles et automobile, est en fait meilleure aujourd'hui qu'en 1985 dans les pays développés au moins. Pour les pluies acides, le trou dans la couche d'ozone, longtemps au centre des préoccupations internationales, les choses vont plutôt mieux et elles se sont améliorées assez rapidement. Lors d'une rencontre avec des techniciens du SIAPP, ceux-ci m'ont confirmé que la qualité de l'eau de la Seine est bien meilleure aujourd'hui qu'il y a 30 ans. C'est le cas en général pour la qualité de l'eau des lacs et rivières dans la plupart des pays développés. Tous ces résultats ont été obtenus grâce à d'importants moyens déployés en matière de recherche, une adaptation de la législation et, souvent, de lourds investissements. Les exemples d'amélioration, n'en déplaise à tous ceux qui souhaiteraient que ce soit le contraire, sont nombreux, et généralement ils sont intervenus dans les démocraties libérales. Attention néanmoins, la situation environnementale dans ces mêmes pays s'est bien dégradée *en général*, on connait par exemple la situation désastreuse pour le plastique, celle des milieux marins, de certains espaces forestiers, mais le plus grave est peut-être sur la terre ferme : là, l'explosion démographique depuis 1990 (+50% de population) et l'enrichissement général a conduit à un bétonnage systématique des espaces naturels. Et là où Bill Gates[57], dans son ouvrage, se réjouit avec gourmandise de cette évolution, et plus encore des énormes villes à venir, il y a tout lieu au contraire de s'en inquiéter pour une raison assez simple : l'espace sur terre n'est pas infini.

L'analyse de l'histoire des débats autour de la question du réchauffement climatique montre qu'ils se sont ouverts à la fin du XIXe siècle. Le chimiste Suédois, Prix Nobel, Svante August Arrhenius, publie en 1898 le premier calcul relatif au réchauffement climatique lié aux activités humaines[58]. Dans les années 1930, sur la base des relevés de températures effectués depuis le milieu du XIXe siècle, le scientifique Canadien, Guy Stewart Callendar, affirme qu'un réchauffement climatique est en cours.

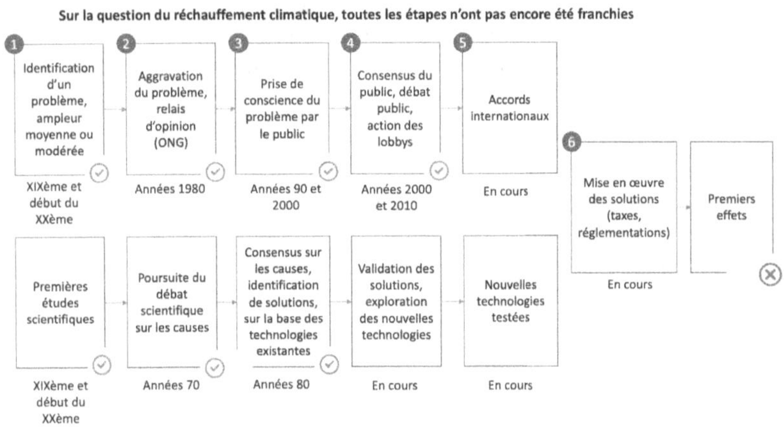

Plus d'un siècle s'est donc déjà écoulé entre la première étape et aujourd'hui, et pour autant, toutes les étapes n'ont pas encore été franchies. Il en existe, pour simplifier, 6, comme l'illustre le schéma ci-dessous.

Sur le plan scientifique, après les premières études va suivre une longue période, jusqu'au milieu des années 1970, où les scientifiques s'affrontent sur l'existence d'un réchauffement climatique, certains postulant au contraire un possible refroidissement. En particulier, les scientifiques mettent au jour la contribution des aérosols et de la pollution de l'air à un refroidissement de l'atmosphère. Au milieu des années 1970, la communauté scientifique est divisée et la probabilité d'un refroidissement, lié aux aérosols, considérée comme égale à celle d'un réchauffement. Toutefois, dès la fin des années 1970, la communauté scientifique converge très nettement vers l'hypothèse d'un réchauffement.

La prise de conscience du public s'accélère dans les années 1980 et 1990, mais le « consensus » général se construit graduellement. Depuis 2010, on peut considérer que celui-ci est atteint au niveau mondial, même si des (très grosses) poches de résistance existent encore. Parallèlement, les premiers accords internationaux, Kyoto I, voient le jour mais ils ne sont pas ratifiés par les principaux émetteurs de gaz à effet de serre, comme la Chine et les États-Unis. L'Accord de Paris est signé en décembre 2015 et marque une étape très importante puisque tous les grands acteurs économiques le signent. Toutefois, il doit être ratifié aux États-Unis et avant même que ce processus soit engagé, Donald Trump annonce le retrait des États-Unis de l'Accord de Paris[59]. L'immense majorité des pays de la planète, dont la Chine et les pays d'Europe, décident néanmoins de le mettre en œuvre. L'élection de Joe Biden remet les Etats-Unis sur les rails, le candidat indiquant le retour des États-Unis dans l'accord de Paris.

Avec ce consensus maintenant assez largement établi au niveau international et engageant une très vaste majorité de pays de la planète, peut-on considérer que l'étape 5 a finalement été franchie en une centaine d'années ? En réalité, non. D'une part parce que les engagements pris par les signataires sont généralement insuffisants, particulièrement de la part de la Chine (nous analyserons plus en détail ce point) et de l'autre, parce qu'en dépit de ce relativement faible niveau d'ambition, beaucoup de pays ont échoué à tenir les engagements pris.

Ainsi, nous avons franchi seulement et au mieux 4,5 étapes sur 6 en plus d'un siècle. C'est un délai long par rapport à celui observé pour d'autres problèmes environnementaux. En effet, par le passé, nous avons été capables de résoudre, au moins en grande partie, plusieurs problèmes environnementaux majeurs dans un laps de temps compris entre 30 et 70 ans : trou dans la couche d'ozone, pollution de l'air des grandes villes dans les pays développés, pluies acides, marées noires. Pour le réchauffement climatique au contraire, les progrès sont très lents, alors que depuis les premières prises de conscience, plus d'un siècle s'est déjà écoulé. Pourquoi cette difficulté à avancer ? Ceci est sans doute lié à plusieurs caractéristiques spécifiques du réchauffement climatique.

Ennemi invisible

La première raison qui explique notre difficulté à agir est peut-être la plus simple d'entre elles : le CO_2 et le méthane sont, par leur nature chimique, des ennemis invisibles. Le méthane est un polluant très dangereux, pour s'en convaincre il suffit de laisser sa gazinière ouverte, il est mortel au-delà de 5% dans l'atmosphère, par inhalation ou explosion. Mais à l'état naturel, il est incolore et inodore, même si on le détecte au nez en raison d'impuretés qu'il contient ou d'additifs. Le CO_2 quant à lui, n'est pas un polluant *stricto sensu*, surtout dans la proportion dans laquelle il est en moyenne dans l'atmosphère. Or les deux gaz sont contenus en très petites quantités dans l'atmosphère, moins de 0,05% pour le CO_2, c'est encore sensiblement moins pour le méthane, bien en dessous du niveau au-delà duquel ils deviennent *directement* dangereux pour notre santé, mais assez pour créer un effet de serre puissant.

Ce n'est pas le cas des gaz et particules qui sont à l'origine de la pollution dans les villes. Ils sont dangereux pour la santé, on mesure très clairement la façon dont ils entraînent une hausse de la mortalité, et en plus, on peut les voir ! Fumées brunâtres ou blanches mais qui bouchent l'horizon comme le ferait un brouillard. Même les responsables des gouvernements des pays les moins démocratiques ne peuvent cacher au public la réalité de la pollution dans les villes. S'y ajoute qu'eux-mêmes et les membres de leurs familles en souffrent comme les autres : ils respirent le même air local. Enfin, les images de villes très polluées finissent par déteindre sur la réputation du pays et de la qualité perçue des produits qu'il exporte. Pour beaucoup d'entre nous, il faut voir (ou sentir) pour croire, c'est un réflexe tout à fait humain et d'ailleurs assez utile en général.

Effets globaux, plutôt que locaux

Les effets des gaz à effet de serre sont globaux ; je conduis à Copenhague mais mes émissions impactent autant l'air de Pékin, et *vice versa*. Ce n'est pas le cas des émissions qui affectent directement la qualité de l'air au niveau local : celles-là, surtout lors de situations climatiques particulières (absence de vent, fortes chaleurs, temps humide et froid), restent souvent bloquées près de là où elles sont émises et entraînent des fumées brunâtres, un air souvent irrespirable. Les gouvernements, sous la pression de leurs opinions publiques, sont donc bien plus engagés à agir et les mesures prises peuvent avoir des effets rapides.

L'exemple le plus éloquent, mais il n'est pas le seul, est celui de la Chine. Alors que le pays a très peu fait pour limiter ses émissions de CO_2, il a senti la nécessité d'agir vite et fort dans le domaine des polluants de l'air. Ces derniers atteignaient un niveau tel qu'il était impossible aux dirigeants chinois d'en nier l'existence tandis que leurs effets pouvaient *in fine* menacer la stabilité politique du régime et fortement dégrader l'image extérieure du pays. Chacun, les habitants de la Chine en premier, se souvient des images de grandes villes chinoises où l'air était tellement pollué qu'on ne pouvait y voir à 50 mètres. Résultat, le gouvernement a pris dans ce domaine des mesures énergiques et la qualité de l'air s'est fortement améliorée en quelques années seulement : toutefois, dans la pratique, la stratégie pour la Chine a, pour les centrales à charbon surtout, constitué à repousser les pollutions plus loin, les éloigner des villes et zones où elles pouvaient stagner et être ainsi le plus visibles et nuire à la population et aux autorités politiques.

In fine, chaque addition de CO_2, s'il s'agit de CO_2 seulement, n'affecte pas de manière directe et significative le niveau de qualité de l'air dans la région où il est émis, même s'il peut, par l'augmentation des pics de température ou de chaleur, contribuer à la formation de polluants.

À l'inverse des polluants plus traditionnels, les gaz à effet de serre poussent donc à un comportement égoïste : puisque je partage les conséquences avec les autres de mes émissions et souffre également des conséquences des émissions par les autres, sans payer moi-même pour ces conséquences (en taxes par exemple), pourquoi me gêner et m'obliger à réduire les miennes ?

Le réchauffement climatique exige donc une coordination internationale de grande ampleur. Aussi un effort massif d'explication car nous ne sommes pas des spécialistes de ces questions, basé sur des informations fiables, relativement simples à comprendre, qui peuvent néanmoins s'appuyer sur des analyses et données complexes.

Effets graduels, à long terme, non linéaires et différents selon les régions

Les effets du réchauffement climatique se mesurent à long terme, même si l'on enregistre une nette accélération depuis une vingtaine d'années. La hausse des températures n'est pas linéaire : des années chaudes succèdent aux années plus froides. En revanche, les années les plus chaudes, depuis que l'on peut mesurer les températures, sont beaucoup plus nombreuses depuis 1980, et depuis cette date, chaque décennie est plus chaude que la précédente en moyenne.

Même en période de réchauffement, des périodes de grand froid dans certaines parties de la planète, avec des températures inférieures aux normales saisonnières, sont possibles. Il existe même quelques régions du monde, très petites, où la température moyenne semble avoir baissé depuis 1980. Ceci contribue à faire hésiter l'opinion publique, surtout lorsqu'elle y est encouragée par ses leaders politiques.

À ceci s'ajoute le fait que les efforts que nous faisons aujourd'hui ne porteront vraiment leurs fruits qu'au-delà de 2040 ou 2050. Les hausses de température jusqu'en 2040-2050 sont déjà presque inévitables, en raison des émissions émises entre 1970 et aujourd'hui (sauf si nous atteignons zéro émission très vite). En matière de climat, les évolutions sont plus celles d'un super tanker qui, une fois lancé à pleine vitesse, ne peut s'arrêter avant 20 minutes même si le capitaine donne l'ordre « Arrière toute ! ».

Nos actions d'aujourd'hui servent donc en partie les générations futures. En bref, réduire les émissions de gaz à effet de serre est un acte par définition généreux (surtout pour ceux au-delà de 40-50 ans !), qui requiert d'avoir la capacité de se projeter à long terme (au-delà de 10 ans) ou tout simplement celle d'éprouver une forte empathie pour les gens plus jeunes, y compris ses enfants ou petits-enfants. Le réchauffement climatique étant relativement lent, au moins à la mesure de la durée d'une vie humaine, certains, optimistes ou inconscients, espèrent qu'une solution miracle interviendra d'elle-même : découverte scientifique majeure, phénomène naturel mettant fin au réchauffement climatique. La technologie n'a-t-elle pas répondu à la plupart de nos attentes au cours des 150 dernières années ? D'autres encore, personnes plus âgées en général, espèrent que leur génération ne sera pas (trop) concernée et remettent égoïstement les mesures nécessaires à plus tard (en général, sans le dire). Certains enfin estiment que c'est trop tard de toute façon : nous sommes sur le Titanic, le choc a eu lieu, le bateau va couler quoique l'on fasse et mieux vaut donc aller au bar prendre un dernier verre.

Rappelons le syndrome de la grenouille : plongez-la dans de l'eau chaude et son réflexe sera de s'échapper au plus vite. Au contraire, dans une eau froide chauffée très doucement, elle se laissera mourir : au moment de fuir, il sera trop tard.

D'autre part, certains pays, ceux dont le climat est le plus froid, peuvent se bercer de l'illusion que le réchauffement climatique leur sera favorable et leur apportera de nouvelles opportunités : c'est le cas de la Russie par exemple, même si sur ce point Vladimir Poutine semble avoir évolué favorablement, reconnaissant qu'il est très probable que les conséquences ne soient pas fameuses pour son propre pays[60]. D'autres pays, souffrant d'un climat déjà très chaud (pays du Moyen-Orient, certains pays d'Afrique par exemple), ou de fréquents épisodes climatiques extrêmes (les États-Unis par exemple), se disent qu'après tout, les conditions météorologiques des zones tempérées ne feront que se rapprocher de celles qu'ils connaissent déjà. Cela rend la recherche d'un alignement international sur la nécessité d'agir plus difficile.

Complexité et coût des solutions à mettre en œuvre encore mal connu

Pour les problèmes de la pollution de l'air dans les villes des pays développés, du trou dans la couche d'ozone ou des pluies acides, de la qualité de l'eau des fleuves et rivières, dont on a vu qu'ils sont moins graves aujourd'hui qu'il y a 40 ou 50 ans, il existait à chaque fois des solutions parfois couteuses, mais connues sur le plan technologique et dont on savait qu'elles porteraient des fruits rapidement. Pour les gouvernements, il était donc relativement plus facile, certes sous la pression de leurs opinions publiques, d'avancer sur ces sujets. En bref, on connaissait les coupables, ils étaient souvent peu nombreux, la solution possible et son coût.

Pour les émissions de gaz à effet de serre, la situation est incomparablement plus complexe sur le plan technologique. Presque tous les secteurs économiques sont concernés, même si certains, la production d'électricité et d'énergie en général, notamment, le sont bien plus que d'autres. Pour la construction (à cause du ciment), l'industrie automobile, le transport aérien ou maritime, la transformation sera très profonde. Des centaines de millions d'emplois sont concernés, certains devront disparaître ou se transformer. A chaque fois, ce sont des solutions différentes et force est de reconnaitre que, dans certains cas, nous n'avons pas encore vraiment de réponse adéquate sur le plan technologique. Le coût réel est en réalité mal connu, ce qui est un réel problème, l'incertitude n'aidant pas à agir. Toutefois, nos connaissances progressent en la matière : selon une étude récente, l'ensemble de l'économie pourrait être décarbonée pour un coût inférieur à 40 dollars par tonne de CO_2[61], ce qui représenterait un coût net de l'ordre de 1,5% de l'activité économique mondiale.

D'autre part, on ne peut se contenter d'évaluer le coût possible sans analyser celui que serait de ne rien faire : or des études de plus en plus précises et alarmistes sont publiées sur le coût possible du réchauffement climatique[62].

Puissance des lobbys producteurs

Le réchauffement climatique impose que nous réduisions fortement l'usage d'énergies fossiles. Ceci veut dire qu'il n'est pas dans l'intérêt des industries pétrolières, gazières et charbonnières mais aussi celui de l'automobile ou d'autres secteurs particulièrement exposés, de mettre en œuvre des solutions ou promouvoir des options qui les pénalisent. Au contraire, leurs actions vont du financement d'études alimentant le doute sur la réalité du réchauffement climatique et son lien avec des activités humaines, à la promotion d'options stratégiques non viables à court et moyen terme, en passant par du lobbying auprès des élus des régions les plus menacées en termes d'emplois. La mise en avant de solutions miracle a toujours le même objectif : éviter de déployer celles des technologies dont on sait qu'elles fonctionnent et retarder la transition énergétique.

La puissance d'un lobby dépend des emplois et profits générés par le secteur qu'il défend, mais aussi du pouvoir des syndicats dans les entreprises du secteur et des liens que ces derniers entretiennent avec le pouvoir politique. Ainsi, le secteur charbonnier représente souvent très peu en termes d'emplois, et loin de dégager des profits, il bénéficie au contraire de fortes subventions : c'est le cas par exemple en Chine, en Allemagne ou en Pologne. Toutefois, dans ces pays, les liens entre syndicats miniers et pouvoir politique sont historiquement forts, ce qui explique en partie qu'ils aient du mal à renoncer à l'usage du charbon. Utiliser le charbon, c'est aussi une question d'indépendance énergétique pour les pays qui disposent d'importantes réserves, même de relativement mauvaise qualité ou coûteuses à exploiter.

Le secteur pétrolier et gazier au contraire est généralement source d'importants profits, mais il souffre d'une image plutôt négative auprès du public. Aux États-Unis, il occupe un poids économique important, particulièrement dans certains États. L'association américaine qui regroupe toutes les industries pétrolières et gazières (API), estime que le secteur génère 10 millions d'emplois, près de 6% du total des emplois dans le pays. Si ce chiffre est certainement *très* exagéré (d'autres sources le situent à un niveau bien moindre, 2-3%), il n'en demeure pas moins que ces emplois sont nombreux, plutôt qualifiés et souvent bien payés. Le lobby du pétrole aux États-Unis ne se réduit pas à quelques associations professionnelles, cabinets spécialisés dans les activités de lobbying, il est aussi appuyé par les voix des millions de travailleurs soucieux de garder un emploi souvent plutôt bien rémunéré. Enfin, par leur attachement viscéral à une énergie peu coûteuse et simple de production et d'utilisation, une grande majorité des Américains apporte indirectement son soutien à ce puissant lobby.

Sur la question du réchauffement climatique, les positions des différents lobbys énergétiques ne sont pas alignées, et même parfois contradictoires. Le lobby charbonnier promeut le concept d'un charbon propre, via la récupération et le stockage des émissions alors que ces technologies sont à la fois très coûteuses, peu efficaces sur le plan énergétique et non prouvées à long terme. Les lobbys pétroliers et gaziers, au contraire, sont plutôt favorables à une taxe sur les émissions de CO_2, à condition que son niveau pénalise le charbon par rapport au gaz, sans pour autant trop avantager l'énergie renouvelable. Dans le secteur des transports, les constructeurs automobiles ont plutôt poussé l'option de produire des moteurs thermiques plus efficaces, y-compris hybrides ou celle du moteur à hydrogène, option couteuse et complexe mais permettant de faire miroiter une solution zéro émission.

Les sociétés pétrolières et gazières et celles du secteur automobile subissent toutefois une pression grandissante pour agir dans ce domaine, engager une transition énergétique ou au moins réduire leur contribution aux émissions de CO_2, en réduisant par exemple les pertes en méthane dans les champs pétroliers et gaziers. Elles y sont incitées notamment en raison du nombre grandissant d'investisseurs qui bannissent de leur portefeuille les sociétés ayant dans ce domaine un comportement trop peu vertueux, grâce à certaines ONG qui font un travail sérieux pour vérifier la réalité des actions mises en œuvre.

Un comportement trop clairement « climato-septique » ou qui même se résumerait à de belles intentions dans les rapports annuels affecte aussi la capacité à recruter, c'est peut-être l'un des points les plus importants dans les pays où la fameuse « War for Talents » (compétition pour les jeunes diplômés les plus talentueux) est la plus forte, ce qui est notamment le cas des États-Unis.

Implications économiques lourdes

Apporter une solution à un problème environnemental implique des investissements d'un volume variable et dans certains cas peut entraîner un renchérissement du coût de production de certains biens. Dans le passé, de nouveaux développements technologiques et la production en masse de nouvelles technologies ont généralement permis de limiter le coût pour le consommateur à un niveau bien plus bas que ce qui avait été initialement envisagé (ce sans même compter les économies réalisées en termes de santé par exemple). Ainsi, l'amélioration de la qualité de l'air des villes, passait pour l'essence et le diesel, par une forte réduction de la teneur de divers polluants contenus dans ces produits, et a mobilisé des dizaines de milliards de dollars d'investissements : pourtant, l'essence « propre » telle qu'elle est produite aujourd'hui, c'est-à-dire débarrassée d'un grand nombre des polluants qu'elle contenait dans les années 1970, ne coûte qu'environ 2 centimes en plus au litre à fabriquer[63].

La solution requiert un changement plus ou moins profond du modèle économique général ou de celui de certaines industries clefs en termes d'activités et d'emploi. La résolution du problème de la couche d'ozone ou celui des marées noires n'affectait que quelques secteurs économiques ciblés. Améliorer la qualité de l'air dans les villes touchait déjà plus de secteurs d'activité – industrie pétrolière et automobile, centrales à charbon – mais pas l'ensemble des secteurs économiques. Aucune des transformations du passé n'est comparable par son ampleur à celle imposée par la nécessité de réduire les gaz à effet de serre : la réduction à zéro des émissions de CO_2 implique des changements importants dans la plupart des secteurs de l'économie, bien que d'une ampleur très variable.

Si l'on se projette en 2050, certains secteurs auront dû se transformer en profondeur, pour d'autres, les changements seront plus modérés. Pour un peu plus de la moitié des activités économiques, la transformation sera modérée, pour 30% les changements seront importants, tandis que pour 20%, la transformation sera profonde[64]. Ainsi, les secteurs économiques peuvent être répartis en deux grands blocs à peu près comparables en taille, ceux pour lesquels la transition énergétique pourra être gérée relativement facilement et ceux pour lesquels elle représente un défi majeur.

Transformation modérée	Transformation Importante	Transformation profonde
De la plus faible à la plus forte transformation	*De la plus faible à la plus forte transformation*	*De la plus faible à la plus forte transformation*
Service de santé Éducation Services privés aux entreprises Autres services privés aux particuliers Agriculture hors élevage et production de riz Services publics, hors santé et éducation Commerce Industries légères	Activités minières hors charbon Élevage et production de riz Tourisme Automobile Gestion des déchets Construction	Aéronautique Transport aérien Transport naval Transport routier Production et distribution d'électricité Industries lourdes et production de ciment Secteur pétrolier et gazier Production de charbon
Environ 50% de l'économie mondiale	**Environ 30% de l'économie mondiale**	**Environ 20% de l'économie mondiale**

La résolution du problème dépend aussi de nos comportements personnels

Dans tous les cas que nous venons de mentionner, les solutions au problème dépendaient assez peu de nos comportements individuels, au moins de manière directe. Certes, les réactions des opinions publiques ont contribué à obliger les parties concernées à trouver des solutions. Mais dans le cas des marées noires, celui de la pollution des villes, des pluies acides ou du trou dans la couche d'ozone, les actions individuelles comptaient peu : que pouvions-nous par exemple faire à titre individuel ? Très peu.

Résoudre ces problèmes requérait avant tout une coopération internationale, la mise en œuvre de législations nationales et éventuellement de nouvelles taxes, et leur respect par tous les acteurs du secteur. Dans le cas du CO_2, on estime que deux-tiers environ de la solution viendra de changements législatifs ou d'incitations fiscales, et un tiers de nos actions individuelles (tri sélectif, réduire la consommation de viande rouge, favoriser le train et les transports collectifs dès que possible, éviter les achats de produits inutiles, surtout lorsque ceux-ci viennent de loin, etc.).

Pour autant, la composante taxe sera aussi importante, et même essentielle si on veut aller vite : aujourd'hui, celui qui émet du CO_2 ne paye en général rien, pas plus qu'on ne paye pour respirer l'air dans la rue. En économie, on appelle cela « externalités » négatives, or dans bien des cas, se sont bien les responsables qui payent : par exemple, si une société rejette des produits dangereux pour la santé dans une rivière, c'est en général, au moins dans les pays démocratiques, bien elle qui en paiera les conséquences.

Manque de leadership des grandes puissances économiques, particulièrement les États-Unis

Cet élément est important, surtout si l'on considère le rôle presque toujours essentiel joué par les États-Unis sur les questions environnementales des années 1960 aux années 1990, le pays ayant, par son poids économique et géopolitique, un effet d'entrainement sur les autres régions. Concernant la protection de l'environnement, la situation des États-Unis est, à l'échelle de cette nation-continent, complexe et multiforme, notamment parce que les États ont le pouvoir de faire beaucoup : la situation est donc loin d'être aussi désastreuse que, vue d'Europe, on pourrait le croire. Néanmoins, la question du changement climatique est peu présente dans les débats et préoccupations des Américains. Dans une étude réalisée en février 2020 par le Pew Research center avant la crise du COVID-19 et ses implications économiques dramatiques, la question du réchauffement climatique ne pointait qu'à la 11e place dans les préoccupations des Américains, 51% d'entre eux considérant qu'il s'agit d'un problème à traiter en priorité. Ce chiffre est une moyenne entre 80% du côté des Démocrates, une très large majorité, et 21% pour les Républicains, une petite minorité[65]. Pour les Démocrates, le réchauffement climatique est la 4e priorité en importance (la troisième étant l'environnement) et la dernière des 17 priorités chez les Républicains. Le réchauffement climatique est l'un des sujets sur lesquels Républicains et Démocrates ont des visions opposées, presque plus encore que sur la nécessité de mieux contrôler les armes ou l'avortement. Or, en la matière, l'impulsion du pouvoir fédéral américain est essentielle, au plan intérieur et pour aboutir à un accord international.

Le rejet par les électeurs républicains de la cause de la lutte contre le réchauffement climatique est en partie alimentée par les différentes déclarations de Donald Trump sur ce sujet. Celles-ci ont été rassemblées par la publication *Mother Jones*[66]. En 2009, il est l'un des signataires d'un appel lancé par de nombreux chefs d'entreprises au président Barak Obama et publié dans le *New York Times*. Cet appel pressait le président Barak Obama, fraîchement élu et attendu au sommet de Copenhague sur le Climat, « de renforcer la législation américaine et faire en sorte que les États-Unis jouent un rôle modèle mondial [dans ce domaine] ». Donald Trump bascula ensuite dans la position opposée, doutant de l'existence du réchauffement climatique, puis de son lien avec les activités humaines, puis affirmant que le réchauffement climatique avait été inventé par la Chine pour affaiblir les États-Unis, tout en indiquant plus tard qu'il plaisantait. Depuis l'élection de Joe Biden, l'horizon s'est néanmoins sensiblement éclairci, le nouveau président américain remettant sans ambiguïté la question climatique au centre de la politique économique du pays.

Donald Trump n'est pas le seul. Dans un style différent de celui du président des États-Unis, le président de la Russie, Vladimir Poutine, a lui-même exprimé des positions très fluctuantes sur le sujet : signataire de l'Accord de Paris, mais doutant de la réalité du changement climatique et de son lien avec l'activité humaine[67], le président russe semble avoir par la suite accepté son existence, tout en indiquant qu'il pensait que d'autres options technologiques comme la fusion nucléaire permettraient de résoudre le problème, puis vouloir explorer les opportunités que le changement climatique pourrait offrir à son pays[68]. Vladimir Poutine s'est finalement démarqué de Donald Trump en acceptant l'existence d'un réchauffement climatique et son lien avec l'activité humaine, et affirmant que son pays est l'un de ceux les plus exposés aux conséquences du changement climatique[69]. Il a ajouté que son pays émet beaucoup moins de CO_2 que la plupart des pays occidentaux et qu'il n'aura aucun problème pour atteindre les objectifs de l'Accord de Paris, ratifié par le parlement russe. En réalité, la situation relativement favorable de la Russie du point de vue de l'Accord de Paris (loin d'être aussi positive que son président ne veut bien l'affirmer) doit très peu à ses actions politiques, bien plus à un concours de circonstances historiques.

La Chine a une posture différente, mais ne fait guère mieux, voire pire. Contrairement à Donald Trump et Vladimir Poutine, dont les positions ont évolué sur le sujet au point que la lecture de leurs déclarations peut donner le tournis, les dirigeants de la Chine ne nient pas la réalité du changement climatique même si le pays s'est souvent rangé derrière le petit groupe des pays qui estiment que, quoique réel, le problème n'est pas aussi grave que les Nations unies ou le GIEC l'affirment. Ceci permet au pays de bénéficier, y compris et même surtout en Occident, d'une image relativement plus positive en la matière en dépit d'un bilan au mieux négatif, au pire désastreux[70].

L'Europe, quant à elle, continue d'avancer dans ce domaine et de se fixer des objectifs ambitieux, même si les « performances » des uns et des autres de ses États membres sont loin d'être exemplaires. Toutefois, par son poids économique en déclin relatif, un modèle de gouvernance qui, *in fine*, laisse la part belle aux initiatives individuelles des pays membres, ce qui est d'ailleurs bien logique, l'Europe ne peut à elle seule impulser un changement mondial dès l'instant que la Chine et les États-Unis, deux des trois premières puissances économiques mondiales, ne donnent pas eux aussi l'exemple. Enfin, les pays les moins développés, qui comptent pour la moitié de la population mondiale, sont aussi ceux où la croissance des émissions pourrait être la plus forte. Les pays riches et intermédiaires, Chine compris donc, devront donc les aider à réussir leur transition via des aides massives, subventions pour la construction d'infrastructures de production d'énergie renouvelable, les économies d'énergies ou encore la gestion et traitement des déchets (beaucoup sont confrontés à une situation catastrophique de ce point de vue, avec de lourdes conséquences en termes d'émissions de méthane ou d'autres problèmes environnementaux).

Résumons : nous voyons bien que, par rapport aux autres problèmes environnementaux, la situation est défavorable car complexe. Ceci ne veut pas dire que nous serons incapables de résoudre le problème, mais seulement que cela prend beaucoup plus de temps. Parmi d'autres facteurs, un changement de leadership aux États-Unis et d'orientation politique en Chine sont des conditions essentielles pour avancer.

Troisième partie : les responsabilités multiples du réchauffement climatique

Nous avons vu que les deux principaux gaz à effet de serre sont le gaz carbonique (de formule CO_2) et le méthane (de formule CH_4). Voyons maintenant les industries, les pays ou régions et les comportements individuels qui en émettent le plus.

Quels sont les industries qui émettent le plus de gaz à effet de serre ?

Le méthane

Commençons par le méthane. Si l'on analyse plus en détail les sources d'émissions de méthane, on repère principalement trois sources[71] :

1) L'agriculture (34%), dont l'élevage des ruminants, bœufs, veaux, vaches, moutons et agneaux (21%), la gestion du fumier (3%) et la culture du riz (10%) ;
2) L'industrie pétrolière, gazière et charbonnière (33%) ;
3) Les décharges (gestion des déchets, 21%).

Nos chers bœufs, vaches et taureaux émettent beaucoup de méthane. Mais contrairement à une idée reçue, ce n'est pas en raison de leurs flatulences qui, comme les nôtres d'ailleurs, sont riches en méthane, mais des gaz qu'ils expirent en ruminant. L'autre source d'origine agricole est la production de riz : en effet, elle nécessite beaucoup d'eau et de chaleur ; il en résulte une décomposition d'organismes vivants, ce qui émet une grande quantité de méthane.

Pour l'industrie pétrolière, les fuites de méthane viennent de la production et du transport de pétrole et gaz (pour l'acheminer jusqu'aux centrales électriques et chaudières dont certains d'entre nous sont équipés), mais ce volume a tendance à baisser et peut baisser encore. Les autres sources sont les mines de charbon.

Enfin, la dernière source importante, les décharges à ciel ouvert. La décomposition des résidus entraîne des émissions importantes de méthane.

Le CO_2

Près de 90% des émissions de CO_2 sont liées à la combustion d'énergies fossiles (charbon, gaz et pétrole), auxquelles s'ajoutent 4% pour la production de ciment[72].

La combustion d'énergies fossiles est essentiellement liée aux activités économiques si bien qu'au niveau mondial, quatre macro-secteurs sont responsables de 99%[73] de ces émissions :

1) La production d'électricité : 36% ;
2) L'industrie : 32% ;
3) Le transport : 22% ;
4) Le secteur résidentiel et commercial : 10%.

Pour l'industrie, 6 sur les 32 % viennent de l'industrie énergétique, hors production d'électricité : raffineries, champs pétroliers et gaziers, mines de charbon. Si l'on regroupe ces 6% avec l'électricité dans une catégorie « industrie énergétique », cette dernière représente 42 % au total.

Le transport, quant à lui, contient deux blocs, le transport routier (17% sur les 22 %) et les autres transports, aérien et maritime, qui comptent pour 6 %. Ces données ne sont contestées par personne même s'il peut exister une petite part d'incertitude, liée aux estimations et manque de fiabilité ou transparence des données publiées par certains pays.

D'autre part, concernant l'aviation, si les émissions de CO_2 ne représentent que 2,5 % des émissions totales de CO_2, les experts sur ces questions estiment que leur réel impact pourrait être deux ou trois fois ce chiffre (de l'ordre de 5 à 6 %) en raison de l'altitude des émissions et des importantes quantités de vapeur d'eau que la combustion de kérosène entraîne. En outre, les émissions du secteur aérien sont celles qui, au sein du bloc transport, augmentent le plus vite (jusqu'à la crise du Covid-19).

Ces chiffres n'incluent pas les émissions de CO_2 liées à la déforestation – les arbres et matières végétales étant en général brûlés – on sait qu'elles représentent un volume important mais sans être capables de les mesurer précisément. On estime néanmoins que ces émissions pourraient représenter 10 % du total des émissions (avec de fortes fluctuations selon les sources).

À nouveau, que nous disent ces chiffres ? Le secteur qui, de loin, émet le plus de CO_2 est la production d'énergie, y compris électricité, avec 42% du total. Suivent plus ou moins à égalité, l'industrie (26% hors industrie de la production d'énergie) et le transport (22 %, sans doute un peu plus, 26 % si l'on tient compte du cas particulier de l'aviation).

En termes d'évolution, depuis 1990, les secteurs de l'énergie et de l'industrie (hors production d'énergie) ont contribué à près de 75 % à la croissance des émissions, loin devant le transport (20 %), en dépit d'une explosion du nombre de véhicules privés (multipliés par 3).

La conclusion est donc très claire : sans un changement radical de notre façon de produire de l'énergie, particulièrement de l'électricité, et du type d'énergie utilisé par l'industrie, nous ne pourrons pas résoudre le problème du changement climatique. Attention, cela ne signifie aucunement que les secteurs des transports, routier, maritime ou aérien, ne doivent pas aussi réduire fortement leurs émissions, mais à concentrer notre attention sur ces seuls secteurs, nous faisons fausse route.

Les pays et régions les plus gros contributeurs

Pour les pays, on peut dans un premier temps se contenter d'une approche simple, en mesurant la contribution totale aux gaz à effet de serre en volume de chaque macro-région. Pour analyser la contribution totale des pays, il faut bien sûr le faire pour des grands blocs *relativement* comparables en nombre d'habitants. Comparer les émissions totales de la France avec celles de la Chine ne fait guère de sens, puisque le poids démographique de la France est 20 fois moindre que celui de la Chine, et son poids économique, 4 à 9 fois plus faible[74].

Par contre, comparer les émissions entre grands blocs démographiques et économiques est un peu plus pertinent, même si tous sont loin d'avoir le même poids : Afrique, Amérique du Nord (seulement États-Unis + Canada), Amérique Latine (ou Amérique centrale et Amérique du Sud, plus le Mexique), Asie du Sud-Est, Asie du Nord (Japon, Corée et Taïwan), Chine, Moyen-Orient, Russie et pays ayant autrefois fait partie de l'Union Soviétique, sous-continent indien, Union européenne[75].

« L'Asie » est un concept inventé en Europe de l'Ouest pour désigner une très vaste zone occupant environ 30 % de la surface terrestre, regroupant 60 % de sa population et comptant aujourd'hui pour 40-50 % de l'activité économique[76]. Ce concept n'a jamais été très pertinent, l'Inde par exemple est aussi distante de Tokyo que de Rome, autant sur le plan géographique que culturel, économique et social, il l'est encore moins aujourd'hui. La réalité est que sur les 10 macro-régions définies plus haut, quatre sont en Asie.

Plus de la moitié des émissions proviennent de trois zones, la Chine, l'Amérique du Nord (hors Mexique) et l'Europe, dont les populations ne comptent pourtant que pour un tiers de la population mondiale. A l'inverse, deux zones, l'Asie du Sud (essentiellement l'Inde) et l'Afrique ne pèsent que pour moins de 15% des émissions mondiales alors que leur poids démographique est proche de 40 %.

Voyons maintenant, pour ces mêmes zones, les émissions par habitant. Le ratio des émissions par habitant est une simple division entre le total des émissions et le nombre d'habitants, il s'exprime donc en tonnes par habitant. Il est très simple et ne porte pas ou peu à discussion puisque les deux termes de l'opération, nombre d'habitants et émissions par pays, sont bien connus. En moyenne dans le monde, pour la seule année 2017, chaque habitant de la planète a émis 6,6 tonnes de gaz à effet de serre[77]. À titre de comparaison, un individu moyen ne consomme « que » 700 kg de nourriture par an[78]. Nos émissions de gaz à effet de serre forment donc une masse énorme, autour de 10 fois celle de nos courses alimentaires annuelles.

Un autre ratio utile permet de comprendre si, du point de vue des émissions de gaz à effet de serre, l'économie d'un pays est plus ou moins « propre » : le volume de CO_2 émis pour chaque million de dollars d'activité économique. En 2015, 424 tonnes de gaz à effet de serre[79] étaient émises par million de dollars d'activité. Or, un million de dollars (ou d'euros, les cours des deux monnaies sont assez proches) d'activité, c'est très peu. Par exemple, l'activité d'une douzaine de salons de coiffure, sachant que la France par exemple en compte 85 000 à elle seule[80] : dans la pratique, un salon de coiffure émet d'ailleurs très peu de CO_2, mais cet exemple nous permet de comprendre que le chiffre d'un million d'euros, élevé pour la plupart d'entre nous, c'est seulement l'activité de petits commerces.

Si 1 million de dollars de d'activité économique est vite atteint, 424 tonnes de gaz à effet de serre, c'est en revanche un chiffre énorme, près de 15 poids lourds chargés à bloc.

Dans le tableau ci-dessous, nous présentons les résultats selon deux méthodes de calcul possibles, suivant que l'on calcule l'activité économique selon les parités de pouvoir d'achat ou aux prix de marché. Voici à nouveau les résultats pour nos 10 régions :

	Emissions par habitants	Tonnes par million de $ d'activité	
Zones	Tonnes	Mesuré en PP, $ 2010	Mesuré en prix de marché 2005
Chine	9,3	701	1435
Asie Du Nord	11,1	308	274
Asie du Sud-Est	3,9	616	1010
Asir du Sud	2,4	451	1479
Etats-Unis + Canada	19,4	670	376
Amerique latine	6,8	384	588
Europe	8,5	238	232
Ex-Union soviétique	13,2	713	1352
Moyen-Orient	11,3	437	849
Afrique	3,0	488	1174
Monde	**6,6**	**424**	**638**

Source: IEA Highlights pour les PIB, Base de données EDGAR pour les émissions, CO2 + Méthane + Nox, 2015

	Population	Activité économique	Emissions
Chine	18%	18%	29%
Asie Du Nord	3%	7%	6%
Asie du Sud-Est	11%	9%	7%
Asir du Sud	23%	9%	8%
Etats-Unis + Canada	5%	17%	17%
Amerique latine	8%	8%	5%
Europe	8%	19%	12%
Ex-Union soviétique	4%	4%	7%
Moyen-Orient	3%	5%	6%
Afrique	17%	5%	4%
Monde	**100%**	**100%**	**100%**

Source: IEA highlights, 2019
Poids économique sur la base de PIB en PPP

Plutôt que de regrouper les pays sur un critère géographique comme nous venons de le voir, on peut le faire en utilisant le niveau de développement économique. Cette approche permet de comprendre l'importance du développement économique dans le niveau des émissions.

Pour ce faire, on divise la production d'un pays par le nombre d'habitants, et ce chiffre donne une idée du confort matériel moyen de chaque habitant. Par exemple, en France, la production était de 42 000 dollars[81] par habitant en moyenne en 2017, ce qui place le pays dans la catégorie des pays les plus développés.

Quand on dit d'un pays qu'il est riche (ou très développé), c'est sur la base de la production économique par habitant. Nous avons vu que l'indicateur d'activité économique par habitant est très imparfait pour mesurer le niveau réel de développement économique et de confort de la population au-delà d'un certain niveau, toutefois, il très fréquemment utilisé par les économistes, faute de mieux en réalité.

Sur cette seule base, on peut établir quatre groupes de pays :

1) Les pays très développés, ce sont ceux dont la production par habitant est supérieure à 35 000 dollars par an. Dans ce groupe, on trouve la plupart des pays d'Europe de l'Ouest, les pays les plus développés d'Asie (Australie, Nouvelle-Zélande, Japon, Corée, Taïwan, Singapour…), mais aussi quelques pays du Moyen-Orient, le Qatar par exemple.
2) Les pays développés, lorsque la production par habitant est comprise entre 19 000 et 35 000 dollars par an. Dans ce groupe figure la plupart des pays de la communauté européenne non inclus dans le premier groupe, comme la Pologne ou le Portugal, la Grèce ou d'autres pays du Moyen-Orient (Arabie saoudite).
3) Les pays intermédiaires, dont la production est comprise entre 9 000 et 19 000 dollars par an et par habitant. Dans ce groupe figurent la Chine, le Brésil ou encore l'Afrique du Sud, la Malaisie ou la Thaïlande, la Turquie, mais aussi l'Iran.
4) Les pays peu développés économiquement, dont la production par habitant est encore inférieure à 9 000 dollars par an, mais dont certains croissent très vite. Dans ce groupe figurent l'Inde, l'Indonésie et beaucoup de pays d'Afrique.

Le schéma ci-après montre clairement plusieurs choses. Tout d'abord, les pays intermédiaires ont aujourd'hui un poids élevé dans les émissions. En clair, les pays les plus développés pourront faire tous les efforts possibles pour faire baisser leurs émissions, s'ils ne sont pas suivis par ce groupe, les choses ont peu de chances de s'améliorer.

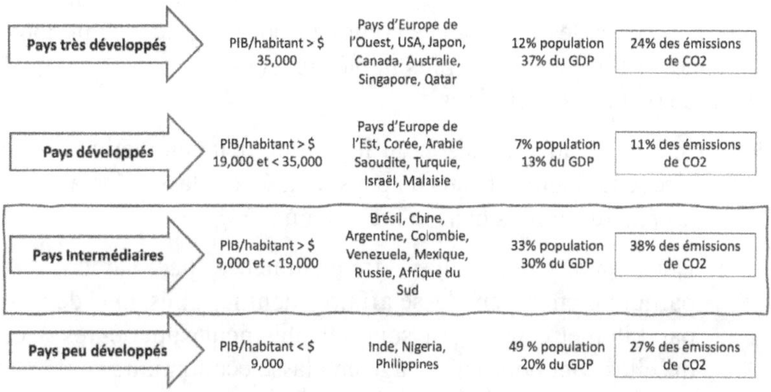

Production par habitant en parité de pouvoir d'achat. Position liée à la production/habitant en 2015. Emissions de CO2, méthane et Nox en 2015

Le groupe des pays peu développés émet peu de gaz à effet de serre car le niveau de développement économique est encore relativement faible. Ce groupe, qui pèse pour près de la moitié de la population mondiale, devra aussi faire des efforts, car s'il suit l'exemple de la Chine par exemple, les choses ne pourront que s'aggraver.

Les comportements individuels

Nous nous pencherons plus en détail sur cette question dans le chapitre dédié à cette question. Mais, d'ores et déjà, compte tenu des sources de gaz à effet de serre, CO_2 et Méthane, quelques observations s'imposent. Pour le CO_2, nos émissions individuelles dépendent essentiellement de notre consommation d'énergies fossiles. Plus nous en consommons, particulièrement charbon et pétrole, qui en émettent le plus, et plus nous émettons de gaz à effet de serre. Pour le méthane, les deux éléments clefs sont notre consommation de viande rouge et nos déchets (si nous ne les recyclons pas). Il y a les émissions « directes », l'essence ou le diesel pour la voiture, le kérosène pour les avions que nous empruntons, le gaz pour le chauffage, la viande rouge, mais ce volume ne représente qu'une partie de nos émissions : en France par exemple, sur la base de l'empreinte carbone moyenne, c'est la moitié environ de nos émissions totales.

Ces émissions sont en partie liées à notre revenu dans la mesure où les ménages les plus aisés consomment plus que les moins fortunés. Au niveau mondial, des études suggèrent que les 16% des populations ayant les revenus les plus élevés comptent pour 38% des émissions, tandis que les 9% qui ont les plus faibles revenus ne contribuent qu'à hauteur de 0,5% des émissions[82].

Toutefois, il n'y a aucune raison qu'il y ait un lien automatique entre niveau de revenu, même si dans un pays donné, les classes sociales les plus aisées émettront plus dans la mesure où :

1) Elles voyagent plus fréquemment par avion, et particulièrement en classe affaires dont les émissions de CO_2 par kilomètre parcouru sont sensiblement supérieures à ce qu'elles sont pour un voyage en classe économique ;
2) Elles disposent d'habitats plus grands ;
3) Elles ont des voitures plus fortes consommatrices en carburants ;
4) Elles consomment plus de biens divers ;
5) Pour autant, les classes aisées mangent plutôt moins de viande rouge[83].

Si l'on examine en détail ces postes de dépenses, pour certains d'entre eux, les catégories aisées ont en réalité plus de marge de manœuvre pour réduire leurs émissions. Par exemple, il leur sera plus facile d'opter pour des logements bien isolés, d'équiper leur habitat d'une pompe à chaleur et de panneaux solaires et d'utiliser des matériaux bas-carbone comme le bois. Les maisons ainsi construites et équipées peuvent atteindre un niveau presque nul mais elles sont d'un coût d'achat plus élevé (néanmoins, ces équipements sont rentables mais à moyen-terme, au-delà de 10 ans mais moins de 20 en général). Les ménages aisés peuvent aussi acheter un véhicule électrique plus facilement, quitte à louer un véhicule thermique pour quelques déplacements longue distance. Rien n'oblige les catégories aisées à consommer frénétiquement des produits à empreinte carbone élevée. En revanche, en raison d'un pouvoir d'achat plus fort, elles peuvent souvent s'offrir des objets de meilleure qualité et d'une meilleure durabilité. Vivant plus souvent dans les villes, elles ont aussi plus facilement accès aux transports publics. A des postes de responsabilité plus importants, elles disposent d'un pouvoir de décision sur le télétravail, l'usage ou non de l'avion. Pour ces catégories de population, un des facteurs différentiant est dans l'usage de l'avion : plusieurs voyages par an, notamment en long courrier, est une pratique courante pour certains de ses membres ; elle peut annuler tous les efforts dans d'autres domaines : un seul voyage en classe affaire Paris-New York émet 4,76 tonnes de CO_2[84], et peut approcher 20 tonnes pour un voyage en jet privé[85], alors que passer au véhicule électrique ne permet de réduire ses émissions que de 1,3 tonne environ.

Chacun peut donc, à son niveau, contribuer à la lutte contre le réchauffement climatique, c'est aussi une question de volonté et de choix, et en réalité, les catégories aisées ont une plus grande marge de manœuvre que celles moins favorisées. Ainsi, de la même façon qu'il est logique que les pays riches fournissent un effort proportionnellement plus élevé pour réduire leurs émissions, ayant historiquement contribué de manière beaucoup plus importante au volume de CO_2 contenu dans l'atmosphère, les catégories aisées devraient aussi contribuer plus à l'effort que les ménages les moins aisés. C'est pourquoi, lorsque dans son ouvrage sur le climat, Bill Gates se dédouane de tout effort sur l'utilisation de son jet privé en invoquant un droit particulier à polluer en raison des mécanismes compensateurs dont il accepte de supporter le coût, il fait fausse route et affaiblit la portée du cri d'alarme qu'il a voulu lancer. Sans renoncer totalement à ses voyages en jet privé, ni à ses multiples et grandes demeures, Bill Gates pourrait se construire un plan personnel de réduction des émissions. En effet, d'une part la compensation des émissions n'est pas un exercice praticable à grande échelle ; il s'agit donc d'une fausse solution. De l'autre, c'est par l'exemplarité que les élites peuvent faire bouger les choses bien plus qu'en écrivant des ouvrages sur le sujet du climat.

Il y a les émissions directes, celles sur lesquelles nous avons un certain contrôle, mais aussi les émissions indirectes : nous n'avons, à titre individuel, le contrôle que sur 40 à 50 % de nos émissions individuelles, au mieux (certains estiment que ce n'est guère plus d'un tiers). En effet, nous ne sommes pas directement responsables de la façon dont notre fournisseur d'électricité produit son électricité, pas plus que nous sommes directement responsables des émissions des services publics ou privés que nous utilisons ou des biens que nous achetons. Pourtant, c'est bien notre demande en électricité ou celle en services publics et privés qui entraîne sa production. Parfois, souvent en fait, nous n'avons pas la moindre idée de savoir si ces fournisseurs de services sont « propres » ou non du point de vue des émissions. À moins de réaliser de longues enquêtes sur internet, et encore, pour chacun des biens ou services que nous consommons : cela rendrait nos actes de consommation très compliqués.

S'y ajoute que la différence entre « politique environnementale communiquée » et réelle est souvent très différente, dans un sens comme dans l'autre d'ailleurs (certains sont meilleurs que l'on ne croit, d'autres bien pires).

Résumons. Tous coupables, nous le sommes, mais de manière très inégale en fonction notamment de nos habitudes de consommation, mais aussi, *in fine*, de notre effort pour tenter d'améliorer les choses. On ne peut plus aujourd'hui, considérer que les pays les plus développés sont les seuls ou principaux responsables des gaz à effet de serre. Les choses ont beaucoup changé depuis 1990. Sans un effort (aussi) des pays intermédiaires et même des moins développés, particulièrement ceux ayant une population très large (Inde, Nigeria, Indonésie, Pakistan par exemple), nous n'arriverons pas à limiter les émissions de gaz à effet de serre.

Néanmoins, il y a une logique à ce que les pays les plus développés se montrent plus vertueux, ils ont émis beaucoup de CO_2 dans le siècle passé, or le CO_2 émis il y a 100 ans environ, continue d'affecter le climat aujourd'hui. Le bilan des émissions de chaque pays dépend de celles qu'il émet en raison des activités humaines, mais aussi des émissions que ses forêts peuvent absorber. En clair, si un pays émet beaucoup de CO_2 mais plante beaucoup d'arbres, son bilan net peut être moins défavorable qu'il n'y paraît. À l'inverse, si un pays émet peu de gaz à effet de serre, mais non seulement coupe beaucoup d'arbres et les brûle, son bilan peut être beaucoup plus négatif que ses chiffres d'émissions ne le suggèrent.

Nous devrons tous faire des efforts importants pour aboutir à la neutralité carbone, et ceux qui émettent le plus de gaz à effet de serre sont aussi ceux qui ont la plus grande marge de manœuvre pour réduire leurs émissions.

Quatrième partie : les enjeux historiques, géopolitiques et économiques par macro-région

Toutes les macro-régions ne sont pas sur un pied d'égalité face au défi du changement climatique. Nous allons examiner ici la situation de la Chine, des États-Unis, de l'Europe, de la Russie et du Moyen-Orient. Nous toucherons quelques mots des contraintes auxquelles sont confrontés les pays les moins développés.

Chine

Ce pays a réalisé un parcours exemplaire sur le plan économique depuis 1990, au moins en termes de croissance économique et de progression du confort matériel *moyen* apporté à sa population. Depuis 1990 en effet, l'activité économique a été multipliée par 11, et celle par habitant par 9. Il n'y a pas dans l'histoire de l'humanité, même aux États-Unis à la fin du XIXe siècle, moins encore au Royaume-Uni lors de la révolution industrielle, de progression équivalente sur une période de 30 ans.

Le poids économique de la Chine s'est donc accru de manière considérable et a dépassé celui des États-Unis depuis 2013, et celui de l'Europe en 2017, selon certaines mesures[86]. Pour rappel, en 1990, la Chine pointait au 5e rang mondial (en comptant l'Europe comme une seule zone) derrière la Russie et son économie était 5 à 6 fois plus petite que celle des États-Unis ou de l'Europe.

La croissance économique très forte depuis 1990 a donc été, pour la Chine, le moyen de retrouver son rang de première puissance économique mondiale qui était le sien depuis au moins 2 000 ans, sauf durant une brève période de 1870 à 1970[87].

La Chine a vécu comme une humiliation d'être rabaissée au rang de puissance économique secondaire de 1870 à 1970. Dans l'imaginaire chinois, sa perte temporaire d'influence est largement due aux actions des puissances occidentales, aux premiers rangs desquels le Royaume-Uni, mais associé en l'espèce au Japon, aux États-Unis et à une majorité des autres puissances européennes, pour ouvrir de force le marché Chinois lors des deux guerres de l'opium de 1839 et 1856, instaurant de fait une forme de colonisation. Cette vision, perte d'influence liée aux assauts des puissances étrangères, est partiellement justifiée mais ne recouvre qu'une partie de la réalité. Si la puissance économique de la Chine a stagné pendant un siècle, au moins par rapport aux autres puissances économiques montantes, aux États-Unis et en Europe, c'est aussi en raison d'autres facteurs technologiques, politiques et culturels internes : à noter, la Chine ne manquait pas de réserves de charbon, l'énergie qui permit le décollage des économies européennes aux premiers rangs desquels figure le Royaume-Uni[88].

Le retour de la Chine comme la première puissance économique mondiale est donc, selon les dirigeants chinois et le peuple chinois, un simple retour à la normale. Le bilan économique *a priori* très positif depuis 1990 doit être néanmoins fortement nuancé par la hausse rapide du niveau d'inégalité : la croissance économique a surtout profité à une minorité même si, en raison de l'exceptionnel niveau de croissance économique par habitant, la Chine dispose aujourd'hui d'une assez large classe moyenne. Elle est estimée à 400 millions d'individus, 180 millions de ménages et 30% de la population. Pour éviter des troubles politiques, la Chine, notamment en raison de son système très inégalitaire, a besoin d'une croissance forte pour que celle-ci « ruisselle » sur une partie importante de la population. Un fort ralentissement de la croissance économique, à moins que le modèle économique ne devienne plus inclusif, pourrait menacer le régime sur ses bases. D'ailleurs, dans ses plans à long terme, la Chine ne prévoit qu'un modeste ralentissement économique.

Cette situation a d'importantes conséquences sur la question du changement climatique : plus de croissance économique, c'est plus de consommation d'énergie et plus d'émissions, sauf à envisager un découplage entre la croissance de l'activité économique et celle de la demande d'énergie et des émissions de CO_2. Or, dans la mesure où la Chine a basé sa croissance économique sur une utilisation intensive du charbon, non seulement il n'y a pas eu de découplage, mais au contraire, une détérioration du ratio des émissions de CO_2/activité économique.

Pour réussir sa transition énergétique, la Chine doit donc à la fois fortement accroitre son efficacité énergétique et développer les sources d'énergies propres[89].

En 1990, la Chine a refusé de s'engager sur une limitation de ses émissions, n'acceptant que de travailler à une amélioration de son efficacité énergétique. Le pays considérait, comme la majorité des pays en voie de développement, que les pays développés ayant émis une très large majorité des émissions de gaz à effet de serre depuis 1850, ils étaient malvenus de demander à la Chine des efforts particuliers, ce d'autant qu'à l'époque, les émissions de la Chine par habitant étaient moins d'un cinquième de celles des pays développés. La Chine a donc refusé de réduire la part du charbon dans le volume d'énergie consommé, il l'a même accru et ce malgré un engagement, venu plus tard, d'en limiter la consommation.

Résultat, les émissions de CO_2 se sont accrues si vite que la Chine est bientôt devenue le premier émetteur de la planète, loin devant les États-Unis et l'Europe, tandis que les émissions par habitant ont dépassé la moyenne mondiale, comme celles de l'Europe (restant néanmoins deux fois inférieures à celles des États-Unis). Le double argument utilisé par la Chine selon lequel le pays émettait par habitant très peu de CO_2 et sa contribution historique était, comparée à l'Europe et aux États-Unis, très modeste, a fini par tomber. La part historique pour l'ensemble des émissions depuis 1850 s'est aussi fortement accrue, dépassant le niveau de l'Allemagne, de la France, du Royaume-Uni ou du Japon par exemple.

L'examen des données publiées par l'AIE montre le rôle central exercé par la Chine dans la croissance des émissions depuis 1990. Depuis cette date en effet, la Chine seule a représenté :

1) Seulement 12% de la croissance de la population mondiale : la population n'ayant augmenté que de 20% en Chine entre 1990 et 2015 quand elle progressait de presque 50% dans le reste du Monde ;
2) De 23% à 28% de la croissance économique mondiale[90]. En Chine, la croissance annuelle moyenne a été proche de 10%

entre 1990 et 2015, contre 2,7% « seulement » dans le reste du Monde ;

3) 42% de la croissance de la consommation d'énergie mondiale. La consommation d'énergie a augmenté de 5% par an en Chine, contre à peine plus de 1% dans le reste du monde ;
4) 58% de la croissance des émissions mondiales.

Pour autant, dans ce bilan très sombre, il existe quelques éléments positifs qu'il convient de souligner.

Depuis 1995, la Chine a enregistré, selon les statistiques disponibles, une baisse sensible de l'intensité énergétique, de plus de 4% par an. On peut estimer qu'un tiers de cette évolution est lié au glissement vers des activités de services, dont la part s'est accrue de 48 à 58[91]% de l'ensemble de l'activité économique. Au sein du secteur industriel, le basculement vers des industries moins gourmandes en énergies (machine-outil, automobile, textile, électronique…) semble avoir été assez limité, le pays poussant sa production de produits de base, aciers, pâte à papier, ciment, charbon, engrais, produits chimiques à un rythme très soutenu[92]. Or toutes ces industries émettent, par nature, plus de CO_2 que des industries plus légères. Au total, la Chine a donc amélioré sa vraie efficacité énergétique à un rythme de l'ordre de 2,5% par an, ce qui est considérable et autour de trois fois la moyenne mondiale.

Qu'en est-il des autres zones géographiques, notamment des États-Unis ? La bataille de communication est intense sur ce sujet : la Chine considère que les États-Unis restent le plus grand émetteur de la planète, sur la base des contributions par habitant. Les États-Unis, à l'inverse, soulignent que la Chine est devenue le premier émetteur de la planète, produisant à elle seule plus de CO_2 que les États-Unis et l'Europe réunis, et beaucoup plus compte tenu de son niveau d'activité économique. Ceci permet à certains responsables politiques américains de considérer que les États-Unis sont plus « propres » que la Chine. Qu'en est-il réellement ?

Par million de dollars d'activité économique, la Chine émet plus du double de CO_2 que les États-Unis. Pour mieux comprendre cet écart, reprenons le petit schéma que nous avons déjà utilisé. Le plus haut niveau d'émissions de la Chine peut s'expliquer de quatre façons :

- ⇨ L'économie de la Chine est orientée vers des activités qui exigent plus d'énergie que les autres, industrie et particulièrement industries lourdes ;
- ⇨ La Chine utilise beaucoup plus d'énergie que les États-Unis pour la production d'un même bien, une tonne d'acier, de ciment ou de tout autre bien (voiture, machine, biens de consommation, etc.) ou faire rouler un véhicule sur 100 kilomètres ;
- ⇨ La Chine utilise une énergie qui émet bien plus de CO_2 ;
- ⇨ Ou encore, il s'agit d'une combinaison de tout cela.

En 2015, la Chine utilisait 164 tonnes d'énergie par million de dollars de production, soit 25% de plus que les États-Unis[93]. Mais, à y regarder de plus près, cet écart est dû à la structure de l'économie chinoise : d'une part le secteur industriel, qui utilise beaucoup d'énergie, y représente plus de 40% de la production[94], contre 18% aux États-Unis, et, d'autre part, la part des industries lourdes gourmandes en énergie (ciment, acier…) y est plus importante[95].

En réalité, une fois la consommation chinoise corrigée de ces deux éléments, on peut estimer que l'économie chinoise consomme plutôt 10 à 20% moins d'énergie que sa concurrente Américaine. Plusieurs études suggèrent d'ailleurs que la Chine enregistre une meilleure efficacité énergétique que les États-Unis dans l'industrie, le transport ou l'habitat. En clair, si l'on compare l'énergie dont a besoin un camion pour parcourir 100 kilomètres, une maison pour se chauffer ou une usine pour fabriquer les mêmes biens, la Chine est aujourd'hui plutôt plus efficace sur le plan énergétique que les États-Unis.

Ce résultat semble logique en raison du fait que le coût de l'énergie est plus élevé en Chine, notamment parce que le pays dépend des importations, sauf pour le charbon. Au contraire, les États-Unis sont un très gros producteur d'énergie, devenus excédentaires[96] : ce pays est moins enclin à économiser l'énergie. D'ailleurs, d'un point de vue anecdotique, le touriste européen est frappé par le gâchis d'énergie qui caractérise les États-Unis : grosses voitures et habitats particuliers, centre commerciaux et bureaux surchauffés en hiver ou glacés en été, etc. En revanche, l'énergie utilisée par la Chine émet beaucoup plus de CO_2 que celle utilisée par les États-Unis, 3,04 tonnes contre 2,25 (pour les émissions concernant la combustion d'énergie fossiles).

En conclusion, les États-Unis sont en effet plus « propres » que la Chine, mais pour l'unique raison que l'énergie produite par la Chine est beaucoup plus chargée en CO_2. À l'inverse, malgré une amélioration, la consommation d'énergie reste élevée aux États-Unis compte tenu de l'activité économique du pays : au moins 50% de plus par rapport aux pays au développement économique comparable. Et cette situation contribue à faire des États-Unis l'un des plus gros contributeurs de CO_2 au monde. Ainsi, les deux pays ont une responsabilité importante dans le volume trop élevé d'émissions de CO_2, mais pas dans la même ampleur, et pour des raisons différentes.

La Chine peut-elle réussir sa transition énergétique et en sortira-t-elle renforcée ou affaiblie ?

En 2021, sous la pression internationale, la Chine s'est finalement engagée à atteindre la neutralité carbone en 2060. Le pays compte atteindre cet objectif en continuant à améliorer son efficacité énergétique et accroitre la part des énergies à faible émission de CO_2, renouvelables et nucléaire. Le pays s'est également engagé dans un programme ambitieux d'émissions négatives.

La Chine peut-elle atteindre la neutralité carbone en 2060 ? Avec un rythme de croissance de 4 à 5% par an, qui reste un niveau élevé bien que la moitié seulement de celui enregistré entre 1990 et 2015, l'activité économique en Chine serait de 4 à 7 fois supérieure à ce qu'elle est aujourd'hui. Sachant que la population devrait rester plus ou moins stable, ce niveau de croissance se traduirait par une augmentation de la production par habitant du même ordre de grandeur. En 2060, la Chine aurait ainsi atteint un niveau de développement comparable *en moyenne* à ce qu'il est en Europe aujourd'hui. Se pose en réalité le lien entre inégalités et développement économique qui oblige le pays à tout faire pour maintenir une croissance, 5% par an, non soutenable à long-terme. Ce n'est donc sans doute pas un hasard si le président Xi Jinping a récemment annoncé son intention de réduire les inégalités en Chine, sans toutefois à ce jour indiquer de manière claire quelles mesures il envisageait : une façon de reconnaitre que le pays doit, notamment en raison du réchauffement climatique qui menace, commencer à se préparer à vivre avec des niveaux de croissance plus faibles[97].

Le passage à une production d'énergie renouvelable beaucoup plus importante et l'électrification de l'économie vont permettre d'accroître sensiblement l'efficacité énergétique, si bien que la croissance de la demande d'énergie pourrait être limitée à 1-1,5 % par an. A l'horizon 2060, cette croissance modeste représente quand même une croissance de la demande d'énergie comprise entre 50 et 80%.

Dans la mesure où l'énergie renouvelable sous toutes ses formes représente moins de 10 % de la consommation totale d'énergie en Chine, plus de la moitié vient du charbon, on mesure l'effort gigantesque d'investissement auquel le pays devra consentir. Les experts estiment ce montant à 490 milliards de dollars chaque année, et rappellent que, pour mettre ce chiffre en perspective, le plan Marshall n'a été que de 135 milliards de dollars. C'est presque 5 % de la richesse nationale actuelle qui devront être consacrés chaque année au développement des énergies renouvelables. Ces mêmes experts soulignent que compte tenu du volume d'émission dont la Chine est responsable, l'impact sur le climat de la politique énergétique chinoise pourrait être à elle seule de 0,2 à 0,3 °C.

Au total, atteindre l'objectif de neutralité carbone en 2060 parait difficile pour ce pays même s'il a, au cours des 40 dernières années, montré une grande capacité à mobiliser ses forces pour atteindre un objectif jugé prioritaire. Les dirigeants chinois savent aussi qu'ils ne peuvent plus se contenter des sourires de leur dirigeant à un moment où la responsabilité de la Chine dans ce domaine est pointée du doigt et connue du public. Néanmoins, la Chine continue d'approuver la construction de centrales à charbon sans récupération de CO_2, en 2020 le pays a ajouté plus de trois fois celles ajoutées par le reste du monde[98], en totale contradiction avec son ambition affichée de commencer de s'attaquer sérieusement au problème. Le président Chinois, à l'instar de celui de la Russie, a refusé de se rendre personnellement à COP26 à Glasgow, et aussi de s'engager sur une sortie du charbon. Plus grave encore, le pays indique que la baisse de ses émissions n'interviendra pas avant 2030. La Chine devient l'un des enjeux centraux de la transition énergétique, et les pays développés, ses premiers clients, font pression autant qu'ils le peuvent pour que ce pays au poids économique et démographique très important accélère sa transition énergétique. Cela est théoriquement possible, sauf que les États-Unis et l'Europe, particulièrement l'Allemagne, ont sur ce point une attitude très ambigüe. Pour le premier pays, le marché chinois représente un débouché considérable, et les dirigeants allemands sont donc soucieux de ne pas trop froisser la Chine. Pour les États-Unis au contraire, la Chine est une source d'approvisionnement essentielle pour des grands distributeurs tels qu'Amazon ou Wall Mart pour des produits peu chers et à forte empreinte de CO_2 : ces derniers font donc pression pour ne pas trop heurter le concurrent Chinois, cependant que, pour marquer l'opinion américaine, les gouvernements américains successifs ont fait grand bruit sur les gesticulations militaires de la Chine à propos de Taiwan.

Quelles seront les conséquences de la transition énergétique pour la Chine ?

A priori, la Chine est relativement bien positionnée pour sortir plutôt gagnante de la transition énergétique. Sur le plan de l'emploi, le secteur minier compte 12 millions d'emplois en Chine, un chiffre significatif mais qui ne représente que moins de 2% de l'emploi total dans le pays. La production d'énergie renouvelable requiert 4 à 5 fois plus d'emplois pour un même niveau de production d'énergie, si bien que ce secteur pourrait représenter près de 50 millions d'emplois à l'horizon 2060.

La transition vers de l'énergie renouvelable devrait permettre à la Chine de réduire de manière sensible ses importations pétrolières et sa facture énergétique de l'ordre de 50 milliards de dollars par an. En outre, cette transition pourrait entrainer une baisse du coût moyen de l'énergie, ce qui devrait concourir à un renforcement de la compétitivité de l'économie chinoise.

Sur le plan technologique, la Chine semble relativement bien placée, le pays disposant notamment de solides positions dans la production de panneaux solaires. Toutefois, dans l'industrie en général, la Chine reste encore cantonnée à des productions qui souffrent d'une mauvaise image sur le plan de la qualité, situation liée au fait que le pays ne dispose pas d'une culture industrielle ancienne, au contraire de l'Europe, des États-Unis, du Japon ou de la Corée du Sud, et que son avantage compétitif tient surtout au faible coût de sa main d'œuvre. Or cet avantage ne peut que décliner avec le temps[99]. La Chine espère donc que le développement de la voiture électrique, secteur dans lequel le pays dispose d'une avance importante, sera l'occasion d'imposer le « *Made in China* » dans ce secteur. Le pays investit aussi beaucoup dans l'intelligence artificielle, avec quelques résultats : or de fortes positions dans ce domaine seront indispensables pour construite de fortes positions dans la voiture et le camion autonomes, à supposer que celle-ci devienne la voie du futur. La Chine dispose aussi d'avantages stratégiques majeurs liés à la taille de son marché qui permettra à ses principaux acteurs de bénéficier d'importantes économies d'échelle et de la capacité de ses gouvernants de penser leur stratégie à très long-terme.

En revanche, la transition énergétique va sans doute se traduire par un renchérissement du coût du transport maritime, ce qui risque d'affecter la compétitivité des produits chinois. En outre, ses clients traditionnels aux Etats-Unis et en Europe se méfient de sa stratégie d'encerclement visant à fortement les affaiblir sur le plan industriel et tirer parti de cet avantage une fois qu'ils auront perdu leur capacité industrielle de fabriquer des choses concrètes (ce qui est déjà le cas, mais souvent dans des secteurs à faible valeur ajoutée, et donc comptant peu en termes d'emplois et de valeur ajoutée). Bref, ils se mobilisent pour relocaliser certaines productions, ce qui correspond d'ailleurs à une attente des citoyens et électeurs.

Au total, si la Chine dispose de solides atouts pour sortir renforcée de la transition énergétique, le pays fait aussi face à de sérieux risques, particulièrement dans un contexte où les États-Unis et l'Europe sont décidés à renforcer leurs capacités industrielles.

États-Unis

Sur la question du réchauffement climatique, le pays est finalement moins homogène que l'Europe dont les pays sont, pour la plupart bien que de manière différente, convaincus de la nécessité d'agir vite et engagés dans un programme ambitieux de baisse des émissions de gaz à effet de serre[100].

Commençons par les faits. Les États-Unis sont aujourd'hui le premier émetteur historique, si l'on compte depuis le début de la révolution industrielle, mais le second derrière la Chine pour ses émissions actuelles et même celles cumulées depuis 1960. Par habitant néanmoins, les Américains émettent deux fois plus que les Européens. Cette situation s'explique en partie par un niveau d'activité économique par habitant supérieur à celui de l'Europe, de 40% environ. Les deux autres causes aux plus grandes émissions de CO_2 aux États-Unis sont la surconsommation d'énergie, qui explique 40% de l'écart, et l'usage d'une énergie moins « propre » que les Européens, qui en explique 20%. À noter, les États-Unis émettent un tiers de moins que la Chine par GWh, l'unité de mesure de la production électrique. Depuis 1990, hors effet pandémie, les émissions des États-Unis ont baissé de 20%, une évolution certes bien plus favorable que celle de la Chine, mais moins que celle de l'Europe.

Pour les États-Unis, le changement climatique représente un défi majeur. Plusieurs facteurs expliquent que les États-Unis aient beaucoup de mal à avancer sur la question des émissions de gaz à effet de serre et celle du changement climatique, nous en avons déjà abordé un certain nombre, complétons la liste :

- Les Américains, dans leur majorité, estiment à raison que la qualité de l'air s'est beaucoup améliorée dans leur pays. Et comme les effets du CO_2 ne sont pas visibles au contraire de la pollution due à la combustion de carburants de mauvaise qualité, et dans la mesure où il s'agit d'un problème global dont les effets, le réchauffement climatique, ne se font sentir qu'à long terme, ils se sentent moins concernés.
- Le pays est devenu un important producteur et exportateur d'énergie, charbon, pétrole et dérivés, gaz naturel liquéfié, au

point que le solde des importations et exportations contribue de manière positive à la balance commerciale. Une analyse de l'évolution à long terme des excédents commerciaux de l'économie américaine montre que la situation s'est dégradée dans tous les secteurs industriels depuis 1990, hors services et technologie, sauf pour quelques-uns, l'armement et l'aviation civile (pour ce dernier secteur, les choses se détériorent, en raison de la crise du Covid et celle traversée par Boeing à la suite du lancement raté de son 737 Max). Le secteur de l'exploitation des ressources naturelles, particulièrement énergétiques, dont les États-Unis disposent en grandes quantités, est devenu une activité critique pour l'économie américaine, au contraire de l'Europe et de presque tous les pays développés. C'est un gros pourvoyeur d'emplois, en général plutôt qualifiés et bien payés. Les lobbys publics pro-énergies fossiles sont donc très puissants même si nous comme nous l'avons vu, rares sont ceux qui aujourd'hui se risquent à nier la réalité du réchauffement climatique.

- Le modèle de développement économique et la géographie imposent une utilisation massive du véhicule individuel. Ceci explique que les Américains soient très attachés à disposer d'une énergie peu chère pour alimenter leurs véhicules. Ils redoutent, en partie à raison, que l'e-mobilité ne se traduise par une hausse des coûts pour se déplacer, traditionnellement faibles.
- Les Américains sont farouchement anti-impôts. Peu de peuples s'acquittent d'impôts élevés avec le sourire, mais aux États-Unis, c'est la fondation même du pays, son indépendance par rapport au Royaume-Uni, qui doit à la révolte contre les impôts imposés par la couronne Britannique (sans la contrepartie de droits politiques que l'acquittement d'un impôt valait, *en général*, aux Britanniques). Aujourd'hui, cette aversion est plus forte encore pour les impôts fédéraux, qui représentent les deux-tiers de la ponction fiscale, et que l'on accuse d'être exagérés et inefficaces[101], en grande partie à tort.

Il est donc relativement facile de la part d'hommes politiques peu scrupuleux d'en appeler à tous ces arguments pour prétendre que le changement climatique n'est qu'une invention des autres nations destinée à nuire aux intérêts américains. Et d'obtenir sur ce sujet une oreille attentive d'une partie importante de la population. S'y ajoute un problème qui n'est pas particulier aux États-Unis, mais y semble plus marqué encore qu'ailleurs: la perte de confiance dramatique dans les médias traditionnels, accusés de collusion et de mensonge. La montée en puissance des médias sociaux, remplis de « fake news » et de théories du complot les plus farfelues, ajoute à la confusion sur ce sujet.

Dans ce bilan plutôt sombre, l'élection de Donald Trump à la présidence n'a pas aidé à faire prendre conscience au peuple américain de la nécessité d'agir vite. Au-delà de la sortie de l'Accord de Paris, dramatique pour le monde en raison du poids économique et géopolitique des États-Unis, Donald Trump a, nous l'avons vu, alterné sur le sujet du changement climatique déclarations contradictoires, provocations, volte-face, demi-vérités et mensonges ; il a aussi cherché à inverser toutes les mesures positives prises par le pays dans ce domaine depuis quinze ans environ.

Pourtant, la situation n'est pas aussi négative qu'on pourrait le penser

Détaillons un peu les contraintes qui pèsent sur les Etats-Unis en matière de réduction des émissions. Celles provenant du secteur du transport forment le deuxième poste, avec près d'un tiers du total[102], juste derrière la production d'électricité et loin devant l'habitat et les bureaux. Sur ce total, la voiture privée est le gros morceau (60% environ), les camions pour 30% et l'avion 10% (à noter ceci n'inclut que les voyages domestiques).

Les émissions de CO_2 par kilomètre parcouru sont plus élevées qu'en Europe, en raison d'une consommation par kilomètre plus forte (véhicules plus gros et gourmands) et de plus grandes distances parcourues par les ménages chaque année[103] : il est pratiquement impossible de ne pas se déplacer en voiture dans l'immense majorité du pays, presque rien n'est à une distance qui permette d'envisager d'y aller à pied ou en vélo ; en outre les transports publics sont peu développés.

En revanche, la qualité de l'air est plutôt meilleure aux Etats-Unis qu'en Europe, qui n'est pourtant pas la région la pire de ce point de vue et de loin. Ceci s'explique notamment par la plus faible utilisation du diesel, mais aussi par une moindre densité de population.

D'ailleurs, historiquement, concernant la pollution de l'air par les véhicules, bien moindre qu'elle ne serait si rien n'avait été fait, c'est aux États-Unis que furent prises les premières normes très strictes concernant la composition des carburants, lesquelles se sont ensuite peu à peu imposées à beaucoup de régions du monde. Ce qui a joué un rôle favorable pour la qualité de l'air, carburants de meilleure qualité et moins de diesel, a joué le rôle contraire pour les émissions de CO_2 car nous l'avons vu, les émissions au kilomètre parcouru sont plus fortes pour les véhicules à essence.

Mais voyons maintenant les aspects favorables brièvement :

Depuis quelques années, beaucoup de choses ont changé dans le bon sens. Si l'État fédéral dispose de grands pouvoirs et d'une capacité de créer de nouvelles impulsions, beaucoup de décisions sont prises au niveau des États, parfois des localités. Ainsi, 14 États ont engagé des politiques contre le changement climatique, auquel il faut ajouter 23 États dans lesquels de telles législations existent au niveau des comtés ou des villes[104]. La plupart des actions entreprises par les États l'ont été durant le mandat de Donald Trump.

D'autre part, le secteur privé, sous la pression de ses employés, actionnaires, associations environnementales sérieuses et bipartisanes pour certaines, a en fait réalisé beaucoup de choses depuis quelques années, se substituant en quelque sorte au pouvoir fédéral. Un quart des sociétés du classement Fortune 500 ont pris l'engagement d'atteindre un bilan carbone neutre en 2030, selon une étude récente de Natural Capital Partners[105]. Si ce chiffre peut paraître encore faible, c'est 4 fois plus qu'en 2015.

Le problème du méthane aux États-Unis

Les États-Unis en émettent beaucoup, probablement plus que ne le suggèrent les statistiques officielles car certaines sources sont mal connues (nombreuses mais petites pour chacune d'elles). Plusieurs raisons expliquent pourquoi la situation n'est guère brillante de ce côté-là. Rappelons que les principales sources de méthane sont l'agriculture, plus particulièrement l'élevage des ruminants, l'industrie gazière, pétrolière et charbonnière et les décharges.

Premièrement, les États-Unis sont un grand producteur de gaz (et de gaz de schiste, où les fuites, souvent petites sont néanmoins nombreuses). Sur les fuites de méthane par l'industrie pétrolière, tous les grands acteurs du secteur commencent à s'engager, certains affichant des objectifs « zéro fuites » à un horizon relativement proche : leurs résultats sont suivis avec rigueur par des associations. Les nouvelles technologies permettent plus facilement de repérer les fuites de méthane par une observation satellite : une carte de ces fuites, réalisée par la société Kayrros, qui ne tient pas compte des fuites inférieures à 50 tonnes, montre que les États-Unis ont encore du chemin à faire[106]. Mais la bonne nouvelle est que les grandes sociétés pétrolières et gazières américaines ne sont plus dans une attitude de déni sur ce sujet.

D'autre part, le pays est un gros consommateur de viande rouge de manière historique[107], et pour des raisons qui relèvent en partie de la culture américaine. Dans les supermarchés, la viande est d'ailleurs peu coûteuse par rapport aux légumes par exemple, c'est la nourriture de base de la classe moyenne. Si les viandes blanches comme le poulet sont aussi consommées en grandes quantités, en revanche, les Américains consomment peu d'agneau, dont l'élevage est encore pire que le bœuf pour les émissions de méthane. Concernant la consommation de viande rouge néanmoins, les choses évoluent très lentement, mais d'une certaine manière, de façon irrémédiable. Soucieux de leur santé et, pour certains, plus sensibilisés à la souffrance animale, les Américains en mangent de moins en moins, très graduellement, même si cela reste un sujet complexe et parfois clivant sur le plan politique. En effet, si la consommation de viande par habitant ne marque aucun déclin aux États-Unis depuis 1990, celle de viande rouge a chuté de 20 %, remplacée par une hausse de la consommation de poulet[108].

Enfin, les États-Unis sont en retard sur le recyclage des déchets, et les décharges à ciel ouvert sont plus nombreuses que dans la plupart des pays développés[109]. Par exemple, en Europe, près des trois-quarts des déchets municipaux sont recyclés ou brulés pour produire de l'énergie, les décharges à ciel ouvert ne comptant que pour moins de 30%, et beaucoup de pays font beaucoup mieux, s'approchant ou dépassant 90% de recyclage. C'est la même chose au Japon et en Corée[110]. Aux Etats-Unis au contraire, le taux de recyclage est inférieur à 50 %, l'autre moitié atterrie dans les décharges. Toutefois, sur ce sujet aussi, la conscience environnementale des Américains s'accroît doucement, et autant dans les petites villes rouges (la couleur des Républicains) que dans les zones bleues (celles des Démocrates). De très nombreuses initiatives visent à produire du biogaz à partir des déchets organiques : plus de 2 200 sites à ce jour, plus que la France par habitant, ce qui est malgré tout encore loin du potentiel du pays[111], l'Allemagne en comptant par exemple près de 20 fois plus. Aussi, par rapport aux pays européens et au Japon, les États-Unis disposent encore de très grands espaces inhabités, il est tentant (en tout cas plus facile) d'y avoir des décharges à ciel ouvert sans « embêter » personne. D'où une difficulté plus grande à prendre conscience du problème et à agir[112].

Et celui du CO_2

Les fortes émissions de CO_2 sont, nous l'avons vu, surtout dues à une surconsommation d'énergies, fossiles en particulier, par rapport à d'autres zones ou pays au niveau de développement économique comparable. L'efficacité énergétique est faible aux États-Unis, dans les transports comme dans le commerce, l'habitat ou l'industrie.

Depuis 2000 et avant la crise du Covid, les émissions de CO_2 étaient plutôt à la baisse, mais elles ont commencé à croître de nouveau en 2017-2018. Les données montraient clairement que cette évolution très inquiétante n'était pas due à l'accélération de la croissance économique, d'ailleurs très modeste par rapport à la période qui a précédé, mais à une forme de « relâchement » général, en raison d'une moindre attention portée au problème des émissions. L'administration

Trump a une responsabilité importante dans ce dérapage, en raison du message que son plus haut représentant a envoyé au public et ses électeurs : la parole du président peut conduire à des comportements vertueux, dans ce domaine et d'autres, ou le contraire.

Que ce soit pour le méthane ou le CO_2, aux États-Unis, beaucoup des efforts viennent du secteur privé, qui agit en général sous la pression de ses employés ou actionnaires et ne peut plus, surtout pour les grandes sociétés les plus connues, se contenter de « plans de communication »[113] et de petites actions sans réel impact sur leurs émissions.

Les enjeux de la transition énergétique aux États-Unis

La transition énergétique représente un défi important pour les États-Unis, d'ailleurs c'est notamment de ce pays que sont venues les plus fortes résistances. La production d'énergies fossiles est un secteur clef de l'économie américaine en termes d'emplois et de balance commerciale ; il devra s'engager dans un vaste mouvement de transformation. Au-delà des emplois et exportations qu'elle apporte, l'abondance en énergie fossiles et leur faible prix renforce la compétitivité générale et relative de l'économie Américaine, un avantage que le pays pourrait perdre en partie en raison de la transition énergétique. La relative faible densité de population et l'immensité des banlieues où vit la majorité des Américains fait que l'automobile avec un bonne autonomie, alimentée par une énergie peu chère, est plus qu'ailleurs une nécessité.

Les États-Unis disposent néanmoins de plusieurs avantages, notamment celui d'être plutôt bien dotés en ressources naturelles renouvelables, vent et soleil. En outre, par son vaste marché, les entreprises américaines peuvent bénéficier d'économies d'échelle importantes. Enfin, les États-Unis ont démontré leur capacité à mobiliser leurs forces et avancer vite, grâce en particulier à une coopération public-privé dans le domaine de la recherche, dès qu'un problème est identifié comme prioritaire. Le pays garde une réelle capacité d'innovation, même s'il est en réalité bien moins armé dans le domaine de la recherche fondamentale où des efforts importants devront être mis en œuvre. S'y ajoute un secteur financier particulièrement puissant et capable de lever des fonds, si ce n'est pour financer des projets très risqués, mais pour racheter et accélérer le développement de start-up ayant franchi les premières étapes.

L'Europe

Cette région dispose d'un leadership incontesté dans le domaine de la transition énergétique. Selon le *World Economic Forum*, qui établit un classement des pays selon leur niveau d'avancement dans la transition énergétique, l'Europe est la mieux positionnée : parmi les 20 premiers pays les mieux préparés, 16 sont Européens (les États-Unis ne pointant qu'à la 24ème position et la Chine à la 68ème)[114].

Depuis 1990, les émissions de gaz à effet de serre de l'Europe se sont contractées de plus 25% malgré une augmentation de l'activité économique de plus de 60%. Une large majorité des pays d'Europe ont l'ambition d'atteindre la neutralité carbone à l'horizon 2050, et quelques-uns d'entre eux visent l'horizon 2040 ou 2045 (Allemagne, Suède, Finlande, Autriche).

L'Europe est relativement bien positionnée pour sortir renforcée de la transition énergétique, disposant de ressources renouvelables abondantes, vent et soleil, mais de très faibles réserves en énergies fossiles[115]. Ce sera un moyen pour le continent de reprendre le contrôle de son approvisionnement énergétique, de créer un nombre significatif d'emplois tout en améliorant sa balance commerciale. Sur le plan industriel, l'Europe, particulièrement le Danemark et l'Allemagne, est une des premières régions productrices d'éoliennes[116], tandis qu'elle dispose d'un savoir-faire important dans le secteur nucléaire. A l'inverse, l'Europe dépend très fortement de la Chine pour les importations de panneaux solaires[117].

En termes d'emploi, le secteur des renouvelables employait déjà 1,5 millions de personnes en Europe en 2018 et il est prévu que ce chiffre sera compris entre 10 et 12 millions en 2050, significativement plus que l'industrie automobile (emplois directs et indirects).

A ce jour, les observateurs s'accordent sur le fait que l'Europe est une des seules grandes régions à être en mesure d'atteindre la neutralité carbone dans un délai raisonnable.

Toutefois, la transition énergétique pose aussi plusieurs défis au continent Européen, notamment sur le plan budgétaire. En effet, une majorité des pays d'Europe taxe lourdement les produits pétroliers, il s'agit pour eux d'une ressource fiscale essentielle, et assez peu l'électricité. L'électrification du parc de véhicule représente donc un défi budgétaire, d'une ampleur néanmoins variable d'un pays à l'autre.

L'Europe doit aussi affronter d'autres défis, dont sa dépendance aux matières indispensables à la production d'équipements nécessaire à la production d'énergie bas-carbone (terres rares, uranium…etc), même si ce dernier n'est sans doute pas le plus difficile à surmonter.

Il lui faudra engager une vaste reconversion de son industrie, en la rendant plus efficace sur le plan énergétique (même si sur ce point, la région est en réalité déjà bien mieux placée que d'autres macro-régions) et moins émettrice de CO_2. Elle devra parfois totalement changer la nature même des produits qu'elle fabrique, dans l'industrie automobile par exemple.

La région dispose de solides atouts : le premier d'entre eux, un système d'éducation de plutôt bonne qualité *en général*, même s'il existe d'importants écarts entre les pays et selon que l'on considère le primaire et le secondaire ou l'université[118]. Parfois décrite comme assoupie sur le plan technologique, il s'agit en réalité très largement d'un mythe, d'ailleurs si c'était le cas, ses concurrents (Chine ou États-Unis) ne mettraient pas tant d'énergie à essayer de piller ou acheter ses fleurons ou talents technologiques. L'analyse de la liste des grandes découvertes compilée par Wikipedia[119] ou celle des prix Nobel de physique, de chimie ou de médecine[120], outre celle de la médaille Fields, montre que l'Europe dans son ensemble continue de très bien tenir son rang[121] sur la recherche fondamentale en sciences « dures ».

Un deuxième atout majeur est bien sûr le caractère démocratique de la région, sachant d'une part que la liberté de penser est une des conditions nécessaires à une innovation dynamique et que de l'autre, la liberté d'action des associations environnementales, la possibilité de voir leurs messages relayés par des médias puissants et nombreux pour alerter et mobiliser l'opinion publique est aussi un facteur clef de succès pour réussir la transition énergétique. Or, en raison notamment de médias publics et privés forts, l'Europe est sur ce point bien plus avancée même que les États-Unis[122].

Une faiblesse néanmoins peut être son organisation politique, surtout dans la mesure où les États membres ont pour la plupart entre eux une histoire tumultueuse, marquée par de multiples conflits, alliances et retournements d'alliances. La crise économique de 2008, suivie du Brexit et de l'élection de Trump en 2016, la crise du Covid en 2019, puis l'agression Russe contre l'Ukraine en 2022 ont resserré les liens en général. Par ailleurs, la bureaucratie Européenne a compris que si l'EU voulait survivre, il lui faudrait s'occuper plus des préoccupations quotidiennes des gens. Le résultat est que les sondages montrent plutôt un net raffermissement du support de l'opinion publique à la construction européenne puisque plus de 70 % émettent maintenant un jugement positif[123] sur les institutions européennes.

La méfiance est de mise entre États européens ; elle est même le point de départ de toute discussion entre eux. L'Europe, par ailleurs, n'est ni fédérale ni autonome sur tous les plans, notamment celui de la Défense. Mais le fait que l'Europe ne soit pas un État fédéral est-il un désavantage ou plutôt un avantage? Quand on voit les tensions auxquelles l'État Fédéral Américain est aujourd'hui confronté, il y a plutôt lieu de se réjouir que ce ne soit pas le cas en Europe[124], qui a son modèle particulier.

Néanmoins, il est vrai que la dynamique européenne dépend beaucoup de la volonté politique d'avancer sur les dossiers stratégiques, en acceptant des positions de compromis par définition difficiles à trouver. La capacité à élaborer des compromis, particulièrement entre l'Allemagne et la France, est donc essentielle, même si en réalité, aucune de ces deux nations, pas plus la première que la seconde, n'exerce de leadership indiscutable. Il faut au contraire toujours compter sur les positions d'États « plus petits », et c'est tant mieux, car ceux-ci peuvent avoir une influence considérable et positive sur le destin de l'Europe. C'est le cas par exemple du « petit » Danemark, mais aussi de la « petite » Suède ou d'autres encore.

Autres régions

Il serait beaucoup trop long d'analyser ici en détail la situation de toutes les autres macro-régions ou pays. Arrêtons-nous sur quelques cas dont la situation est d'une grande complexité comme la Russie, le Canada, l'Australie et le Moyen-Orient. Ces trois pays ou régions sont des producteurs importants d'énergies fossiles et de forts émetteurs, au moins par habitant et unité d'activité économique. En même temps, ils sont confrontés aux conséquences du réchauffement climatique, et leurs populations sont inquiètes, bien que plutôt moins que dans les autres pays développés.

Au Canada par exemple, le secteur énergétique emploie environ 300 000 personnes selon le gouvernement canadien, c'est moins de 2 % du total des emplois, mais il contribue pour près de 10 % à l'activité économique et à un quart des exportations du pays[125]. Sur ce total, sans doute les trois-quarts sont liés à la production et aux exportations d'énergies fossiles, le solde vient de l'énergie renouvelable. Mais selon une étude du *Pew Research Center*, en 2015, une majorité de Canadiens pensait que le changement climatique est un problème très grave, plus qu'aux États-Unis, presque autant qu'en Europe et bien plus qu'en Australie et en Russie. Comme aux États-Unis, il existe une ligne de fracture nette entre conservateurs, peu concernés par le sujet, et les libéraux, qui le sont fortement.

En Australie, la situation est plus ou moins identique : le secteur de la production des énergies fossiles représente 3 à 4% de l'activité économique globale, le nombre d'emplois est inférieur à 60 000 dont moins de 40 000 dans les mines de charbon (principale exportation énergétique de l'Australie, loin devant le gaz). À noter, le nombre d'emplois dans le secteur de l'énergie renouvelable s'approche des 30 000[126]. Pourtant, lorsque l'on demande aux Australiens combien d'emplois représente l'exploitation minière, ils surestiment dans un facteur de 1 à 10 le nombre. La conscience environnementale est plutôt moindre que dans les autres pays développés, États-Unis compris, avec seulement 43% des Australiens qui estiment que le réchauffement climatique est un problème grave. Les terribles incendies qui ont frappé le pays en 2019-2020 sont, pour certains, une des conséquences directes du réchauffement climatique : les autres rappellent que le pays a toujours connu des incendies de grande ampleur. En réalité, l'Australie dispose d'un vaste potentiel d'énergie renouvelable, surtout pour l'énergie solaire, et donc d'atouts pour engager une réelle transition climatique. La disparition progressive des exportations de charbon aura finalement un impact mineur sur le pays.

Le cas de la Russie est plus complexe. Le pays est peu diversifié, et son économie dépend beaucoup des exportations d'énergies fossiles (63 % du total[127], données antérieures au début de la guerre en Ukraine) et de matières premières en général. La Russie peut *a priori* beaucoup perdre dans un scenario de transition énergétique. Cette situation n'a pas de raisons de beaucoup s'améliorer avec la guerre d'Ukraine. Le problème est qu'il est aussi probable que les conséquences d'un réchauffement climatique seront tout aussi dévastatrices pour le pays. D'où des allers et retours de son président. Le pays dispose d'un potentiel élevé d'énergies renouvelables, notamment celle à partir du vent. Néanmoins, il est clair que ce sera un défi complexe qui l'obligera à réorienter son industrie vers d'autres productions. Mais la Russie a des atouts, aux premiers rangs desquels une population éduquée[128].

Le même constat s'applique plus ou moins aux pays du Moyen-Orient, à ceci près que toutes les économies de la région ne dépendent pas de manière significative de la production et de l'exportation d'énergies fossiles. Comme la Chine et l'Inde, la zone du Moyen-Orient souffre d'un niveau d'inégalité élevé. Et comme la Chine, mais au contraire de l'Inde, la situation politique est fragile ou faussement solide pour beaucoup de pays : un fort ralentissement de la croissance représenterait un risque réel de tensions politiques. Il existe néanmoins plusieurs éléments plutôt favorables dans un tableau assez sombre du point de vue du réchauffement climatique. Tout d'abord, la zone dispose *en général*, d'un potentiel très important de production d'énergie solaire (mais pour des raisons variées, l'option nucléaire est difficilement envisageable). Ensuite, les pays de la zone sont, *en général*, dans une situation économique beaucoup plus favorable qu'en 1980 par exemple. Il faut se souvenir qu'à cette date, lors du deuxième choc pétrolier, aucun des pays ne disposait d'une population suffisamment qualifiée (ingénieurs, techniciens, etc.) pour être en mesure de gérer mieux le « mur d'argent » résultant de la forte hausse des prix des années 70. Pas plus que les sociétés de l'économie locale ne pouvaient recevoir et employer les liquidités disponibles. De ce point de vue, la situation est très différente aujourd'hui : par exemple, si les employés et cadres étrangers sont encore nombreux dans les sociétés nationales telles que Saudi Aramco, les locaux, plus qualifiés et mieux formés, sont généralement majoritaires. Il est clair que le changement climatique sera un défi important pour cette macro-région, même s'il faut se souvenir que même dans un scénario très dynamique de transition énergétique, la part du pétrole restera significative même en 2050. Or, en raison des coûts d'extraction plus faibles, les réserves du Moyen-Orient ont toutes les chances de participer à une part significative de l'approvisionnement mondial, même réduit, à cette date. A l'horizon 2050, l'Agence internationale de l'Énergie anticipe d'ailleurs une forte remontée de la part de marché des pays de l'OPEP, particulièrement du Moyen-Orient dans l'hypothèse d'une baisse des trois-quarts de la production mondiale.

Les pays les moins développés sont dans une situation délicate. Nous avons vu qu'ils représentent la moitié de la population mondiale mais moins de 10 % des émissions, pour autant c'est d'eux que la plus forte croissance est à craindre. Il est en effet inévitable et même souhaitable que l'activité économique et donc la consommation d'énergie continuent d'y croître. Or beaucoup de ces pays ne disposent ni des technologies, ni des ressources financières nécessaires à la transition énergétique. Pour autant, sachant que la molécule de CO_2 émise à New Dehli a exactement le même impact sur le climat à Paris ou Houston, les pays riches doivent aider massivement ces pays à réussir leur transition. C'est de notre intérêt autant que du leur.

La situation géopolitique de l'énergie

Les réserves de pétrole sont assez concentrées, et plutôt sur des zones instables politiquement. On peut calculer un indice de concentration géographique très facilement, sur la base des informations publiées par le *BP statistical review* : de toutes les énergies fossiles, le pétrole est celui qui a le niveau de concentration le plus élevé quand on le mesure par grande région. La concentration des exportations l'est encore bien davanatage car si beaucoup de pays produisent du pétrole, parfois en quantités limitées, peu exportent des volumes significatifs[129]. Or les pays qui concentrent une grande partie des réserves « exportables » sont plutôt instables politiquement, avec un niveau de risque politique non négligeable[130].

Les enjeux géopolitiques de la transition énergétique

Ces enjeux sont très nombreux, nous en avons vu certains expliquant par exemple les réticences de gros producteurs de pétrole et de gaz à s'engager dans la transition énergétique. D'autres pays, Chine par exemple, craignent que la transition énergétique n'entraîne un ralentissement de leur économie, avec le risque dans les deux cas de troubles politiques intérieurs.

Nous ne pourrons couvrir toutes les questions géopolitiques dans cette section ; nous aborderons certaines d'entre elles dans la partie consacrée aux nouvelles technologies, en laissant de côté d'autres.

Pour différents pays, macros-pays (US, Inde, Chine, etc) ou régions (EU, Moyen-Orient, Asie du Sud-Est, etc.), le problème est d'essayer de ne pas trop dépendre les uns des autres, surtout si les partenaires sont considérés comme peu fiables et instables, donc susceptibles d'utiliser leur pouvoir de marché pour soit accroître trop leurs prix ou exercer un chantage sur d'autres thèmes politiques, technologiques ou économiques.

La plupart des pays, les plus petits ou même les puissances moyennes (Allemagne, France…etc) ne peuvent prétendre à fabriquer tout sur place, au risque de perdre des économies d'échelle et de fortement augmenter les coûts de production. En outre, sauf exception, l'étroitesse de leur territoire fait qu'ils ne peuvent espérer disposer d'une grande partie des ressources naturelles dont ils ont besoin. Il s'agit donc d'un savant équilibre, difficile à trouver au sein même de ces macro-régions et pays, et entre eux.

Le thème central est l'accès aux ressources essentielles au développement économique, au-delà de l'énergie, et la façon dont la transition énergétique pourrait à la fois modifier les facteurs clefs de succès et l'accès à ces dernières, et donc les équilibres géopolitiques.

On peut au minimum envisager trois éléments : l'accès aux technologies d'avenir dans ce domaine, l'accès aux ressources énergétiques et l'accès aux matériaux nécessaires à la production d'énergies nouvelles. Or par exemple, les réserves et la production des matériaux nécessaires à la transition énergétique, particulièrement la production d'énergie renouvelable et à l'électrification de l'économie, sont très concentrées en quelques mains, encore plus que pour le pétrole et le gaz parfois.

La guerre en Ukraine, accélérateur de la transition énergétique

La guerre en Ukraine est en partie une conséquence de notre dépendance aux énergies fossiles, particulièrement le gaz de Russie. C'est précisément parce que les importations de gaz de Russie sont essentielles aux économies de beaucoup pays d'Europe, sans alternative d'approvisionnement aisée, que V. Poutine a pris le risque d'envahir l'Ukraine : le président russe a parié que cette dépendance conduirait les pays européens, dans la crainte d'un embargo des exports de gaz russe, à accepter une annexion de facto de l'Ukraine. Mais cette guerre a au contraire incité les Européens à diversifier leur approvisionnement en gaz tout en accélérant le développement des renouvelables et donnant une nouvelle jeunesse au nucléaire. La guerre en Ukraine pourrait donc favoriser la transition énergétique via un triple mécanisme. En Europe, plus que jamais se fait sentir le besoin de s'affranchir des énergies fossiles pour se diriger vers une plus grande indépendance énergétique. Le développement des énergies renouvelables et du nucléaire va donc s'accélérer. Mais la guerre va aussi favoriser une baisse des émissions en Chine et dans une moindre mesure en Inde, en mettant à disposition de ces pays d'importants volumes de gaz russe qui étaient initialement destinés au marché Européen, qui plus est à un prix attractif. Ceci permettra d'accélérer le remplacement du charbon par du gaz dans les centrales électriques. La guerre en Ukraine va aussi favoriser la recherche d'économies d'énergies.

La difficulté est accrue par la perspective de changements économiques très profonds que va entrainer la transition énergétique : le nouvel équilibre géopolitique qui en résultera est peu clair, et chacun est donc inquiet de perdre quelque chose, sachant que ces changements majeurs sur le plan historique n'ont pas toujours vu que des « gagnants ».

Commençons par le pétrole, et notre forte dépendance à cette source d'énergie a plusieurs conséquences très négatives : tout d'abord, les bonnes réserves de pétrole étant localisées dans les zones plus instables politiquement, parfois peu peuplées, sa production entraine un niveau de corruption élevé du système énergétique des pays producteurs dans son ensemble. C'est la conséquence négative de « l'argent facile » qui est injecté dans l'économie, généralement pour au profit d'une minorité de la population, quand son exploitation est très rentable. Parfois, les salaires du secteur pétrolier sont trop élevés pour que d'autres industries puissent attirer des personnes qualifiées et de talent.

Autre conséquence, cette forte dépendance du pétrole favorise les troubles géopolitiques. L'exemple le plus emblématique est la menace qu'a pu faire peser « l'État Islamique » sur la région et le monde dans les années 2010. Cette organisation, en réalité un groupe terroriste et mafieux se parant de convictions religieuses, avait réussi à étendre son emprise sur un territoire grand comme la moitié de la France à son plus haut[131] : or, s'il a pu le faire, ce n'est pas tant en raison des sacrifices humains de combattants venus le rejoindre de plusieurs pays du monde (dont l'Autriche, la France, la Belgique, le Royaume-Uni), de la violence extrême avec laquelle cet « État» opérait (destiné à créer un sentiment de peur et d'obéissance parmi les populations civiles), mais bien à sa capacité d'exploiter les ressources pétrolières dont il avait pris le contrôle. Certes, l'État Islamique ne pouvait pas, à l'instar de BP, Shell, ou Total vendre sa production au meilleur prix via des traders basés à Londres ou New York, mais compte tenu des faibles coûts d'extraction, il lui était possible de garder une part non négligeable des profits après déduction de coûts logistiques très élevés et ceux liés à la corruption de tous les acteurs de la chaîne d'approvisionnement. En effet, au lieu d'être transporté par pipeline, puis chargé par bateau et vendu en Chine par exemple, le pétrole devait être acheminé par camion (pour un coût 10 à 50 fois plus élevé), puis passer discrètement des frontières (au prix de pot-de-vin divers) et enfin être vendu à des intermédiaires douteux capables de l'écouler sur le marché international (à un prix inférieur au prix normal). La Turquie a été le point de passage obligé de beaucoup des volumes vendus par « l'État Islamique » sans que l'on sache si les autorités politiques et les élites du pays ont participé activement ou passivement à ce trafic. Toutefois, la baisse des prix du pétrole, le bombardement des convois de camions ou des champs pétroliers eux-mêmes ont commencé à rendre l'extraction et la vente de pétrole très risquée et difficile, coûteuse et moins rentable, tarissant peu à peu les sources de financement de « l'État Islamique ».

La baisse de l'utilisation des énergies fossiles, particulièrement du pétrole, se traduira donc par un niveau de corruption moins élevé dans le secteur énergétique mais aussi sans doute des désordres géopolitiques moindres. On est au moins en droit de l'espérer.

Le prix de l'énergie et sa volatilité

Les prix du pétrole sont sujets à de fortes variations, et celles-ci sont inhérentes à la façon dont sont réparties les réserves de pétrole et à des aspects géologiques qui conditionnent leur coût d'exploitation. Pour mettre au point des nouvelles technologies d'exploration permettant d'accéder à des réserves difficiles d'accès, généralement en eaux profondes, le marché a besoin que les prix s'établissent, au moins pendant un certain temps, à des niveaux élevés. Le marché pétrolier connait donc des cycles : un prix bas encourage la demande et décourage les investissements, entrainant une baisse des réserves qui se traduit par une hausse des prix. Les prix augmentent, la demande ralentit tandis que de nouvelles technologies permettent d'accroitre l'offre ; et ils baissent à nouveau. Si l'OPEP peut en principe permettre de modérer les variations naturelles des prix, le cartel ne contrôle en réalité qu'une modeste part de la production, même si c'est bien plus élevé pour les réserves et exportations. Les guerres de prix, suivies de pics à la hausse ou à la baisse, sont donc fréquents. Dans un système énergétique dominé par l'énergie renouvelable, les variations de prix ont toutes les chances d'être bien moins fortes. Certes, des signaux de prix seront aussi nécessaires pour inciter le consommateur à consommer de l'énergie lorsque celle-ci est la plus abondante, par exemple la nuit, mais cela ne devrait pas entraîner des variations importantes au pas du mois ou de l'année. D'ailleurs, la crise énergétique de 2021 le montre bien : celle-ci a vu, en raison notamment d'une activité économique en fort rebond et de niveaux de vent anormalement bas pour la saison, une envolée des prix de l'électricité et du gaz. Mais que s'est-il passé quand le vent est revenu ? Le prix de l'électricité est retombé à un niveau très bas, certains jours ou heures proches de zéro ou même négatifs ! Bien sûr, il ne faut pas espérer que ces prix très bas se traduiront dans la facture finale de tous les consommateurs, pas plus sans doute que les pics très élevés, car certains opérateurs feront en sorte de lisser ces variations dans le prix final (comme cela se fait d'ailleurs déjà pour le gaz par exemple).

Quelle sera l'évolution des prix de l'énergie à plus long-terme ? Concernant l'électricité, d'un côté, celle produite par le vent et le solaire de deuxième génération[132] sont, même sans subventions, les énergies les moins chères disponibles. Selon la société Lazard, dont l'étude annuelle sur les coûts comparés de l'électricité fait référence[133], le coût de l'électricité produite à partir de vent varie entre 29 et 56 $/MWh, celle du solaire deuxième génération entre 36 et 44 dollars. C'est sensiblement plus faible que toutes les autres sources d'énergie, charbon (60 à 143 dollars), gaz (41 à 206 dollars), et nucléaire (112 à 189 dollars). Cette évolution très positive est liée, d'une part à des économies d'échelle en raison de la forte croissance de la production de turbines et de panneaux solaires mais aussi à des facteurs technologiques : pour l'éolien par exemple, la taille des turbines et leur puissance se sont considérablement accrues tandis que le coût de raccordement au réseau a baissé. Mais attention, il y a une « petite » subtilité importante à comprendre ici : comme la production d'électricité renouvelable a besoin de capacités autres (nucléaire, gaz, hydroélectrique…) pour assurer un approvisionnement en électricité stable : il faut, au-delà d'un certain niveau de renouvelable, disposer de capacités alternatives. Celles-ci pourront ne pas être utilisées très souvent, et donc, leur coût de production sera élevé. Logiquement, il faudrait ajouter ce surcoût aux renouvelables : l'étude Lazard ne prend pas en compte cet élément.

Au coût de production, il faudra ajouter des taxes : il faudra sans doute taxer plus lourdement l'électricité pour compenser la baisse des taxes collectées sur les produits pétroliers, surtout en Europe. En outre, pour atteindre la neutralité carbone, une taxe carbone sera nécessaire tandis que nous devrons supporter le coût associé aux émissions négatives. Si celles-ci contribuent pour 10 à 20 % de la réduction des émissions, c'est un coût significatif qui viendra s'imputer sur le prix de l'électricité, de l'ordre de 20-40 dollars au MWh en moyenne. Au total, on doit s'attendre au mieux à un coût stable de l'électricité, plus probablement une hausse qui sera variable d'un pays à l'autre en fonction du mix de production et de la nécessité de rééquilibrer les finances publiques. Néanmoins, dans un scenario zéro émissions, les prix des énergies fossiles, qui représenteront encore une part significative de l'approvisionnement énergétique en 2060, pourraient aussi être plus faibles.

Au total donc, une baisse du coût de l'énergie est donc possible, même si celle-ci a toutes les chances d'être limitée. Cependant, la plus grande stabilité des prix de l'énergie est à la fois probable et un facteur économique et social favorable.

L'accès à l'énergie et la sécurité d'approvisionnement

Avoir un approvisionnement stable et suffisant en énergies est une des conditions du développement économique, bien que ce ne soit pas la seule[134] : ceci n'est pas nouveau, et en réalité, au cœur de la géopolitique depuis le début de la révolution industrielle. Les réserves en charbon sont abondantes, nous l'avons vu et beaucoup de pays en disposent : Il n'y a donc pas eu de guerre du charbon proprement dite, même si certaines puissances, au premier des rangs desquels le Royaume-Uni, puis l'Allemagne en Europe, ont pu tirer un avantage particulier de ressources abondantes et peu coûteuses d'exploitation quand la France, par exemple, devait se contenter de mines de moins bonne qualité. En revanche, dès le début du XIXe, quand le pétrole a conquis une place de source d'énergie importante, en raison de ses qualités bien supérieures au charbon dans le transport par exemple, l'accès aux ressources pétrolières est devenu un enjeu militaire et donc géopolitique majeur. Or, en dehors des États-Unis, les grandes puissances économiques ne disposaient pas de ressources pétrolières, en tout cas pas faciles d'exploitation. A l'époque, très peu de régions aujourd'hui pétrolifères étaient exploitées, mais l'on savait qu'il existait de grandes quantités de pétrole dans le Caucase et au Moyen-Orient, mais aussi en Indonésie. Le Moyen-Orient en particulier en regorgeait sans doute, et c'est surtout dans l'Irak actuel qu'il était exploité. Pendant la deuxième guerre mondiale, où la force motorisée avait atteint une très grande importance (dans les airs, sur terre et sur mer), les alliés et leurs ennemis nazis et japonais se livreront bataille pour tenter de s'emparer ou d'empêcher l'autre partie d'accéder aux ressources pétrolières à partir desquels on fabriquait diesel pour les camions et sous-marins et kérosène pour les avions[135]. Pour appuyer la folie expansionniste et criminelle de son projet, Hitler voulait mettre la main sur les ressources russes du Caucase et tenter de couper la Grande-Bretagne de ses ressources au Moyen-Orient, sachant que sans pétrole, la guerre finirait par être perdue. Le paradoxe est que la décision de ne pas envahir Moscou pour plutôt reporter ses forces vers le sud où se trouvaient les réserves russes fut aussi celle qui contribua à l'entrainer dans sa chute. Plus tard, les États-Unis et les pays d'Europe se sont assurés d'avoir au Moyen-Orient des régimes amis sur lesquels ils pouvaient compter pour l'approvisionnement de pétrole. Néanmoins, contrairement à une idée fausse bien que largement répandue, ces puissances occidentales ont assez rapidement accepté que ces livraisons se feraient au prix du marché et que la grande majorité des profits liés à leur production resteraient dans les poches des pays producteurs et des sociétés nationales comme c'est encore le cas aujourd'hui. Le cœur du problème n'est donc pas tant le prix, même s'il peut l'être lorsque celui-ci est trop élevé ou trop bas, que l'accès aux ressources. A noter que si les forces américaines assurent une partie significative du coût de défense liée à la garantie de cet accès, les Etats-Unis ne sont pas seuls et touchent aussi de substantiels dividendes liés à leur présence militaire au Moyen-Orient. En tout état de cause, cette relative stabilité a profité à tous, aux pays gros consommateurs disposant de peu ou pas de ressources (Europe, Japon, Chine, Inde…), autant qu'aux pays producteurs eux-mêmes, capables de générer de forts revenus liés à la vente de pétrole et de gaz. Hormis dans les années 70 quand les pays du Golf ont brièvement décidé d'utiliser le pétrole comme une arme stratégique, refusant de livrer ceux des pays considérés comme alliés d'Israël, le marché a été correctement approvisionné depuis plus d'une centaine d'années, avec néanmoins de fortes variations de prix. Cela n'a pas été, on le sait, sans de fortes incertitudes liées à la situation géographique particulière de la région (une bonne partie de l'approvisionnement mondial en pétrole passe par un petit détroit très facile à perturber ou bloquer), aux tensions ethnico-religieuses, entre les sunnites et les chiites iraniens et/ou irakiens, et à la question palestinienne non-résolue. L'argent des monarchies pétrolières et gazières, on le sait, a financé directement et indirectement les mouvements terroristes internationaux pour acheter leur paix intérieure. En bref, nous l'avons vu, l'extrême dépendance aux énergies fossiles, particulièrement le pétrole a très largement contribué aux désordres géopolitiques.

Dans ce contexte, la transition énergétique rebat les cartes, autant voire plus que le développement rapide de la consommation pétrolière ne le fit au début du XXe siècle.

Même si la transition énergétique pourrait affaiblir ceux des pays ou régions qui tirent un grand avantage de la vente d'énergies fossiles, beaucoup de pays pourraient au contraire, grâce aux énergies renouvelables dont la ressource est répartie de manière plus équilibrée, être plus autonomes. Ce sera le cas des pays européens, en Chine ou en Inde par exemple.

Toutefois, la question de sécurité d'approvisionnement restera centrale, même si elle a toutes les chances de se déplacer vers d'autres ressources : par exemple, sur les matériaux nécessaires à la production (terres rares) et au stockage (Lithium) d'énergies bas-carbone, renouvelables ou nucléaire. Ou encore la question de l'accès aux technologies. Ainsi s'explique par exemple les liens que la Chine a rapidement établis avec l'Afghanistan des Talibans, avec le souci d'obtenir un accès privilégié aux importantes réserves de Lithium dont le pays dispose.

Les enjeux stratégiques de l'électrification de l'économie

Nous verrons dans le chapitre « Scénario pour le futur » que la transition énergétique, à la fois souhaitable et possible mais complexe à mettre en œuvre, requiert un certain nombre d'actions et un « timing » précis pour leur mise en œuvre. Mais nous savons déjà que pour réussir, il nous faut d'abord changer la façon dont nous produisons de l'énergie et de l'électricité en particulier et que nous devons électrifier l'économie, ce qui veut dire concrètement que beaucoup des activités qui aujourd'hui utilisent une autre source d'énergie (chauffage, transport, industrie) devront se convertir à l'électricité. Nous verrons aussi que toutes les technologies nécessaires à une réussite de la transition énergétique ne sont pas encore au point, ou doivent être améliorées, ou même n'existent pas encore pour certaines.

La bataille pour la compétitivité

La sécurité d'approvisionnement énergétique est essentielle à un développement économique harmonieux. Mais compte tenu du poids du coût de l'énergie dans celui de la fabrication de la plupart des biens (et dans une bien moindre mesure des services), en moyenne 5 % mais beaucoup plus pour certains secteurs, un accès à une énergie peu couteuse est aussi un des aspects contribuant à la compétitivité d'un pays, et donc à sa capacité de fabriquer et d'exporter des biens manufacturés. En réalité, bien d'autres facteurs, comme la qualité de l'enseignement, une culture de la recherche de la qualité plus que des profits à court-terme, sont au moins si ce n'est plus critiques. Néanmoins, le coût de l'énergie est un facteur important : or la Chine (pour le charbon pas cher dont elle dispose et utilise en grandes quantités), les États-Unis (pour le pétrole et le gaz), et d'autres (Canada, Australie, etc) sont inquiets que la transition énergétique ne leur fasse perdre un avantage stratégique majeur de ce point de vue. C'est notamment le cas pour la Chine, dont un autre avantage critique, un coût de la main d'œuvre plus faible se réduit à fur et à mesure que le pays se développe. Pour certaines fonctions, le coût de la main d'œuvre en Chine est d'ailleurs aujourd'hui très proche de ce qu'il est en Europe ou aux États-Unis. Dans la perspective d'une hausse des coûts de transport maritime, la Chine s'inquiète donc, à juste titre, que le passage à une énergie décarbonée ne lui enlève en plus l'avantage de l'utilisation d'un charbon peu onéreux.

Électricité renouvelable et création d'emploi

La production d'électricité renouvelable apporte, au-delà des réductions de CO_2 de grands avantages sur le plan économique.

Dans un système traditionnel de production d'électricité à partir d'énergies fossiles, environ 80 % du coût est lié à l'achat de la matière première (gaz ou charbon), les 20 % restant sont liés au capital (machines, turbines) et à la main-d'œuvre. Pour les pays, la majorité, qui ne produisent pas de gaz ou de charbon, la matière première est importée.

Dans un système de production d'électricité renouvelable, près de 90% sont des coûts de capital, le reste est essentiellement de la maintenance. Il faut donc beaucoup plus de capital pour produire un kWh d'électricité renouvelable que dans une centrale à charbon, ce qui est bien naturel dans la mesure où chaque turbine ne peut produire que 2,5-3 MW, 20 à 50 fois moins qu'une centrale à charbon, et 300 à 800 fois moins qu'une centrale nucléaire.

Toutefois, si ces turbines sont fabriquées localement, une bonne partie de la valeur liée à la production d'électricité pourra être « locale » contre 10 à 20 % seulement pour une centrale au charbon ou au gaz.

Produire de l'énergie renouvelable est donc aussi un moyen d'améliorer son indépendance énergétique en profitant d'une ressource gratuite, le vent ou le soleil. Sachant que le coût de l'énergie représente près de 5 de toutes les dépenses de l'économie d'un pays, il s'agit donc d'un moyen puissant pour créer de l'activité économique et des emplois locaux. Selon une étude de la Banque Mondiale, chaque million de dollars d'activité crée 13,5 emplois dans le secteur des renouvelables, contre seulement 5,2 pour le secteur pétrolier et gazier et 6,9 pour le secteur charbonnier[136]. Une autre étude américaine montre, qu'en outre, ces emplois sont plutôt mieux payés que ceux des autres secteurs économiques[137].

Toutefois, les créations d'emplois nettes dépendent aussi du nombre de personnes employées dans les secteurs de production d'énergies fossiles. Lorsque, comme aux États-Unis ou au Moyen-Orient, ils pourvoient un très grand nombre d'emplois, c'est une complexité supplémentaire qui alimente les résistances à la transition énergétique même quand les pays sont aussi fortement dotés en ressources renouvelables. Dans ces pays aussi, l'énergie renouvelable peut aussi créer des emplois, mais avec le risque d'en détruire un nombre important dans l'industrie minière, pétrolière et gazière. Cette question est une des raisons, au-delà de l'élection de Donald Trump en 2016, pour lesquelles les États-Unis peinent à s'engager dans la transition, ce qui, en retour, contribue à ralentir le mouvement au niveau mondial. Pour l'Europe, peu dotée en ressources d'énergies fossiles, à l'inverse, la transition énergétique est une chance de s'affranchir en partie de sa dépendance aux importations de produits énergétiques. Ceci peut expliquer, parmi d'autres facteurs, que l'Europe ait pris une position de leader dans ce domaine.

Malgré tout, dans son dernier rapport, l'Agence internationale de l'énergie estime à 10 millions les créations nettes d'emplois dans le secteur de l'énergie à l'horizon 2050[138] dans le monde.

La réorganisation du système de production et d'approvisionnement en électricité

Dans un système traditionnel, quelques grosses centrales, quelques dizaines ou centaines pour les gros marchés, approvisionnent les clients finaux grâce à des lignes de haute tension et des transformateurs. Comme il est relativement aisé de prévoir la demande, en fonction des heures de la journée ou de la météo par exemple, on fait appel aux centrales pour répondre aux pics de demande, un peu comme l'on appuierait sur un accélérateur pour augmenter la vitesse quand c'est nécessaire. Le problème est qu'il faut avoir des capacités qui soient capables de répondre à des pics d'une demande irrégulière, en général faible pendant la nuit et forte le jour, y-compris bien plus à certaines heures. Les pics peuvent aussi être soudains et de forte amplitude : lors d'un match de football le soir à la télévision, on sait qu'au moment de la coupure de publicité, pas mal de consommateurs pourront augmenter ponctuellement leur consommation d'électricité (en allant par exemple mettre en route une bouilloire, plus en Angleterre sans doute, pour se faire du thé). Si la température baisse brutalement, il faudra prévoir qu'un grand nombre de consommateurs augmenteront la température de leur chauffage électrique. Les sociétés de production électrique savent bien en général traiter ces complexités et éviter que, brusquement, il n'y ait plus d'électricité disponible, engendrant des coupures donc. Elles le font en ayant des surcapacités de production qui ne sont utilisées qu'au moment de ces pointes. Ceci explique que certaines usines de production d'électricité aient un taux d'utilisation très faible en moyenne. Mais aussi en incitant des très gros utilisateurs industriels, à plutôt faire tourner leurs machines la nuit.

Produire beaucoup plus d'électricité à partir de renouvelables suppose une réorganisation complète du système de production et d'approvisionnement en électricité. En effet, pour chaque pays, ce sont des milliers ou même dizaines de milliers d'installations qu'il faut coordonner plutôt que des centaines ou dizaines. Chaque unité de production d'électricité a une capacité bien moindre de production. C'est donc une opération a priori plus complexe.

Rappelons aussi que la transition énergétique, puisqu'elle doit s'accompagner d'une électrification de l'économie, va se traduire par une forte hausse de la demande en électricité. Pour la France par exemple, la consommation d'électricité à l'horizon 2050 devrait être de 50 à 80 % supérieure à ce qu'elle est aujourd'hui, une évolution que l'on doit attendre aussi dans la plupart des pays développés, ce sera même bien plus pour les autres.

Cette forte hausse de la demande ne va pas se traduire par une hausse équivalente des capacités, en tout cas pas si le système d'approvisionnement est bien pensé et équilibré, car on pourra mieux utiliser les capacités existantes. Comment ? Par exemple en chargeant nos voitures électriques la nuit plutôt que le jour. Il devra bien sûr y avoir une incitation par le prix, comme elle existe d'ailleurs déjà depuis longtemps en France par exemple. Toutefois, dans les pays où ce sera la solution, atteindre un pourcentage de renouvelables supérieur à 70 à 80 % en moyenne dans l'année exigera que nous disposions de fortes capacités de stockage : l'une des options est de par exemple utiliser celles disponibles avec les voitures électriques, mais il est clair que cela ne sera pas suffisant. Une autre solution pourrait être sans doute, bizarrement, de ne pas tout centraliser, mais de créer notamment dans les grands marchés comme l'Inde, des pôles de production et de demande relativement autonomes, n'ayant que peu d'échange avec les autres pôles ou régions. Mais là encore, cette option, par ailleurs complexe à mettre en œuvre, ne sera pas la solution à tous les problèmes. Il faudra, au niveau de ces pôles, pouvoir stocker de l'électricité. La question du stockage d'électricité et de notre capacité à le faire à un faible coût et dans un volume relativement réduit, sera donc centrale.

Le problème de la ressource en Lithium, en cobalt, en cuivre et terres rares

Un autre enjeu stratégique relatif à l'électrification du parc de véhicules mais aussi le développement de batteries de plus grosse ou plus petite capacité (dans les smartphones et micro-ordinateurs par exemple) est la ressource : disposerons-nous de suffisamment de ressources pour construire toutes les batteries nécessaires et la ressource est-elle équitablement répartie ou à l'inverse, comme pour le pétrole, concentrée dans quelques pays ?

Les véhicules électriques utilisent des batteries Lion-Lithium et chaque véhicule requiert une dizaine de kilos de Lithium (les batteries sont beaucoup lourdes mais en raison d'autres éléments qui la composent). Les batteries Lithium Ion utilisent aussi pour certaines du cobalt, mais en quantité moindre 2-3 kg par véhicule.

Au niveau de production actuel, les réserves de Lithium représentent près de 400 années de production. Avec la hausse anticipée du nombre de véhicules électriques, le niveau des réserves pourrait rapidement ne représenter qu'une vingtaine d'années de production (pour cela, il suffit de multiplier la production de véhicule électrique par 20). Toutefois, une fois que le marché des véhicules électriques aura atteint un certain niveau de maturité, les batteries des anciens véhicules devraient pouvoir être recyclées (sans quoi ce sera un désastre pour l'environnement), même si aujourd'hui on n'est pas encore au point là-dessus.

Au total, les experts s'accordent à reconnaître qu'il n'y a pas de risque majeur de déficit à moyen terme. Certaines études suggèrent que l'approvisionnement est assuré jusqu'à la fin du siècle, d'autres se contentent d'assurer que la situation restera sous contrôle au moins jusqu'en 2040-2050. Si le prix du Lithium s'accroît fortement, il faudra que de nouvelles technologies permettent de substituer le

Lithium dans certaines de ses applications actuelles et de permettre un taux de recyclage très élevé.

En revanche, les réserves de Lithium sont très concentrées, plus encore que celles du pétrole : à ce jour, sur les réserves connues, quatre pays contrôlent plus de 90 % des réserves, le Chili, l'Argentine, la Chine et l'Australie, le Chili a lui seul en contrôlant plus de la moitié. Cette situation est un facteur d'inquiétude qui peut mener à un oligopole de fait, et des prix élevés[139].

Pour le Cobalt, les réserves actuelles représentent environ 65 années de consommation, mais la hausse récente de son prix devrait accélérer les découvertes. D'autre part, certains constructeurs d'utilisent déjà des batteries sans Cobalt. Le principal problème reste la concentration des réserves au Congo où l'extraction est réalisée dans des conditions humaines et environnementales désastreuses.

Conclusion : l'électrification du parc de véhicule est une solution possible, au moins pour les 20 ou 30 prochaines années et le manque de Lithium et de Cobalt n'ont aucune raison d'être un frein majeur.

Par contre, le risque d'un renchérissement est réel : pour les consommateurs, cela se traduira par un net surcoût des véhicules, à moins d'accepter une autonomie plus faible. Ceci explique qu'il est sera très difficile que l'électrification du parc de véhicule privé dépasse les 30-40 % à un horizon 2035 avec les technologies de batterie actuelles.

L'électrification de l'économie peut aussi poser la question de la ressource en cuivre, et sur ce sujet, les avis sont partagés. Certains craignent une pénurie de cuivre à un horizon de temps relativement proche, d'autres considèrent qu'au contraire, en raison du recyclage en particulier, le problème de la ressource ne se posera guère avant 2060 ou 2070.

En tout état de cause, de nombreux économistes estiment qu'à cet horizon de temps, en raison en particulier d'une stabilisation de la démographie et d'un vieillissement de la population, l'économie entrera alors dans une phase de faible croissance, moins de 1 % par an, appelée à durer. Cette situation entraînera un fort ralentissement pour la demande de matières premières en général.

Le développement de la production d'énergie renouvelable soulève, selon certains observateurs, la question des ressources disponibles en terres rares. Or, selon l'ADEME, il s'agit largement d'un faux problème. Tout d'abord, contrairement à ce que suggère leur nom, les terres rares ne sont ni des terres (ce sont des métaux), ni rares. On dispose de près de 800 années de réserve au niveau de production actuel[140]. Deuxièmement, si la production de ces terres rares est aujourd'hui très concentrée en Chine, ce n'est pas le cas des réserves, bien mieux réparties que celles d'autres ressources naturelles (pétrole, cuivre…).

Enfin, les panneaux solaires n'utilisent pratiquement pas de terres rares, pas plus que les batteries de technologie récente. Seules les éoliennes en utilisent un certain volume, mais des technologies de substitution sont disponibles.

Le problème du recyclage

Le recyclage des équipements nécessaires à la production et consommation d'énergies renouvelables concernent les batteries, les panneaux solaires et les éoliennes. Toutefois, le problème est d'ampleur très variable : 95 à 99 % des panneaux solaires sont recyclés en Chine et en Europe, tandis que le recyclage des batteries, fixé à un minimum de 50 % par la communauté Européenne, devrait s'améliorer considérablement dans les années à venir. Le recyclage devra être payé par le constructeur au moment de la vente de véhicules en Europe pour recyclage obligatoire sur place en fin de vie, avec un contrôle visant à éviter des exportations de véhicules électriques d'occasion dans des pays où aucune législation n'est prévue. Pour les zones faiblement productrices de Lithium, l'Europe par exemple, ce sera une façon de réduire leur dépendance aux importations. Certes, si le coût imputé au producteur de véhicules est in fine payé par le consommateur, il sera bien moindre qu'en cas d'absence de recyclage car celui-ci permettra de réduire la dépendance aux pays producteurs et la hausse des prix. En revanche, le recyclage des éoliennes demeure un réel problème : il n'existe en particulier aucune option technologique pour recycler les pales, généralement en fibre de carbone, et celles-ci doivent être enterrées. Les éoliennes ont aussi besoin de terres rares, et leur recyclage reste complexe, essentiellement en raison des faibles quantités nécessaires à chaque éolienne.

L'équilibre des finances des États

Un grand nombre d'États, surtout dans les pays développés, sont en situation de déficit public structurel depuis des années, voire des dizaines d'années. C'est le cas notamment des États-Unis, du Japon, mais aussi de la France, de l'Italie ou du Royaume-Uni et bien d'autres encore. Si certains États ont des finances équilibrées et des niveaux de dette faibles, la plupart des États ont aujourd'hui un endettement public supérieur à une demi-année d'activité économique.

Or, la transition énergétique doit mobiliser des investissements considérables, dans tous les pays et secteurs. Certes ces investissements pourraient à terme, avoir un bon retour pour les finances publiques, comme par exemple ceux pour mieux isoler les bâtiments publics dont beaucoup sont des passoires énergétiques. Il n'empêche, déjà terriblement endettés, les États pourraient être confrontés à de sérieux problèmes de financement, particulièrement dans ceux où d'autres secteurs vont continuer de requérir d'importants investissements dans l'éducation ou la santé par exemple.

S'y ajoute que la vente de produits pétroliers est souvent fortement taxée, quand celle de l'électricité l'est beaucoup moins, c'est le cas en particulier en Europe ou au Japon.

Dans le cas de l'Europe, l'électrification du parc automobile représente donc un vrai défi. Par exemple pour la France, pour un kilométrage moyen de 12,000 kilomètres, c'est 750 euros par an et par véhicule qui va manquer au budget du pays. Un chiffre à comparer aux 2300 Euros d'impôts acquittés en moyenne par les ménages français. S'y ajoute que l'acquisition d'un véhicule électrique bénéficie de fortes subventions. Le pays se trouve donc à subventionner l'acquisition de véhicules qui rapporteront beaucoup moins d'impôts au Trésor public, car le prix de l'électricité est peu taxé. Cette situation, même dans l'hypothèse où les subventions seront peu à peu éliminées, pose un problème budgétaire, particulièrement en raison du fait que les taxes sur les carburants représentent une part non négligeable de l'ensemble des recettes fiscales[141].

La conclusion est que la transition énergétique, même dans l'hypothèse d'une baisse ou stabilisation du coût de production, va probablement entrainer une hausse des prix au consommateur de l'électricité dans une majorité des pays Européens. Une autre conclusion importante est que le modèle actuel, qui consiste à offrir une subvention de plusieurs milliers d'Euros pour l'acquisition d'un véhicule électrique (en comptant la subvention à l'achat et les moindres taxes perçues au cours de sa durée de vie) n'est pas soutenable à long-terme. Avec le coût actuel des batteries, la pénétration des véhicules électriques va rapidement se heurter à une contrainte budgétaire forte. Toutefois, on peut espérer que la baisse des subventions à l'acquisition soit compensée par la baisse du coût des véhicules électriques. En réalité, pour atteindre un taux de pénétration élevé, au-delà de 50 pourcents, il faudra impérativement que cette baisse des coûts soit très supérieure à la baisse de subventions pour que le prix réel du véhicule électrique pour le consommateur soit sensiblement plus bas à ce qu'il est actuellement.

La transformation de l'Industrie automobile

L'industrie automobile doit se transformer profondément en se montrant capable d'abandonner à terme le moteur thermique, tout en fabriquant des véhicules qui seront à la fois plus efficaces sur le plan énergétique et dont on pourra recycler presque tous les composants, batterie comprise. C'est donc un défi technologique majeur pour tous les grands producteurs de véhicules, Etats-Unis, Japon et Europe (particulièrement Allemagne, France, Italie mais pas seulement).

Pour l'Europe, c'est sans doute un défi particulier : l'e-mobilité requiert des compétences différentes, où la batterie, l'électronique et le digital deviennent les éléments critiques, bien plus que le moteur ou la boite de vitesse. Une voiture électrique est un objet industriel bien moins compliqué qu'une voiture thermique : il faut 1 000 pièces différentes pour fabriquer une voiture traditionnelle, c'est 5 fois moins pour une voiture électrique (ce qui explique en partie les coûts d'entretien plus faibles).

Or, certains pays Européens, l'Allemagne en particulier, sont des acteurs très importants dans la fabrication de ces 1 000 pièces, ce n'est pas le cas pour tous les composants de la voiture électrique, particulièrement la batterie, dont la production est dominée par les acteurs asiatiques (japonais, coréens et chinois).

Le risque est grand, pour les constructeurs européens en particulier, que les acteurs du secteur de la batterie et ceux du secteur digital ne laissent aux producteurs de véhicules que les risques liés à la construction et la vente de véhicules fiables, gardant pour eux l'essentiel de la marge sur l'ensemble de la chaîne de valeur.

Dans la mesure où la fabrication d'une voiture électrique est moins complexe, le savoir-faire européen (et japonais) sur l'ensemble de la chaîne de valeur perd en importance, facilitant l'émergence de nouveaux concurrents, à l'instar de Tesla. Pour pallier ce risque, les constructeurs automobiles vont devoir développer de nouvelles compétences et forger de nouvelles alliances.

Les Allemands en particulier disposent de plusieurs atouts pour surmonter ce défi, dont le plus important peut-être est que le pays sait encore fabriquer des choses concrètes et en tire une grande fierté. En Allemagne, aujourd'hui encore, être ingénieur reste un véritable Graal sur le plan social, beaucoup plus que d'être avocat, consultant ou financier, ou d'avoir une plus grande piscine que son voisin. Aux États-Unis à l'inverse, grand pays industriel historiquement, l'industrie a souffert de son déclin depuis le début des années 1980 quand les gouvernants et grands influenceurs se sont peu à peu convaincus que c'était un secteur qui rapportait peu, comportait beaucoup de risques tout en immobilisant trop de de capitaux. Résultat, l'industrie attire moins les élites que d'autres secteurs comme la finance, le secteur digital ou le conseil, ce qui contribue à son affaiblissement stratégique.

Au total, existe quand même un risque que l'Europe (et notamment l'Allemagne) perde une partie de son avantage concurrentiel dans ce domaine, et aussi une partie des emplois. Si les avis divergent sur cette question, certaines sources estiment qu'un quart des emplois[142] pourraient être à risque. Ceci s'expliquerait par la perte de certaines compétences au profit de producteurs étrangers, mais aussi en raison du fait que les usines de production de voitures électriques ont toutes les chances d'être beaucoup plus automatisées que celles qui construisent les voitures traditionnelles, à l'image du constructeur BMW et la production de son modèle électrique, la BMW I3.

Par ailleurs, il ne faut pas imaginer la complète disparition du moteur thermique avant longtemps : lorsque sera vendu le dernier véhicule à moteur thermique, il faudra encore attendre quinze ans, c'est le nombre d'années pour que le parc se renouvelle totalement, avant que le dernier véhicule thermique ne disparaisse des routes.

Le moteur thermique possède encore de grands avantages pour ceux qui roulent beaucoup et sur de longues distances. Il peut encore s'améliorer en termes de rendements et n'a pas dit son dernier mot. D'autre part, les constructeurs traditionnels poussent d'autres technologies bas-carbone, comme celle visant à produire des fuels synthétiques, à partir d'hydrogène vert synthétisé avec du CO_2 ou du diesel vert produit à partir de résidus, même si la faisabilité ou la disponibilité de la ressource en volume suffisant est très loin d'être assurée pour ces deux technologies[143].

C'est pourquoi les constructeurs vont devoir maintenir au moins deux technologies en parallèle pendant de nombreuses années, ce qui va réduire les effets d'échelle et augmenter leurs coûts. Une troisième technologie, la voiture à hydrogène, pourrait aussi émerger, compliquant encore la situation.

Au total, le prix moyen des véhicules a toutes les chances d'augmenter, c'est d'ailleurs déjà le cas, même si le niveau élevé de concurrence qui caractérise ce secteur permettra sans doute de limiter à terme l'ampleur de la hausse. Toutefois, il faut ici mentionner un point important : nous n'avons pas aujourd'hui assez de recul pour juger de la fiabilité des véhicules électriques et de leur durée de vie, notamment celle des batteries : ce que nous savons en revanche est que leurs coûts d'entretien sont en général plus faibles et qu'il est fort possible que leur durée de vie soit sensiblement supérieure à celle des véhicules thermiques : ainsi, plusieurs tests suggèrent qu'un véhicule électrique pourrait rouler jusqu'à 1 millions de kilomètres, soit 4 à 5 fois plus qu'un véhicule thermique. Ceci pourrait contribuer à fortement baisser le coût annuel d'un véhicule électrique par rapport à son concurrent thermique[144].

L'accès à la technologie

Un autre aspect critique est celui de l'accès aux technologies nécessaires à la transition énergétique, et sur ce point, trois régions en particulier se livrent une féroce compétition où tous les coups ou presque sont permis : la Chine, l'Europe (la communauté Européenne) et les États-Unis. Il existe trois façons de disposer des technologies nécessaires : les développer, les acheter ou les voler. Or, il y a aussi plusieurs conditions au développement de l'innovation en général : la première, bien sûr un système d'enseignement de qualité, qui soit capable de former assez de jeunes chercheurs. Il faut aussi que le travail de ces chercheurs soit reconnu socialement, et cela ne passe pas uniquement par une rémunération attractive. S'y ajoute un ensemble de caractéristiques culturo-religieuses et politiques qui font que la remise en cause d'un dogme n'est pas condamnable en soit, mais plutôt valorisée, et que celui ou celle qui s'engage dans cette voie ne risque pas pour sa sécurité. Enfin, bien sûr, il faut des moyens financiers.

L'Europe est de ce point de vue plutôt bien placée, même si c'est inégal d'un pays à l'autre. En revanche cette macro-région, par rapport aux États-Unis ou la Chine peut souffrir de son manque d'unité politique et de la concurrence que se livrent les États qui la composent. Si cette concurrence peut créer une saine émulation entre les différents États, elle peut aussi entrainer une sourde bataille entre ses membres : on le voit sur la question du nucléaire ou l'hydrogène par exemple.

La Chine dispose d'un bon système d'éducation : bien qu'il ait été presque totalement détruit pendant la révolution culturelle sous Mao, il a été largement rétabli depuis. Mais en raison de facteurs dont la Chine elle-même reconnait la pertinence, le système politique et économique n'encourage pas l'innovation. Le pays a donc été accusé, très largement à raison, d'avoir pillé les technologies occidentales, parfois en les transformant à la marge. C'est le cas en particulier dans l'informatique, la téléphonie, les transports…etc. La course aux dépôts de brevet dans laquelle le pays s'est engagé est l'arbre qui cache la forêt.

Dans cette lutte intense, les États-Unis semblent *a priori* les mieux placés. Le pays dispose de forts leviers, des ressources financières presqu'infinies, une culture qui a longtemps été marquée par la valorisation de l'innovation, des investissements gigantesques sur le plan militaire (le pays à lui seul dépense autant dans ce domaine que tous les autres pays de la planète réunis) ; or l'on sait que le secteur militaire est constamment à la recherche d'innovations qui souvent, auront les applications civiles majeures. Il jouit aussi de forts réseaux de soutien dans tous les grands pays ou macro-régions. Il a en outre des capacités d'espionnage bien supérieures à celle de l'Europe et ne se prive pas de les employer contre cette région, y-compris contre ses alliés historiques.

L'impact sur la santé

Certains observateurs suggèrent que les éoliennes pourraient avoir un effet néfaste sur la santé de ceux qui vivent à leur proximité. En réalité, sur ce point précis, il n'existe aucune conclusion définitive : plusieurs études suggèrent que les effets sur la santé sont mineurs et essentiellement liés à des facteurs psychologiques. Toutefois, il existe un nombre suffisant de témoignages concrets de riverains se plaignant d'effets sur leur santé ou celle de leurs animaux pour que la question reste ouverte. Ce risque peut être contourné en instaurant une distance minimale entre les habitations et les fermes d'éoliennes : néanmoins, une distance minimale trop grande peut poser de réels problèmes dans les pays où la densité de population est élevée, comme l'Allemagne, la Belgique ou les Pays-Bas. En tout état de cause, à supposer même qu'ils soient avérés, les effets sur la santé de la production d'électricité à partir du vent devraient être comparés à ceux résultant de l'utilisation d'énergies fossiles comme le gaz ou le charbon. D'autre part, une solution peut être la construction d'éoliennes en mer : là encore, surtout en France (où par définition, en partie en raison de la très chère et bienvenue liberté de défendre ses opinions et de manifester, presque toute option énergétique fait l'objet d'un fort rejet), les réticences peuvent être assez fortes. C'est le cas notamment de la part des pêcheurs, qui se plaignent du danger que peut représenter les éoliennes pour leur activité et argumentent qu'elles entrainent une baisse de la vie marine et donc de la ressource en poissons. Or, sur ce sujet, une étude précise réalisée aux Pays-Bas et au Danemark (où les fermes éoliennes sont nombreuses) montrent que c'est en réalité….le contraire : les champs d'éolienne ont plutôt un effet bénéfique sur la quantité de poisson.

Cinquième partie : politique et changement climatique

Mettre en œuvre une politique visant à atteindre la neutralité carbone implique de très lourds changements sur le plan économique, législatif et sociétal. Tous les secteurs économiques sont concernés, même si certains le seront plus que d'autres : ceux de la production d'énergie, du transport, dans une moindre mesure de l'agriculture, sont appelés à se transformer de manière profonde. Dans presque tous les pays, les centaines de milliers d'emplois sont menacés, plus précisément, de nouvelles activités devront se substituer à d'autres. L'enjeu est donc au cœur des débats politiques.

Tous les courants politiques et idéologiques s'emparent donc du sujet, trouvant dans la question sur changement climatique un espace pour défendre plus ardemment encore leurs convictions.

Si l'on peut parfois douter de l'intérêt, pour la cause de la transition énergétique, de certains de ces courants politiques, la plupart ont en réalité une utilité, y compris les plus radicaux à partir du moment où la radicalité n'est pas seulement synonyme de violence verbale voire physique, de mise en scène narcissique de leurs auteurs, d'injonctions culpabilisantes pour le public, pire encore de grossières manipulations de la réalité avec le seul objectif de tromper le public.

La radicalité nourrit aussi le débat démocratique.

De nombreux petits courants peu représentatifs

Certains de ces courants sont assez peu représentatifs ou manquent d'épaisseur intellectuelle : ainsi en est-il de l'écoféminisme qui affirme qu'il existe des similitudes et des causes communes entre les systèmes de domination et d'oppression des femmes par les hommes et les systèmes de surexploitation de la nature par les humains, entraînant le dérèglement climatique et le saccage des écosystèmes. Un autre courant accuse la religion chrétienne d'être à la source de la surexploitation des ressources, qui est l'une des raisons du changement climatique[145]. Cette thèse est peu convaincante si l'on considère que la Chine, le Japon ou l'Arabie Saoudite par exemple, sont de gros consommateurs de ressources naturelles, parfois de gros producteurs, et émetteurs par habitant de gros volumes de gaz à effet de serre. Or, aucun de ces pays n'est de tradition chrétienne. Un autre courant, celui des collapsologues, considère qu'il est trop tard pour agir et que l'effondrement du système est inévitable. L' «effondrement » du modèle actuel de surutilisation des ressources (avec peu de recyclage) semble en effet inévitable, ne serait qu'en raison du fait que la Terre est un espace fini avec des ressources disponibles en quantités limitées. En revanche, ce courant ignore la capacité de l'espèce humaine à mobiliser ses forces créatrices pour trouver une solution à un problème la mettant en grave danger. Il offre pourtant un intérêt ; par ses prévisions catastrophistes il peut, s'il ne conduit pas au découragement, contribuer à une prise de conscience et accélérer la prise de décision.

Il existe aussi un courant, encore puissant aujourd'hui quoique généralement minoritaire dans la plupart des pays, qui met en cause la réalité ou la gravité du changement. Si les climato-sceptiques[146] niant l'existence même du réchauffement climatique sont aujourd'hui peu nombreux, subsiste un groupe plus large qui doute du lien entre les activités humaines et le réchauffement climatique, imputant ce dernier à des causes naturelles ou considérant qu'une faible partie de la hausse des températures est lié aux émissions humaines. Un autre courant se qualifiant de climato-réaliste doute de la gravité du phénomène ou s'oppose à certaines des mesures prises pour le combattre. Si certaines des analyses produites par ce courant apportent un éclairage intéressant, d'autres se rapprochent en réalité beaucoup des climato-sceptiques, utilisant des arguments qui, en première lecture, peuvent paraitre convaincants mais en réalité cachent des erreurs parfois grossières de raisonnement et un évident désir de manipulation.

Un autre courant prend de l'ampleur, et ce pourrait être le cas plus encore si le climat et l'environnement continuent de se détériorer.

Il est essentiellement animé par des jeunes qui reprochent, particulièrement à la génération de leurs parents et grands-parents nés après-guerre, d'avoir joui et de continuer à jouir sans limites des ressources naturelles, laissant à leurs descendants un monde durablement appauvri en ressources, fortement dégradé sur le plan environnemental et plus dangereux pour eux-mêmes…et en plus souvent surendetté.

Les jeunes sont-ils vraiment plus concernés par le changement climatique ?

Au-delà du cas emblématique fortement médiatisé de Greta Thunberg, les jeunes se sentent-ils vraiment plus concernés et prêts à s'engager ?

Plusieurs études s'accordent sur un fort sentiment d'inquiétude. En septembre 2021, la BBC cite une étude réalisée par la Bath University en collaboration avec cinq universités, portant 10 pays et 10 000 réponses de jeunes de 16 à 25 ans. Soixante pourcents s'estiment inquiets et 45% que leur vie quotidienne est affectée par le changement climatique. au point pour 40% d'entre eux s'interrogent sur l'opportunité d'avoir des enfants. Une autre étude concernant les États-Unis par l'Université de Yale montre que les jeunes Américains se sentent plus concernés que leurs ainés, avec une moindre fracture que ces derniers entre Républicains et Démocrates. L'étude souligne que cette situation ne se traduit pas nécessairement par un plus fort engagement, citant une autre étude plus ancienne néanmoins (2009), selon laquelle les jeunes auraient des comportements civiques moindre concernant l'environnement que leurs ainés. Une étude réalisée par l'institut China Dialogue sur plus de 5000 jeunes en Chine en 2020 apporte des enseignements intéressants : malgré l'ampleur de la crise sanitaire du Covid cette année-là, le changement climatique ressortait comme la première préoccupation des jeunes, plus de 40% la plaçait en premier. L'étude pointe néanmoins un manque sérieux d'information, un jeune sur trois estimant que le changement climatique pourrait être causé par un trou dans l'atmosphère. Par ailleurs, l'efficacité de la propagande intérieure du gouvernement chinois est bien involontairement confirmée par l'institut quand celui-ci explique qu'une vaste majorité des jeunes interrogés pensent que la Chine est le pays qui, au niveau international, fait le plus.

On ne peut que reconnaitre une certaine vérité dans ce reproche fracturant les générations, à quelques nuances près. Tout d'abord, les plus jeunes, bien que plus concernés par le réchauffement climatique, n'ont pas toujours un comportement exemplaire ni même une réelle volonté d'agir à leur niveau. Ensuite, nous l'avons vu, la situation environnementale ne s'est pas dégradée sur tous les plans, et des améliorations, bien que souvent insuffisantes, sont bien le résultat du fruit du combat de leurs ainés. Mais il est clair qu'on ne peut exclure, à terme, le risque d'une violence intergénérationnelle si les choses continuent à se dégrader.

Un autre courant relativement mineur est celui de l'écologie politique. S'il est puissant en France, quoique très nettement sur le déclin, il n'a jamais rencontré que peu d'échos à l'étranger. Apparu dans les années 80, il a connu une relative heure de gloire à la fin des années 90. Le principe de l'écologie politique est qu'un mouvement politique écologique doit impérativement sortir du cadre étroit de l'écologie pour inclure dans son programme un ensemble de mesures sociétales, telles que le mariage entre personnes de même sexe[147], la légalisation des sans-papiers, les mesures vexatoires vis-à-vis des chasseurs, la lutte contre la violence animale ou l'interdiction des sapins de Noël, ainsi que d'autres mesures n'ayant guère un impact significatif en terme d'écologie mais destinées à frapper l'opinion. Ce courant se distingue aussi par une très grande méfiance vis-à-vis du secteur privé, accusé de toutes les responsabilités en matière d'environnement, le secteur public étant considéré comme ayant par définition un comportement vertueux. Il milite pour un désengagement rapide du nucléaire, refusant de reconnaitre que cela rendra plus difficile d'atteindre des émissions nulles pour la production d'électricité. L'écologie politique a fini par faire de l'écologie un thème secondaire, entrainant la désaffection des catégories urbaines et aisées de la population plus sensibles à cette question, tout en se coupant des catégories populaires et rurales. Accusée de dogmatisme idéologique, en grande partie à raison, par une large partie de la société française, mais aussi par leurs alliés verts Allemands, qui pourtant n'en manquent pas non plus comme par exemple sur la question du nucléaire, l'écologie politique a fini par être rejetée autant en France qu'à l'étranger.

Un courant plus important est celui de la décroissance, d'ailleurs composé de plusieurs sous-courants, ceux souhaitant une réelle décroissance, une croissance négative impliquant que nous produisions moins chaque année, étant peu nombreux. La décroissance passe par un ralentissement de la croissance démographique et par des modes de vie par définition plus frugaux, et s'il reçoit un certain écho dans les pays développés, parmi les classes plutôt aisées en général, c'est beaucoup moins le cas parmi les catégories populaires des pays développés et dans les pays moins développés. Le courant de la décroissance souligne néanmoins avec raison que la croissance économique mondiale très forte que nous avons connu depuis 1980 (malgré un ralentissement dans les pays développés, Europe et Japon en particulier) n'est pas soutenable, non seulement du point de vue climatique mais aussi de la disponibilité de ressources.

Mais in fine, il n'y a néanmoins que deux ou trois courants vraiment puissants, que l'on peut qualifier d'idéologiques pour deux d'entre eux au moins, dans la mesure où les positions défendues sont surtout basées sur des croyances plus que des évidences factuelles ou une analyse pragmatique de la situation.

Le courant « tout technologie » et initiative privée

Le premier courant, le plus puissant et disposant d'importants moyens, pose comme hypothèse que les évolutions technologiques permettront de résoudre tous les problèmes. Il est parfois qualifié de techno-solutionniste. Il est associé, le plus souvent, à une conviction profonde que l'initiative privée est la seule capable d'apporter une solution adéquate au problème.

Première hypothèse sous-jacente de ce courant idéologique, la technologie nous sauvera de tous nos problèmes. Si les progrès technologiques ont été immenses depuis le milieu du XVIIIe siècle jusqu'au milieu des années 60 ou 70, certains espoirs ont été sérieusement douchés. Les plus connus, le voyage à venir sur Mars, très bientôt depuis au moins 50 ans, vaincre le cancer de manière définitive et globale, trouver rapidement un vaccin contre le Sida par exemple. Par ailleurs, si l'examen de la liste des grandes découvertes scientifiques depuis le XVIe siècle établie par Wikipedia[148] montre bien une accélération impressionnante entre les XVII/XVIIe siècle et le siècle suivant, le XIXe, plus encore dans les deux premiers tiers du XXe siècle, on voit bien un net ralentissement depuis, particulièrement au XXIe: depuis 2000, le site ne recense que 13 découvertes majeures, ce qui fait qu'à ce rythme, il sera bien en dessous du XXe (85 découvertes majeures). Pour autant, des changements très importants ont continué d'intervenir dans nos vies quotidiennes, en raison essentiellement de la recherche appliquée à des découvertes importantes mais réalisées précédemment, parfois avant même la deuxième guerre mondiale. Il en ainsi de l'informatique, puis du digital, puis du big data ou de l'intelligence artificielle, toutes liées plus ou moins à la physique quantique, aux premiers gros calculateurs utilisés pendant la deuxième guerre mondiale et à internet. Bien sûr, d'autres grandes découvertes interviendront encore dans les prochaines années, dizaines d'années ou même siècles, mais l'accélération des changements technologiques depuis 40 ans est assez largement un mythe. La réalité est que lorsque l'on a découvert le plus « facile », trouver le reste est tout simplement plus complexe, et ce en dépit d'une explosion du nombre de personnes ayant accès à l'éducation et de celui des chercheurs. S'y ajoute que certaines recherches fondamentales, les scientifiques le confirment, conduisent parfois plutôt à de multiples et nouvelles questions ou identifications de complexités à franchir qu'à des solutions simples. L'autre réalité est que, dans certains domaines, nous butons sur des contraintes physiques dures qu'il est difficile (stockage d'électricité par exemple) voire impossible (caractéristiques physiques de l'hydrogène par exemple) de contourner. L'affirmation selon laquelle la technologie va pouvoir, au rythme espéré, apporter une solution à toutes les complexités liées au changement climatique est donc surtout une position idéologique et dogmatique, au mieux une façon de voir le monde avec des lunettes roses pour s'éviter l'embarras de considérer les autres actions que ce danger appelle, comme le contrôle démographique, le développement de l'économie circulaire et la nécessité d'une croissance raisonnée.

Deuxième hypothèse sous-jacente, il faut limiter au plus l'intervention de la puissance publique, celle-ci étant par définition inefficace et ayant le désavantage de brider l'initiative individuelle et d'entrainer une mauvaise allocation des ressources. En réalité, le secteur public joue un rôle critique, même s'il n'est pas inutile qu'il soit à la fois aiguillé par le secteur privé et à son écoute, notamment dans le domaine de la recherche fondamentale de première et deuxième génération. Dans presque tous les cas des grandes découvertes, un financement public est intervenu, au moins initialement. Enfin, une régulation claire, incluant des taxes ou pénalités coûteuses pour celles des entreprises privées ne se pliant pas au nouveau cadre réglementaire est en réalité indispensable pour faire avancer les choses rapidement. Sur ce point d'ailleurs, il existe, au sein même de ce courant, une forme de fracture idéologique entre ceux pour lesquels la puissance publique est de toute façon trop contraignante et ceux, plus raisonnables, dont Bill Gates fait partie, qui souhaitent au contraire un cadre réglementaire et de taxe incitatif et stable pour permettre au secteur privé d'investir massivement avec un bon espoir de retour sur investissement.

En réalité, le secteur privé est en général réticent à prendre des réels risques en matière de recherche profonde, et cette affirmation trouve sa confirmation dans le livre de Bill Gates : en effet, dès la page 20 de son ouvrage, après s'être longuement dédouané de son propre comportement qu'il admet comme très peu vertueux en matière d'émissions de CO_2, plaidant selon expression coupable, il illustre bien involontairement mais de manière convaincante le faible appétit du secteur privé pour la recherche fondamentale, par définition à haut risque. En effet, deux mois avant la conférence de Paris de 2015, il dit avoir contacté une vingtaine de connaissances fortunées, « espérant les convaincre d'apporter des capitaux afin d'apporter un soutien aux gouvernements qui comptent financer la recherche. ». Il ajoute qu'il a expliqué à ces mêmes investisseurs privés qu'il « faudrait qu'ils investissent à long-terme tout en acceptant des risques importants ». « La réaction a été enthousiasmante » se réjouit-il, « le premier investisseur lui répondant par l'affirmative moins de quatre heures » après son courriel. Et deux mois plus tard, 26 avaient rejoint le projet *Breakthrough energy* qu'il créa à cette occasion, lequel a été abondé par les gouvernements qui selon Mr Gates lui-même se sont montrés « à la hauteur ». Or, selon ses propres chiffres, « le projet a débloqué 4,6 milliards pour la recherche sur les énergies propres, soit une augmentation de 50 % en quelques années ». Tout d'abord, cette affirmation est particulièrement confuse puisqu'elle ne précise pas si ce montant inclut ou non les subventions et s'il s'agit d'un montant cumulé. En tout état de cause, même en prenant le chiffre de 4,6 milliards de dollars apportés par les investisseurs privés, sur la base de la liste des seules 11 personnes recensées comme participant à l'initiative *EnergyBreakthrough*, l'on constate que cette somme ne représente que 0,7 % de leur fortune personnelle. Or comme Bill Gates semble avoir promis 2 milliards, pour les autres ce serait moins de 0,5 % : un appétit pour le risque très limité en effet[149] !

Toutefois, si Bill Gates reste un ardent défenseur de ce dogme « tout technologique et secteur privé », il n'est pas, loin s'en faut, le plus religieusement arcbouté contre toute intervention de la puissance publique, et reconnaît par ailleurs que la croissance des inégalités pose question, particulièrement aux États-Unis[150]. Son engagement sociétal important fait qu'il inspire, à juste raison, le respect dans une grande partie de l'opinion publique mondiale.

Mais selon ce courant, la confiance inébranlable dans la technologie n'appelle donc aucune restriction dans la consommation, la croissance économique et l'un de ses sous-jacents, celle de la population. En témoigne son excitation manifeste lorsqu'il explique qu'une ville de l'équivalent de New York devra être construite chaque mois sur la planète[151].

Bien que dogmatique plutôt que pragmatique, ce courant idéologique est utile dans la mesure où il souligne l'importance des développements technologiques : il donne aussi espoir de pouvoir y arriver. Toutefois, ses contradictions, et d'autres facteurs, expliquent que le courant « tout technologie » pour réaliser la nécessaire transition énergétique ne peut en aucun cas apporter une réponse globale au problème du réchauffement. Surtout si l'on se projette à long-terme, 30, 40 ans ou plus, ce qui, par définition, est essentiel pour faire du scenario un planning cohérent, les sujets d'un meilleur contrôle de la demande, donc de la croissance économique, de la démographie et de l'inégalité sont essentiels.

Le courant pour lequel la transition énergétique passe par l'effondrement du système capitaliste

Pour un autre courant idéologique et dogmatique important, c'est le modèle capitaliste qui au contraire est en cause ; il ne peut donc y avoir de solution au problème sans une remise en cause profonde de son fonctionnement, voire son remplacement par un autre modèle, dont les contours restent néanmoins à définir. Ce courant est assez hétérogène puisqu'on y retrouve des personnes plutôt classées à très à droite, ultra-nationalistes par exemple, ou à gauche, extrême gauche en général. Le seul modèle aujourd'hui en relative expansion qui ne soit pas à la fois capitaliste et libéral est celui du capitalisme autoritaire à l'image de la Chine ou de la Russie : or nous l'avons vu, aucun de ces deux pays n'est particulièrement vertueux sur le plan de l'environnement ou du réchauffement climatique. Quant à l'Islam, à supposer même qu'on puisse considérer cette religion comme en expansion et un modèle économique et de société complet, les pays musulmans ne font guère mieux que les autres, parfois pire concernant l'Arabie Saoudite par exemple.

S'interroger sur le futur de nos sociétés, leur modèle d'organisation économique et politique, est une activité bien naturelle et même souhaitable pour l'homo-sapiens, songer à des ruptures possibles aussi, mais la solution n'est pas facile sachant que quelques options ont déjà été pratiquées, celle du communisme par exemple, sans donner des résultats très fameux sur le plan de l'environnement. Nous consacrons d'ailleurs une section à la fin de ce chapitre à la question du communisme et de l'environnement. Les pays communistes ont-ils fait mieux de ce point de vue ? Nous verrons que l'on peut répondre de manière négative sans aucune ambiguïté.

La croissance raisonnée et l'économie circulaire, une approche holistique et pragmatique

Cette analyse très succincte de quelques courants idéologiques nous mène au troisième courant politique, le seul semble-t-il qui puisse offrir une réponse globale, sérieuse, réaliste au défi du changement climatique. C'est celui de la croissance raisonnée et soutenable, de l'économie circulaire, inspiré par une approche holistique (c'est-à-dire qui aborde les questions du changement climatique dans leur globalité) et pragmatique plus qu'idéologique et dogmatique. Il est en fait plutôt majoritaire dans beaucoup de pays du monde, car les classes moyennes, sans avoir toujours une compréhension complète d'un problème très compliqué, sont souvent dotées, au moins pour un nombre important de ses membres, d'une bonne dose de bon sens.

Ce courant adopte une approche holistique, rejetant l'apriori idéologique et dogmatique que l'on puisse réduire la question climatique et au-delà environnementale à la seule question technologique, et éventuellement aux règlements et taxes, même s'il reconnait que ces éléments sont essentiels. Il affirme donc qu'une stratégie efficace pour lutter contre le changement climatique doit s'appuyer, plus que sur une idéologie dogmatique, sur une stratégie pragmatique basée sur des réalités : technologiques ou physiques, économiques, démographiques ou politiques et géopolitiques, géographiques ou même culturelles et religieuses.

Ceci a plusieurs conséquences. Tout d'abord, ce courant ne prétend aucunement qu'il existe une même solution miracle unique et facile de mise en œuvre pour tous les pays et individus, et pour une bonne raison : elle n'existe pas. Même la maintenant très célèbre fusion nucléaire, nous le verrons plus loin dans le chapitre sur les technologies du futur, si d'aventure elle se concrétisait, ne pourrait en aucun cas devenir une solution globale.

Conscient des réalités géographiques démographiques ou autres, ce courant accepte que les différents pays ne puissent pas tous réaliser leur transition énergétique de la même manière et sans doute au même rythme : pour certains, s'appuyer très largement sur l'énergie du vent, du soleil, de la géothermie ou de l'hydroélectricité sera peut-être possible, pour d'autres inclure de l'énergie nucléaire également, pour d'autres encore il faudra envisager des solutions différentes. Par exemple, pour le Canada, la Norvège ou le Brésil, qui ont un fort potentiel hydroélectrique, la solution ne sera pas *a priori* la même que pour l'Arabie Saoudite, qui elle dispose d'un fort potentiel solaire. En outre, même pour ces pays, une option unique tout renouvelable, tout hydroélectrique, tout solaire ou tout éolien, ne marchera pas. Ces sources d'énergie sont souvent limitées en quantité, parfois pour une simple question d'espace disponible, mais surtout elles dépendent de conditions météorologiques particulières et des heures de la journée.

Autre conséquence essentielle de l'approche pragmatique de ce courant politique : il a la conviction profonde qu'il est illusoire de ne considérer que la question de l'offre d'énergie en la rendant la plus propre le plus vite possible. Il est au contraire impératif de s'attaquer d'abord et surtout à la demande en tentant de la contenir. Pas de demande de pétrole ou de charbon, pas de production d'aucune de ces énergies fossiles. En effet, on ne produit plus en masse de chevaux pour le transport, pas plus de de bougies pour l'éclairage.

Il faut donc contenir puis réduire la demande d'énergie, via de vastes programmes d'économies d'énergie, mais aussi des biens de consommation en général, car toute consommation de biens et services entraine une demande additionnelle d'énergie, une utilisation accrue de ressources naturelles et, potentiellement, un impact environnemental négatif. Cela requiert d'une part développer le recyclage aux fins de créer une économie circulaire plus vertueuse, de l'autre d'adopter des modes de consommation moins gourmands en énergie. C'est une évidence admise par presque tous les experts aujourd'hui, l'énergie qui émet le moins de CO_2 est celle que l'on ne consomme pas et il existe d'immenses gisements de réduction de la demande d'énergie, souvent très rentables, qui n'impliquent pas pour autant renoncer à un certain confort de vie. C'est en particulier l'avis de l'AIE, qui dans ses travaux récents voit en l'amélioration de l'efficacité énergétique la source numéro un de réduction des émissions. Mais ce n'est clairement pas l'avis de Bill Gates, qui affirme, dès la page 26 de son ouvrage[152]: « là est la clef : si les responsables d'émissions importantes doivent consommer moins d'énergie, le monde entier lui doit en consommer plus, du moment qu'elle est exempte de CO_2 ».

Ce courant politique pose aussi la question du bon niveau de croissance économique : faut-il viser une croissance économique, et donc consommation, toujours plus forte surtout dans les pays les plus développés où une majorité de la population, particulièrement les catégories plus aisées, a déjà accès aux biens et services essentiels (alimentation, habitat de taille raisonnable, système de santé et d'éducation, moyens de transport…etc) ? Ou au contraire, doit-on travailler à avoir une croissance économique raisonnée et raisonnable, riche en emplois et plus inclusive. Une croissance économique qui tout en permettant une amélioration des conditions de vie de ceux qui en ont le plus besoin, ils sont encore très nombreux sur la planète, sera néanmoins compatible avec l'objectif d'émissions zéro et une préservation des ressources naturelles au sens large ?

Le concept d'économie circulaire (situation où beaucoup de ressources naturelles sont renouvelables ou recyclables), et de croissance raisonnée, donc de croissance soutenable, est très différent de celui de la décroissance : cette dernière n'a pas assez au cœur de sa réflexion des aspirations légitimes des peuples, des classes moyennes et populaires en particulier et leurs attentes en termes d'emploi et de niveau de vie.

Le directeur de l'AIE, Mr Fatih Birol, dans un post célèbre sur Linkedin a expliqué une réalité qui semble évidente mais qui est pourtant souvent omise par certains : la transition énergétique ne pourra se faire contre les gens. Celle-ci a toutes les chances d'échouer si elle est associée au chômage, à l'inflation, à un moindre niveau de sécurité ou une détérioration du pouvoir d'achat.

Or, sur ces points en particulier, en moyenne bien sûr, le monde post-transition n'a aucune raison d'être plus inquiétant *a priori* que celui d'aujourd'hui. Nous avons vu en effet que la densité en emploi est par exemple plus élevée pour les sources d'énergie bas-carbone, hors hydro-électricité, que dans celui des énergies fossiles en général, mais aussi que le développement des énergies renouvelables n'a aucune raison d'entrainer une augmentation significative des prix de l'énergie. En outre, nous avons vu que du point de vue de la stabilité géopolitique du monde, les énergies bas-carbone ne présentent pas *at minima* un risque plus élevé, et que ce pourrait être le contraire.

Cependant, la transition énergétique pourrait aussi affecter les positions relatives des uns et des autres, certains États ou macro-régions craignant que celle-ci n'entraîne leur déclassement relatif : c'est pourquoi, comme le souligne Jason Borgoff et Meghan L. O'Solivan dans un bref article paru dans la revue « Foreign Affair »[153],

« parler d'une transition en douceur vers une énergie propre est fantaisiste, le processus sera au mieux désordonné. Et loin de favoriser la courtoisie et la coopération, elle produira probablement de nouvelles formes de compétition et de confrontation. »

Nous allons maintenant analyser plus en détail deux questions :

1) Capitalisme ou communisme, qui a fait le mieux en matière d'environnement ?
2) Existe-t-il un lien entre lutte contre le réchauffement climatique et lutte contre les inégalités ?

Capitalisme ou communisme, qui a fait le mieux en matière d'environnement ?

D'un point de vue historique, le développement du capitalisme coïncide avec le début de la croissance de la consommation d'énergies fossiles et donc des émissions de gaz à effet de serre. Le capitalisme va de pair avec une exploitation intensive des ressources naturelles, liée elle-même à la consommation de masse sur laquelle s'appuie une forte croissance économique. Jusqu'au milieu du XXe siècle, peu d'attention a été portée aux problèmes environnementaux en général et ce malgré le fait qu'ils ont commencé à se manifester avec une certaine force dès la fin du XIXe siècle en raison de l'industrialisation accélérée entamée dans les années 1850 en Europe et aux États-Unis. Toutefois, si l'exploitation sur-intensive des ressources est bien concomitante avec la révolution industrielle et l'envolée démographique qu'elle a entraînée, les problèmes environnement sont en réalité beaucoup plus anciens, particulièrement dans les villes[154]. Au Moyen-Age déjà, Paris était par exemple une ville très polluée, bien plus qu'elle ne l'est aujourd'hui. Dès les années 1900, l'envolée de la consommation de charbon s'est traduite par un problème grave de pollution de l'air et de sérieux problèmes de santé publique, particulièrement au Royaume-Uni. Toutefois, les représentants des grandes industries polluantes, aciéries, production d'électricité et de l'industrie minière disposaient de relais puissants auprès des gouvernements pour empêcher que ne soient mises en œuvre des législations visant à limiter la pollution de l'air, au motif que celles-ci pourraient affecter compétitivité et profits. Il faudra donc attendre l'année 1956 pour que la première grande législation visant à améliorer la qualité de l'air soit mise en place au Royaume-Uni : celle-ci faisait suite à une tragédie intervenue en 1952 qui en raison de conditions météorologiques particulières avait vu la formation d'un épais smog sur la ville de Londres entrainant la mort de plus de 10 000 personnes. Aux États-Unis, la très forte croissance de la consommation pétrolière due au développement du parc automobile et des normes très laxistes pour la composition des carburants, commence à créer de très graves problèmes de pollution de l'air dans les villes. Là aussi, les premières législations visant à améliorer la qualité de l'air ont été prises dans les années 50.

En réalité, si les problèmes environnementaux les plus sérieux sont apparus dans les pays capitalistes, c'est aussi là que seront mises en œuvre les premières législations environnementales.

A contrario, le bilan environnemental des économies régulées de type communistes était bien pire que celui des économies libérales. Ce fut d'une certaine façon une découverte surprenante après la chute du mur de Berlin quand la visite libre des ex-pays communistes devint possible. On savait que ces régimes brimaient les populations de libertés fondamentales, nous nous doutions que le niveau de développement économique y était sensiblement plus faible que dans la plupart des économies libérales ; mais c'est seulement après l'effondrement de ces régimes que nous avons réalisé à quel point les pays communistes étaient confrontés à de graves problèmes environnementaux. Du côté de la production, les statistiques officielles suggéraient parfois une production par habitant ou un équipement des ménages relativement élevés. Toutefois, ces données incluaient la production de toute une série de biens dont la valeur réelle était très faible ou nulle[155]. La production réelle de la plupart des pays communistes d'Europe de l'Est était donc de 30 à 50 % inférieure à celle que suggéraient les données officielles, pourcentage dont elle s'est effondrée à la suite de la chute du mur de Berlin. Pourtant, en dépit d'un niveau de production faible, la consommation d'énergie et plus encore le niveau d'émissions nocives étaient très élevés. Beaucoup de sites de production étaient tellement en retard technologiquement, énergétiquement inefficaces et pollués qu'il était moins coûteux de reconstruire une usine nouvelle que de reprendre un outil existant.

En Russie par exemple, les données de production économique, de consommation d'énergie ou d'émissions de CO_2 montrent sans aucune ambiguïté l'extraordinaire gâchis énergétique qui caractérisait cette zone géographique avant la chute du mur de Berlin et, en conséquence, le niveau très élevé d'émissions de CO_2. Par rapport au reste du monde, la consommation d'énergie était 4 à 6 fois supérieure pour chaque unité d'activité économique[156], et les émissions de CO_2 du même ordre de grandeur, quoique dans une moindre mesure (en raison notamment de l'importance de l'utilisation de gaz naturel). Si une partie de ces écarts s'explique par la structure de l'économie des pays de l'ex-Union Soviétique, très orientée vers les industries lourdes fortement consommatrices d'énergie, d'autres données montrent que cette situation ne peut tout expliquer. Par exemple, le niveau de consommation de produits pétroliers confirme pleinement ce niveau de gâchis : la Russie et les pays de l'ex-Union soviétique consommaient presque autant d'essence qu'aujourd'hui en dépit d'un parc de véhicules 5 à 10 fois moindre. Pire encore pour le diesel, essentiellement utilisé pour le transport et l'industrie en Russie, dont la consommation était 60 % supérieure à celle de 2017, et pour le fuel lourd, 5 à 6 fois plus[157] !

La qualité de l'air, en raison de véhicules très polluants, de carburants de très mauvaise qualité et des émissions des centrales électriques à charbon, était bien pire qu'en Europe de l'Ouest malgré le faible équipement automobile et une consommation électrique par habitant plutôt moindre.

D'ailleurs, il est difficile de trouver dans l'histoire du XXe siècle une initiative environnementale mondiale majeure lancée et poussée par un pays de type communiste, sur le climat ou d'autre thèmes.

Au total, l'histoire nous apporte deux enseignements : tout d'abord, il n'existe pas vraiment de lien direct entre capitalisme libéral et problèmes environnementaux, comme le montre le fait que certains pays ayant un modèle différent sont plutôt en retard sur les questions environnementales (Chine, pays du Moyen-Orient) tandis que certaines démocraties libérales affichent de performances plutôt positives (pays européens particulièrement scandinaves par exemple). Ce qui est clair en revanche est le lien entre le caractère démocratique d'un pays et ses performances environnementales. En effet, l'efficacité des politiques environnementales dépend de conditions qui sont aussi celles qui caractérisent les sociétés démocratiques : institutions administratives et organismes de recherche fonctionnant de manière rigoureuse et bénéficiant de la confiance de la population (pour que la réalité des problèmes environnementaux puisse être mesurée de manière objective et fiable), presse indépendante (pour une information transparente du public), élections libres (pour que les questions environnementales intègrent le champ politique), relative indépendance (celle-ci n'est jamais parfaite) du pouvoir politique vis-à-vis des lobbys économiques.

Le lien entre démocratie et environnement est d'ailleurs illustré par la bonne corrélation entre deux classements, celui établi par l'Université de Yale pour les performances environnementales et celui du magazine[158] *The Economist* pour le niveau de démocratie[159]. La conséquence est que l'affaiblissement de la démocratie dans certaines régions du monde est potentiellement une mauvaise nouvelle pour la transition énergétique.

Transition énergétique et inégalité

Rappelons quelques-unes de nos découvertes. Les émissions de CO_2, beaucoup moins celle de méthane, dépendent largement du niveau d'activité économique, et plus précisément de la consommation d'énergies fossiles qui lui sont attachées. Même si une transition énergétique ambitieuse se met en place au niveau mondial, nous continuerons à utiliser des énergies fossiles longtemps.

Tout d'abord, avons-nous vraiment besoin de plus d'activité économique ?

Oui, car une partie importante de la population mondiale, même dans les pays développés, n'a pas encore accès au confort dont jouissent les pays/catégories plus aisés. Le monde aspire donc à plus de croissance économique, condition pour atteindre un niveau de vie décent, un confort matériel minimal, une bonne couverture de santé et un système éducatif adéquat pour une plus grande partie de la population mondiale.

Mais que vient faire la question de l'inégalité dans la question du réchauffement climatique ?

Plus un pays est inégalitaire et plus les effets de la croissance économique sont mal répartis, une plus grande part allant aux plus aisés, une plus petite à ceux qui le sont moins alors qu'ils en ont le plus besoin. C'est un fait mathématique : si deux personnes autour d'une table de 10 s'approprient la moitié d'une pizza, il faudra *a priori* une pizza plus grosse pour que chacun puisse manger à sa faim. Un pays inégalitaire a donc besoin de plus de croissance économique pour que celle-ci ruisselle un peu sur les catégories les moins aisées, ce qui implique une consommation d'énergie et des émissions plus élevées. En outre, une forte inégalité pousse sans doute à des comportements moins vertueux en matière d'émissions, plusieurs études suggérant que les 10 % les plus aisés émettent 4 à 5 fois plus que les 50 % des catégories les moins aisées[160]. D'autre part, une faible inégalité, quand elle est démocratiquement choisie, renforce la cohésion sociale et rend plus facile la mise en œuvre de décisions parfois contraignantes que suppose la transition énergétique. Enfin, point important, nous avons vu qu'une société trop inégalitaire, dominée par des « ultra-riches[161] » d'un côté et des classes populaires très appauvries de l'autre, est finalement plus réticente à prendre des risques, ce qui est défavorable pour le développement de l'innovation dont la transition énergétique a besoin pour réussir.

Il y a plusieurs façons de mesurer l'inégalité et les économistes débattent d'ailleurs activement de la meilleure approche, mais le mieux est d'utiliser une mesure simple : l'indice Gini après taxes et transferts[162]. Le principe de cet indice est le suivant : un pays où un seul individu aurait tous les revenus et où il n'y aurait ni impôt ni transfert au bénéfice de tous les autres aurait un indice de 100. Un pays au contraire où chacun aurait, après taxes et transferts exactement le même revenu aurait un indice de zéro. L'indice Gini est une mesure simple de l'inégalité, comme l'est le mètre pour les distances ou le kilo pour les poids. Si celui-ci varie théoriquement de 1 à 100, en pratique il évolue entre 15-20 et 55-60. Sur cette échelle-là, beaucoup de pays se situent entre 30 et 40. En effet, il n'existe aucune société moderne pour laquelle cet indice ait été en dessous de 15-20 (il est possible néanmoins que certaines sociétés dites « primitives » aient eu un niveau d'inégalité plus faible encore) tandis qu'au-delà d'un certain niveau d'inégalité, les tensions sociales deviennent telles qu'un effondrement est probable (au moins dans les sociétés démocratiques, pour les autres, un système de répression efficace peut éventuellement retarder l'effondrement).

En conséquence, l'indice Gini est un peu comme l'indice de Richter qui mesure la force des tremblements de terre : de la même façon qu'un tremblement de terre de magnitude 7,5 est beaucoup plus puissant que celui qui n'affiche que 6,8, un indice GINI de 35 traduit une situation sensiblement plus inégalitaire qu'un indice de 30.

Dans les pays communistes, l'inégalité était très faible, et l'on peut estimer que le l'indice Gini se situait entre 15 et 20. Dans les pays Scandinaves, ou en République Tchèque, ce ratio est autour de 25 dans les autres pays d'Europe ou au Japon, entre 30 et 35. Mais il est bien plus élevé ailleurs : c'est le cas aux États-Unis par exemple, mais aussi dans la majorité des pays intermédiaires (Chine ou Brésil par exemple) ou peu développés (Inde).

Si tous les économistes ne s'accordent pas ni sur la bonne mesure de l'inégalité ni sur l'impérieuse nécessité de la réduire, la plupart reconnaissent que le niveau d'inégalité s'est accru sensiblement depuis 40 ou 50 ans : assez peu dans la communauté européenne, mais plus nettement dans certains pays développés, aux premiers rangs desquels les États-Unis et le Royaume-Uni, et surtout dans un grand nombre de pays peu développés ou intermédiaires, comme la Chine ou l'Inde (mais aussi au Moyen-Orient en général et d'autres zones).

Toutefois, si l'objectif de réduction des inégalités est nécessaire pour faciliter la transition énergétique, il est difficile à atteindre. D'un côté, les pays scandinaves nous montrent la voie dans ce domaine : ils comptent en effet parmi les pays les plus développés économiquement, les plus innovants[163], les plus démocratiques[164] et les plus performants sur le plan environnemental[165]. Plus globalement, la communauté européenne, la région la moins inégalitaire au monde, est aussi l'une des plus développées et celle qui affiche parmi les meilleures performances environnementales, notamment pour les émissions de gaz à effet de serre.

De l'autre, la forte hausse des inégalités dans les pays émergeants a été associée à une forte croissance économique bénéficiant en partie aux catégories les moins favorisées. Dans certains pays, s'y ajoute que la contestation sociale contre ces inégalités est bridée par la nature autocratique des régimes ou tout simplement l'absence d'informations disponibles pour le public sur ce sujet.

D'autre part, dans certains pays développés, particulièrement Etats-Unis et Royaume-Uni, une majorité de citoyens garde un mauvais souvenir de la période qui a précédé la hausse des inégalités, bien que celle-ci ait été favorisée par une baisse des impôts pour les classes aisées ne lui ayant guère profité. La conviction y reste forte qu'une hausse des impôts, même limitée aux plus riches, n'est *in fine* pas favorable à l'activité économique et aux classes moyennes et populaires.

Au total, la baisse des inégalités est peut-être l'inconnue sur laquelle pourrait buter la transition énergétique, plus encore que les développements technologiques, la coopération internationale ou le changement sociétal vers une plus grande sobriété, eux aussi nécessaires. Il est donc urgent d'engager un débat démocratique sur la meilleure façon de réduire les inégalités sans affecter la capacité d'innovation et de prise de risque.

Sixième partie : scenario pour le futur, comment atteindre un niveau d'émissions zéro ?

Résumons quelques-unes des découvertes des chapitres précédents.

Les émissions de méthane ont progressé moins vite que celles de CO_2 : elles ne se sont accrues « que » de près d'un quart depuis 2000 contre 50 % pour le CO_2. Néanmoins, la teneur de méthane dans l'atmosphère a cru plus rapidement (ce qui laisse supposer que nous comptabilisons assez mal les émissions, les sous-estimant probablement).

Ensuite, les causes des émissions de méthane ne sont pas les mêmes que celles des émissions de CO2. Toutefois, il existe un secteur, celui de la production d'énergies, qui contribue fortement aux deux. En réduisant notre dépendance aux énergies fossiles, nous réduirons fortement leur production et les émissions de méthane qui lui sont associées et représentent un tiers du total.

Avant de nous plonger dans les options disponibles pour le futur et comprendre à quelles conditions nous pourrons atteindre l'objectif de zéro émission, une remarque importante. Le chapitre consacré aux scénarios est largement inspiré du le rapport de l'AIE intitulé « *Netzero2050* », publié en 2021 et déjà abondamment cité dans cet ouvrage. Il s'agit de la première étude vraiment complète, couvrant la plupart des questions relatives à la transition énergétique : conséquences pour toutes les industries concernées, options technologiques possibles, taxation à mettre en œuvre, mais aussi emploi et implications dans la vie quotidienne. Elle comprend aussi une feuille de route détaillée sur laquelle nous reviendrons.

Compte tenu de la qualité de ce travail, j'aurais pu me contenter de prendre les données du rapport, sans rien modifier, ce d'autant plus que l'AIE adopte bien une approche holistique, abordant des sujets comme l'emploi, les nouvelles technologies et la réduction de la demande d'énergie via d'importants efforts pour en maîtriser sa consommation. C'est même la première cause de réduction des émissions selon l'organisation.

En revanche, les positions de l'AIE sont sujettes à débat sur deux points importants : la croissance démographique et économique, pour laquelle l'organisation internationale n'envisage aucun ralentissement par rapport au niveau accéléré qu'a été le leur depuis 1990. La démographie ensuite, l'AIE reprend les prévisions des Nations Unies qui envisagent un ralentissement modéré au moins jusqu'en 2050. C'est une façon pour elle d'éviter d'aborder un sujet hautement politique, qui s'il avait été discuté, aurait pu entrainer la disqualification de l'ensemble du rapport, ses détracteurs l'accusant de vouloir brider l'activité économique aux dépens des pays les moins développés et des catégories de la population les moins favorisées, ou encore de se prononcer en faveur de politiques de restriction des naissances, sujet toujours très sensible.

Mais avant d'évaluer les options disponibles et les chances d'y arriver, essayons de comprendre pourquoi il faut viser un niveau d'émissions égal à zéro.

Pourquoi net zéro ?

C'est une bonne question à se poser en effet, surtout si l'on considère la complexité d'atteindre un tel objectif alors que nous émettons 55 milliards de tonnes de gaz à effet de serre, sans même que celles-ci ne baissent. Est-ce tout simplement réaliste, non pas au niveau de tel ou tel pays ou région mais pour la planète dans son ensemble ?

D'autre part, si une partie des émissions est naturellement absorbée par les forêts et les océans, et qu'en outre une partie du CO2 contenu dans l'atmosphère se désagrège (1% par an environ), ne pourrait-on pas de contenter d'une baisse plus limitée ?

Tout d'abord, ce fameux net zéro ne concerne que le CO2. Pour le méthane en réalité, l'urgence d'atteindre net zéro est moindre compte tenu de la durée de vie du gaz dans l'atmosphère, 12 ans seulement (mais avec un effet très puissant, donc fortement baisser les émissions est essentiel, surtout à court-terme).

Deuxièmement, le concept de *Net Zero* a bien le mot *Net* devant et c'est pour une bonne raison : si nous développons suffisamment notre capacité à absorber du CO_2 contenu dans l'atmosphère, par des forêts par exemple ou des technologies dédiées, nous pourrons continuer à en émettre un certain volume : le solde entre les émissions positives et les réductions sera nul. Un peu comme lorsqu'une personne remplit une baignoire tandis qu'une autre écope avec force, la baignoire ne se remplit pas.

Pourquoi net zéro donc ? La raison principale, nous l'avons vue déjà : nous avons émis beaucoup trop de CO_2 depuis 1850, et plus encore depuis 1990, date à laquelle nous espérions avoir un infléchissement : or, il a bien eu lieu, mais dans le mauvais sens, elle se sont accrues plus vite encore, au moins jusqu'en 2015 !

Toutefois, ce n'est pas un jeu tel que si nous baissons nos émissions de seulement 80 % ou plus, mais sans atteindre la neutralité carbone, tout sera nécessairement perdu pour le futur de la planète. Mais compte tenu du temps pendant lequel le CO_2 reste dans l'atmosphère, plus certaines inconnues, les océans et les forêts pourront-ils continuer à en absorber autant que par le passé ? Il y a tout lieu d'essayer d'aller le plus vite possible, mais paradoxalement, pas trop vite quand même ! En fait, beaucoup pensent qu'il faudrait idéalement atteindre des émissions négatives à l'horizon 2040 ou 2050 pour contenir la hausse des températures à un niveau acceptable.

D'autre part, on ne gagne pas une bataille de grande ampleur avec des objectifs intermédiaires : l'ambition américaine lorsque les États-Unis entrent en guerre en 1941 n'est pas de contenir la menace nazi et japonaise, ni d'en réduire l'ampleur, mais bien de défaire sans conditions ces deux puissances criminelles. Or, dans le cas présent, l'extraordinaire risque que fait peser une forte hausse des températures (au-delà de 2 °C) sur l'ensemble des civilisations, du monde animal et végétal, fait qu'il n'est pas exagéré de recourir à cette analogie guerrière. Il s'agit bien d'une guerre mondiale, sauf que cette fois-ci, nous sommes tous, habitants de la planète, confrontés au même ennemi, avec des conséquences potentiellement désastreuses.

Le méthane

Le méthane est un gaz à effet de serre 25 fois plus puissant que le CO_2, néanmoins, il a une durée de vie courte de seulement 12 ans. Si nous réussissons à stabiliser les émissions de méthane, les destructions sur une durée de 12 ans compenseront donc les nouvelles émissions. Or l'objectif de stabilisation est assez facilement atteignable. En effet, les sources de méthane, rappelons-le, sont l'agriculture (34 %, dont 21 % pour les ruminants et 10% pour la culture du riz), l'industrie pétrolière et gazière (33 %), les décharges (21 %). Et nous allons le voir ensemble, une baisse sensible n'est pas un objectif inatteignable à l'horizon 2050.

Depuis 2000, près de la moitié de la hausse des émissions vient du secteur énergétique, production de charbon, gaz et pétrole, 30% venant du secteur agricole. Ces deux secteurs ne sont donc pas seulement ceux dont la contribution est la plus forte, mais aussi ceux pour lesquels la hausse des émissions est la plus importante.

Dans le secteur agricole, le premier poste est celui des ruminants pour lequel une baisse des émissions est possible grâce à une combinaison d'une stabilisation de la consommation de viande et d'un changement de l'alimentation d'une partie des troupeaux. En 2013, dernière année pour laquelle des données étaient disponibles, les 10 plus gros pays consommateurs de viande rouge en consommaient 18 kilos par an et par habitant en moyenne, plus de quatre fois les autres pays, et ils comptaient pour 70 % de la consommation mondiale[166]. L'évolution la plus inquiétante vient de Chine, où la consommation par habitant a été multipliée par près de 3 depuis 1990 : ce pays dépasse d'ailleurs déjà la moyenne mondiale de 50 % pour la consommation de viande par habitant, toutes catégories de viande confondues.

Pour tous les pays producteurs, un changement d'alimentation de 20 à 30% des troupeaux permettrait de fortement baisser les émissions : des solutions existent, comme par exemple l'utilisation d'algues qui conduit à une réduction de presque moitié des émissions tout en réduisant les coûts d'alimentation pour les fermiers[167]. Avec un cadre législatif et fiscal adapté, ces mesures pourraient produire des effets rapidement. En conséquence, même avec une croissance de la consommation de viande rouge dans les pays qui en consomment peu aujourd'hui, une stabilisation des émissions des troupeaux est un objectif parfaitement atteignable.

Réduire sa consommation de viande en général et rouge en particulier reste une bonne chose : dans les pays développés, nous en consommons souvent trop et la substituer avec de la viande blanche ou des légumes est bon pour notre santé. Mais s'abstenir de consommer toute viande rouge ne sauvera pas la planète, sans compter que cette attitude peut fragiliser un secteur agricole essentiel à la lutte contre le changement climatique

Pour la production de riz, l'aliment de base de plusieurs milliards d'habitants sur la planète, des études suggèrent que les émissions de méthane peuvent aussi être considérablement (jusqu'à 70 %) réduites en ajustant le niveau d'utilisation de l'eau. Dans un scénario réaliste, les émissions pourraient être réduites de 10 % à l'horizon 2050 en prenant en compte une hausse continue de la consommation (de l'ordre de 30 %, en ligne avec l'évolution démographique).

Pour les émissions liées à la production d'énergies fossiles, une baisse importante est prévisible, liée à la baisse attendue de la production d'énergies fossiles, qui sera au moins de 60% en moyenne d'ici à 2050. Pour les champs encore en exploitation à cette même date, une baisse de 30 % des émissions est possible avec les technologies existantes, mais l'on peut viser un objectif plus ambitieux encore, celui de presque zéro émissions des champs pétroliers ou gaziers. Comment l'atteindre ? Il suffit de contrôler les émissions de méthane par champs (option en réalité assez simple à mettre en œuvre en procédant par sondage lorsqu'il existe des milliers ou plus de champs assez petits), puis de taxer au vrai prix ceux qui continuent d'en émettre. En réalité, dans beaucoup de pays, on procède déjà de cette façon pour d'autres polluants : l'entreprise chimique qui, par exemple, déverse des produits dangereux dans une rivière devra payer pour les dégâts occasionnés. Ainsi, lorsqu'un pays producteur émet beaucoup de méthane dans le processus de production de pétrole et de gaz qu'il exporte aux pays consommateurs, il est possible d'instaurer une taxe en fonction de cette variable à l'importation ou la production. Les pays consommateurs ont, à cet égard, un grand pouvoir, et il leur suffit de l'exercer : voyez comme la perspective d'être imposé jusqu'à 5% de leur chiffre d'affaires mondial, un montant très élevé, a conduit les sociétés américaines à se plier aux règlements européens concernant la protection des données alors que rien ne les y obligeait vraiment sur leur territoire[168] . Contrairement à une idée préconçue, cela ne se traduira guère par une augmentation significative des prix du gaz, ni par un coût plus élevé pour le consommateur, mais à la mise en œuvre plus rapide de technologies existantes ou nouvelles pour remédier au problème. Qui aujourd'hui oserait dire qu'il serait opportun de laisser les entreprises chimiques déverser leurs produits dangereux dans les rivières au motif que les obliger à mieux les contrôler réduirait leur compétitivité et menacerait l'emploi ?

Au total, baisser les émissions du secteur de la production d'énergies fossiles des trois-quarts, voire plus, est un objectif tout à fait raisonnable.

Concernant les émissions de décharges, la situation est plus complexe. Dans les pays développés, particulièrement aux États-Unis, très en retard par rapport à l'Europe pour le recyclage de déchets, des efforts additionnels sont encore nécessaires. La situation est plus difficile dans les pays en voie de développement, qui ne disposent ni de la logistique, ni des de la technologie pour recycler de manière plus efficace. Néanmoins, là encore, une solution existe, elle passe par des aides ciblées et des transferts de technologie pour les pays les plus défavorisés.

Dans un scénario réaliste, une stabilisation ou une croissance modérée peut être atteinte d'ici à 2050.

Si l'on combine les évolutions suivantes :

1) Baisse de 15 % de la consommation de viande rouge dans les pays les plus consommateurs et changement d'alimentation de 20 à 30 % des troupeaux ;
2) Diffusion des nouvelles techniques de production de riz à un tiers des rizières ;
3) Baisse des trois-quarts des émissions du secteur énergétique ;
4) Stabilisation des émissions des décharges.

On obtient une baisse d'au minimum 25 % des émissions de méthane, ce qui est très significatif compte tenu de l'impact de ce gaz, certes émis en quantités bien plus limitées mais beaucoup plus dangereux.

Cette baisse pourrait très bien être obtenue avant 2030, et en réalité, elle pourrait être plus forte encore à plus long-terme.

Rappelons que pour obtenir ce résultat, nous n'avons besoin d'aucune *réelle* rupture technologique, mais seulement de quelques mesures incitatives pour le secteur agricole, et contraignantes pour celui de la production de gaz et de pétrole ou de la gestion des déchets. Casser la hausse enregistrée depuis 1990, puis baisser les émissions est donc à notre portée de main. D'ailleurs, un des résultats les plus intéressants de la COP26 de 2021, très décevante sur d'autres aspects, est d'avoir mis l'accent sur le méthane, la nécessité et possibilité d'agir vite pour ce gaz à effet de serre.

Les émissions de méthane pourraient être sous contrôle, sans que nous devenions tous « végan », même dans un scenario relativement peu ambitieux.

Source	Poids	Solutions possibles	Impact
	21%	• Manger moins de viande rouge et de produits laitiers • Tenter de capturer les émissions des vaches • Changer l'alimentation du bétail	Viser une stabilisation des émissions d'ici à 2050
	10%	• Manger moins de riz • Changer le mode de culture du riz avec une meilleure gestion du volume d'eau utilisé	Viser une baisse de 10% d'ici à 2050
	21%	• Recycler les ordures, produire du biogas • Réduire la gaspillage	Viser une stabilisation des émissions
	10%	• Baisse de la production de charbon • Récupérer les émissions de méthane	Baisse de 70% des émissions
	23%	• Baisse de la production de gaz et pétrole • Récupérer les émissions de méthane	Baisse de 80% des émissions

Emissions de Méthane en 2017, source: Trends in Global CO2 and total Greenhouse gas emissions

Le CO_2

Nous y voilà donc, la grande question reste celle de la réduction des émissions de CO_2 pour atteindre des émissions nettes nulles, ou même idéalement négatives pour quelques temps.

Atteindre cet objectif est beaucoup plus complexe, comme le souligne le rapport déjà mentionné de l'AIE, *NetZero2050*. Directionnellement, les résultats du scenario 2050 de l'AIE et celui que j'ai construit sont très proches, en dépit d'hypothèses moins fortes concernant la croissance économique. Dans la mesure où les différences sont in fine limitées, nous utiliserons beaucoup des éléments d'analyse de l'AIE dans ce chapitre.

Nous verrons que le succès d'une transition vers un monde zéro émissions dépend à la fois des décisions qui seront prises dans les prochaines années par les autorités gouvernementales, surtout celles des pays les plus gros émetteurs actuels ou en devenir, de notre capacité à ajuster nos comportements, mais aussi d'autres facteurs, évolutions technologiques par exemple, pour lesquels nous ne pouvons avoir aucune certitude. Or c'est précisément ces incertitudes qui justifient aussi que nous ayons une ambition très forte pour pallier le risque que certains progrès technologiques peinent à se matérialiser en temps et en heure (même au prix d'un effort financier important : la science ne répond pas, comme l'accélérateur d'une voiture, à l'injection de fonds dans la R&D au rythme souhaité).

Revenons maintenant à nos quatre facteurs qui conditionnent l'évolution des émissions de CO_2, hors émissions liées à la production de ciment.

1) La population ;
2) La croissance économique par habitant ;
3) Le taux d'énergie utilisé par unité de production ;
4) Le taux de CO_2 par unité d'énergie.

Pour réduire les émissions de CO_2, on ne peut donc agir que sur ces quatre variables, sachant que pour les deux premières, la marge de manœuvre est *a priori* limitée.

La croissance de la population

La croissance démographique ralentit partout à mesure que croît la production par habitant. Entre 1990 et 2017, la population est passée de 5,3 milliards d'habitants à 7,5 milliards, ce qui représente une croissance de 1,3 %. Depuis les années 1960, on observe un net ralentissement de la croissance démographique puisqu'à la fin des années 2000, celle-ci n'était que de l'ordre de 1% par an.

Les démographes anticipent que la population mondiale se stabilisera autour de 9-9,5 milliards d'habitants en 2050. Par rapport à la période précédente, il s'agit donc d'un fort ralentissement, avec une croissance annuelle comprise entre 0,5 et 0,7 %, mais qui ajoutera quand même 20 à 25 % de population en plus d'ici à 2050.

La croissance de la production par habitant

Il existe dans ce domaine un plus grand degré d'incertitude. Historiquement, selon les travaux de l'économiste britannique Angus Madison, la croissance économique par habitant a été très faible, moins de 0,1% par an jusqu'au début du XIXe siècle. À la faveur de la révolution industrielle, elle s'est ensuite accélérée, pour atteindre 1 % par an jusqu'en 1940. Une croissance de 1% par an représente un doublement de la production par habitant et donc de la richesse moyenne tous les 70 ans environ. À partir de la deuxième guerre mondiale, la croissance de la production par habitant a doublé, pour atteindre près de 2% en moyenne : à ce rythme très élevé, le niveau de vie double pratiquement en une génération.

Depuis 1970, il n'existe pas de tendance claire à un ralentissement de la croissance économique par habitant : après la forte baisse enregistrée pendant les années 1980 et 1990, elle s'est redressée.

Années 80	Années 1970	Années 1980	Années 1990	Années 2000	Années 2010
+ 3,5%/an	+ 2,0 %/an	+ 1,2 %/an	+ 1,1 %/an	+ 1,6 %/an	+ 1,8 %/an

Toutefois, les économistes s'accordent à reconnaître qu'un ralentissement est inévitable à terme, en raison à la fois d'un vieillissement de la population et de contraintes sur les ressources naturelles disponibles. D'autre part, la question de l'évolution de l'inégalité peut influencer le niveau de croissance nécessaire pour obtenir un certain niveau de bien-être pour une majorité de la population. Sachant que les inégalités ont beaucoup augmenté depuis 1980, il est possible d'envisager le retour à une croissance économique plus équilibrée. A posteriori, on peut même estimer ce que la croissance des inégalités depuis 1980 a coûté en termes d'émissions, selon nos calculs sans doute près du tiers, même si cette approche reste très théorique et sujette à discussion.

Suivant que le monde s'orientera vers des sociétés ayant des niveaux d'inégalité comparables aux pays scandinaves, ou même l'Allemagne et la France, ou vers des sociétés où l'inégalité se rapproche plutôt de celle des États-Unis ou de la Chine, le niveau de croissance économique nécessaire pour obtenir le même niveau de vie pour la grande majorité pourrait être différent.

Au total, une croissance économique par habitant comprise entre 1,2 et 1,8 % par an semble raisonnable, soit 1,5 % en moyenne. Il s'agit d'un niveau de croissance économique qui reste élevé par rapport à l'histoire longue de l'humanité, mais qui marque un fléchissement par rapport aux années 2000 et 2010[169].

En ajoutant une croissance démographique de 0,5 à 0,7 % par an, on obtient une croissance économique de 1,7 à 2,5 % par an. Nous retiendrons une hypothèse de 2,2 % par an dans notre scenario de base. Avec ces taux de croissance de la population et l'activité économique par habitant, l'activité économique globale va s'accroître de 75 % à 125 % entre 2017 et 2050, et doublera pour notre hypothèse moyenne.

Donc, en l'absence d'une forte baisse de l'intensité énergétique, la consommation d'énergie en 2050 pourrait, du fait de la croissance démographique et économique, doubler, passant à 24-34 milliards de tonnes d'équivalent pétrole. Bien évidemment, une telle croissance poserait un réel problème de disponibilité des ressources en énergies fossiles, mais il s'accompagnerait, si le mix énergétique restait inchangé (dans l'hypothèse où nous utiliserions la même proportion d'énergies fossiles, soit 80% environ), d'un doublement des émissions de CO_2. De 34 milliards de tonnes d'émissions en CO_2 en 2017, la pente naturelle de la croissance économique et démographique est donc de les porter à un niveau compris entre 59 et 76 milliards de tonnes à l'horizon 2050, ou 67,5 milliards de tonnes dans un scénario moyen.

La croissance démographique et économique pourrait entrainer un doublement de la consommation d'énergie, ce qui correspond à un quasi-doublement des émissions

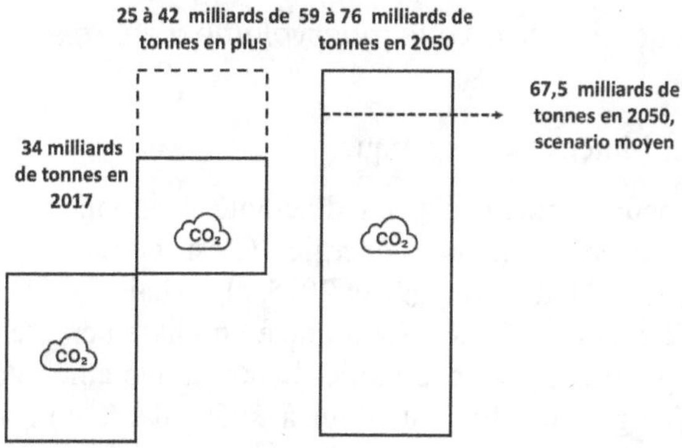

Or, nous devons atteindre la neutralité carbone au plus tard en 2050, avant d'avoir dépassé les niveaux d'émissions cumulés de 420 à 1 200 milliards de tonnes (pour contenir les hausses de température respectivement à +1,5° et +2° par rapport au début de la révolution industrielle).

De ces poussées très fortes liées à la démographie et à l'activité économique, l'on peut déjà tirer trois conclusions importantes :

1) La pente naturelle, liée à la démographie et à l'économie, est un fort accroissement des émissions
2) Il nous faut donc agir vite
3) Nous devrons obtenir une amélioration massive de l'efficacité énergétique et accélérer le mouvement vers l'utilisation d'énergies à faible taux de CO_2

Abordons maintenant les deux autres facteurs de notre équation, celle qui détermine mathématiquement le niveau des émissions, l'intensité énergétique et l'intensité en CO_2 de l'énergie utilisée. De leur évolution va dépendre notre futur.

Plaçons-nous d'abord dans un scenario ambitieux, réalisable mais sous certaines conditions que nous examinerons ensemble plus tard. À la lumière de ces conditions nécessaires, peu nombreuses mais critiques, nous envisagerons ensuite quel pourrait être le monde énergétique en 2050 si celles-ci n'étaient pas rassemblées.

Améliorer l'efficacité énergétique (quel volume d'énergie nécessaire ?)

Commençons par l'intensité énergétique.

Chaque année, pour le même niveau d'activité économique, nous avons besoin d'un peu moins d'énergie. C'est ce que mesure l'intensité énergétique. Or, entre 1990 et 2015, elle a baissé de 1-1,5% par an[170], la moitié de cette baisse étant due à un glissement vers les services, moins gourmands en énergie, et l'autre à une amélioration de l'efficacité énergétique. En fait, d'ici à 2050, il est tout à fait possible d'envisager une réduction massive de l'intensité énergétique grâce à la conjonction de quatre facteurs :

1) Le glissement de l'activité économique vers les services va continuer
2) Le développement de l'électricité renouvelable va se poursuivre (avec, nous allons le voir, un effet positif en termes d'efficacité énergétique)
3) L'électrification de l'économie va s'accélérer
4) Nous allons continuer à améliorer l'efficacité énergétique, notamment dans le secteur résidentiel et commercial

Toute la question est de savoir quelles seront la rapidité et l'ampleur de ces changements. Essayons de quantifier l'impact de ces différentes évolutions sur la consommation d'énergie.

Dans le défi très complexe du réchauffement climatique, il existe quand même quelques très bonnes nouvelles.

Pour reprendre ces quatre facteurs dans l'ordre, commençons par la part des services dans l'activité économique. Rappelons que grosso modo, il faut 5 à 10 fois moins d'énergie pour le même chiffre d'affaires réalisé par une société de services que par une société industrielle.

> **Le miracle de la pompe à chaleur**
>
> Ce n'est pas un hasard si l'AIE insiste sur l'importance du développement des pompes à chaleur, dont l'agence estime que la moitié des bâtiments devront être équipés à l'horizon 2045 pour atteindre la neutralité carbone. Il s'agit d'une technologie relativement ancienne mise au point au milieu du XIXème siècle par le scientifique autrichien Peter Von Rittinger. Le principe d'une pompe à chaleur est l'extraction du chaud et du froid de l'atmosphère grâce à un compresseur. Une pompe à chaleur a plusieurs caractéristiques remarquables : comme elle pompe la chaleur dans l'atmosphère, elle possède un rendement élevé, compris entre 3 et 7. Elle restitue donc 3 à 7 fois le montant d'énergie dont elle a besoin sous forme d'électricité pour fonctionner. La pompe à chaleur fait office de chauffage en hiver et de climatisation en été. Enfin, elle a une durée de vie élevée, plus de 20 ans. Le problème principal est qu'elle ne peut fonctionner en dessous d'une certaine température et doit être couplée à un autre système de chauffage.

Il existe une tendance naturelle qui veut que plus une société accroît son niveau d'activité économique par habitant, plus elle s'enrichit donc, et plus les consommations vont s'orienter vers les services, éducation et santé par exemple, mais aussi les loisirs. Dans les sociétés très peu développées économiquement, une proportion importante des revenus est allouée à l'alimentation. Dans une deuxième phase, c'est la part des biens tangibles qui s'accroît. Mais une fois les besoins de base assouvis, une proportion plus grande est dépensée en services.

On retrouve d'ailleurs cette même orientation au sein de chaque pays, quel que soit son niveau de développement : la portion la plus riche de la population dépense proportionnellement beaucoup plus en services que les catégories les moins aisées.

Le glissement vers un contenu plus important en services va donc se poursuivre naturellement au niveau mondial à mesure que l'activité économique continue de croître. Aujourd'hui, la part des services est, au niveau mondial, de 65%. Dans les pays les plus développés, elle atteint ou dépasse les 75%. Elle peut donc continuer à croître même s'il existe une limite, autour de 80% de l'activité économique : il faut bien que l'économie continue de fabriquer des objets réels, voitures, smartphones, machines, textiles ou ameublement et d'ailleurs les pays où les services dépassent 80% ont en général un fort déficit commercial, forcés qu'ils sont d'importer ces biens qu'ils ne sont plus en mesure de fabriquer chez eux. Il est donc raisonnable d'anticiper que la part des services atteindra 75 à 80% en 2050, avec l'hypothèse néanmoins que, après cette date, la part des services continuera d'augmenter, mais beaucoup plus lentement.

Les autres facteurs influençant l'efficacité énergétique sont le développement des renouvelables, l'électrification de l'économie et la meilleure efficacité énergétique de l'industrie, du commerce et de l'habitat.

Nous avons vu qu'en substituant des renouvelables à des énergies fossiles, nous réduisons fortement les pertes en chaleur du système de production d'électricité. De même, l'électrification de l'économie, transport et industrie, se traduit aussi par une forte baisse des pertes d'énergie. Dans notre scenario pour 2050, la production d'électricité est d'origine renouvelable ou nucléaire pour plus de 87% contre 35% aujourd'hui, la part des énergies fossiles tombant à moins de 15%, contre 64% aujourd'hui. Ceci permet de réduire des deux tiers les pertes en énergie pour la production d'électricité : ainsi, si notre consommation totale d'énergie n'est plus que de 11 milliards de tonnes, contre 14 en 2017, la consommation finale, une fois les pertes déduites s'accroît un peu, de 9,7 à 9,8 milliards de tonnes.

De la même façon, l'électrification permet de réduire les pertes dans les transports et l'industrie de 25%, si bien que l'énergie consommée nette de toutes les pertes, augmente de plus d'un quart. Dans notre scenario à 2050, l'électrification de l'économie se poursuit à un rythme soutenu pour atteindre 64%, contre 27% en 2017, ce qui suppose en particulier un taux d'électrification de plus de 70% dans le transport (dont plus de 80% dans le transport privé sur route). Le chiffre de 64% indique que presque les deux tiers des machines, véhicules de transport sur terre, mer et dans les airs, les habitats et bureaux utiliseront de l'électricité, ce qui est considérable.

S'opère ainsi ce que l'on peut qualifier de miracle des renouvelables et de l'électrification : moins d'énergie utilisée, mais in fine, plus d'énergie réellement disponible.

Ce « miracle » s'explique par la forte diminution des pertes en énergie :

- ⇨ Moins de pertes pour produire de l'énergie
- ⇨ Moins de pertes dans le transport, les véhicules électriques ayant, rappelons-le, une bien meilleure efficacité énergétique
- ⇨ Moins de perte car les logements, bureaux et centres commerciaux sont mieux isolés
- ⇨ Moins de perte car l'industrie a investi considérablement pour améliorer son efficacité énergétique

Malgré une baisse de la consommation d'énergie, nous en consommons réellement 30% de plus, car il y a beaucoup moins de pertes

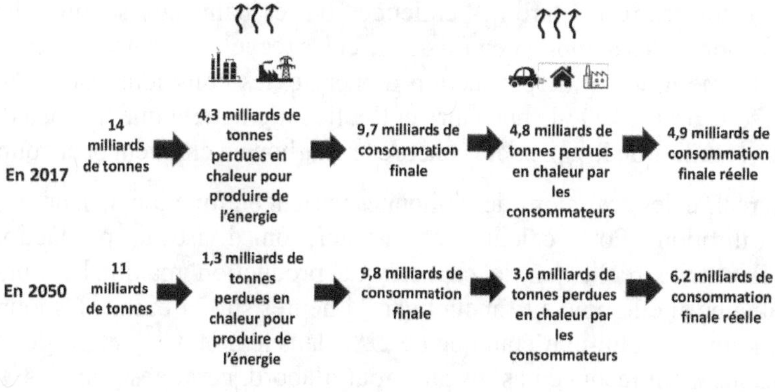

Il existe un deuxième « miracle » lié à l'électrification de l'économie. L'électrification du transport en particulier, le développement du parc de véhicules électriques, va entraîner une forte croissance de la demande en électricité. Pourtant, notamment parce qu'une partie des charges se fera la nuit, elle se fera avec une meilleure utilisation des capacités existantes. Malgré cette orientation très favorable, la part des énergies fossiles reste, dans ce scenario, relativement élevée, couvrant encore près de 40% de nos besoins en énergie, dont 5% pour le charbon, en voie de disparition, 19% pour le pétrole et 13% pour le gaz. S'il s'agit bien d'une transition énergétique dans la mesure où les énergies fossiles ne dominent plus de manière massive l'approvisionnement énergétique comme aujourd'hui, nous sommes encore loin d'un monde sans utilisation de pétrole ou de gaz même si nous approchons de la fin de l'ère du charbon, laquelle aura duré 250 ans environ.

Réduire le taux de CO_2 par unité d'énergie produite

Le dernier facteur de notre équation est le taux de CO_2 par unité d'énergie utilisée, qui résume la façon dont nous produisons notre énergie et particulièrement la proportion d'énergie à contenu en CO_2 très faible, comme le nucléaire ou les renouvelables : c'est le facteur le plus important du point de vue des émissions de CO_2.

Aucune énergie ne peut être produite sans émission de CO_2 dès que l'on considère l'ensemble du cycle de vie, en incluant le CO_2 émis pour construire les turbines éoliennes ou les panneaux solaires, les transporter, les démonter en fin de vie et les recycler. Néanmoins, pour un même montant de production d'énergie, les émissions varient de presque de 1 à 100 : le nucléaire et l'éolien n'émettent que très peu de CO_2, tandis que le gaz et plus encore le charbon en émettent beaucoup.

En réalité, les émissions des éoliennes varient en fonction de leur taux d'utilisation. Pour calculer ce dernier, on divise la production d'électricité réelle par la capacité de production maximale d'une éolienne si elle pouvait fonctionner 24 heures sur 24 et tous les jours de l'année. Celui-ci n'était que de 22% dans le monde[171], et plusieurs raisons expliquent ce bas niveau : tout d'abord, certaines journées, le vent est soit insuffisant, soit trop fort (et on arrête alors les éoliennes pour des raisons de sécurité). D'autre part, ce taux tend à décroître fortement avec l'âge des éoliennes[172]. Ensuite, une partie de l'électricité peut être produite à un moment où il n'y a pas de demande, par exemple la nuit. Enfin, il existe des périodes de maintenance et où le réseau n'est pas en mesure de distribuer l'énergie produite.

Toutefois, on peut espérer une amélioration significative de ce taux dans les années à venir : l'électrification du parc automobile notamment, encore inférieure à 2%, va créer une forte demande d'électricité durant la nuit. En outre, ce taux pourrait s'améliorer encore si les capacités de stockage de l'électricité se développent ou si l'électricité en surplus est utilisée pour la production d'hydrogène. Enfin, il est très probable que des améliorations technologiques permettront de limiter la baisse du taux d'utilisation avec les années. On peut donc tabler sur un accroissement du taux d'utilisation dans les années à venir.

Réduire très fortement le taux de CO_2 implique donc de développer fortement les renouvelables ou le nucléaire. Concernant les renouvelables, la progression depuis l'année 2000 a été remarquable : en 2019, les capacités d'électricité renouvelable représentaient 36% des capacités totales contre 24% en 2000. Hors hydroélectricité, la progression est encore plus forte, les capacités sont passées de moins de 5% du total à plus de 20%. Pour 21 pays sur les 109 étudiés par l'organisation internationale IRENA (*International Renewable Energy Agency*), cette proportion est supérieure à 70%, et pour 10 de plus, c'est plus de la moitié. Toutefois, ce bilan a priori très positif doit être nuancé pour deux raisons :

La première est qu'une majorité des pays au-delà 50% de capacités renouvelables étaient déjà assez proches de ce niveau en 2000. Un nombre réduit ont de ce point de vue engagé une réelle « transition » énergétique. C'est néanmoins le cas de quelques-uns comme l'Allemagne[173] ou le Danemark en Europe, dont les capacités de production en électricité renouvelable étaient inférieures à 20% en 2000, mais aussi du Cambodge ou de Myanmar en Asie, ou encore du Guatemala et du Honduras en Amérique Latine. Dans la liste des pays ayant le plus accru leurs capacités de renouvelables, les pays peu développés ou intermédiaires sont nombreux, ce qui tend à infirmer l'idée selon laquelle l'énergie renouvelable est un concept plus adapté aux pays riches.

La deuxième raison est que la proportion d'électricité renouvelable dans la production est sensiblement plus faible en raison d'un taux d'utilisation des capacités plus faible : un quart seulement de la production d'électricité est renouvelable, dont 16% pour l'hydroélectricité et 9% pour les autres formes d'électricité renouvelable. Il reste donc du chemin à faire et, comme nous l'avons déjà évoqué, le problème crucial pour le solaire et l'éolien est le taux d'utilisation très bas (autour de 20%).

Pour moitié, l'énergie renouvelable est utilisée pour produire de l'électricité grâce aux barrages, éoliennes et panneaux solaires. L'autre moitié, que l'on oublie parfois, principalement sous forme de biocarburants ou biogaz, est utilisée directement dans les transports, l'industrie ou le secteur résidentiel et commercial. La marge de progression pour les biocarburants existe, mais elle est relativement limitée : le développement des biocarburants pose le problème de la disponibilité de la ressource et celui de leurs coûts, si bien que la progression est lente, de l'ordre de 2% par an. Pour les prochaines années, on ne peut s'attendre à une accélération mais au mieux à une poursuite de la hausse au taux actuel.

Dans le scénario le plus réaliste, le nucléaire et les biocarburants progressent de manière relativement modérée en parts de marché. C'est donc dans le domaine de la production d'électricité qu'il faut une forte hausse de la part des renouvelables. L'hypothèse de base est que la part de marché des renouvelables dans la production d'électricité atteindra 60% en 2050.

Cette forte progression des renouvelables, éolien et solaire en particulier, est rendue possible par la baisse de leur coût de production. En effet, l'énergie du vent et le solaire de deuxième génération[174] sont, même sans subventions, les énergies les moins chères disponibles, comme nous l'avons vu précédemment. Cette évolution très positive est liée, d'une part à des économies d'échelle en raison de la forte croissance de la production de turbines et de panneaux solaires mais aussi à des facteurs technologiques : pour l'éolien par exemple, la taille des turbines et leur puissance se sont considérablement accrues tandis que le coût de raccordement au réseau a baissé. Toutefois, le taux élevé de renouvelables suppose aussi que l'on puisse stocker de l'électricité de manière efficace et économe : on estime que les capacités de stockage de l'électricité devront atteindre au minimum 220 GW (soit une multiplication par plus de 10).

En ajoutant la part du nucléaire et des renouvelables, on atteint plus de 85% d'électricité à très faible contenu en CO_2, ne laissant que moins de 15% de part de marché aux énergies fossiles, dont une large majorité sera du gaz, sachant que la moitié environ des centrales au gaz seront dotées d'unités de récupération de CO_2. Au total, en 2050, le contenu moyen en CO_2 n'est plus que de 1,2 tonne pour chaque tonne d'énergie utilisée, contre plus de 2,3 en 2017.

Pour autant, est-il possible d'envisager une production d'électricité 100% bas-carbone (renouvelable plus nucléaire donc) ?

Première étape pour atteindre la neutralité carbone ou même seulement très fortement baisser les émissions malgré une demande d'énergie en progression, il est impératif que la production d'électricité n'émette presque plus de CO_2, ce qui suppose que la part des renouvelables atteigne ou dépasse 85%, contre 36% actuellement le plus rapidement possible (vers 2030-2035).

Pour les renouvelables, le problème de l'intermittence se pose, éolien et solaire, mais pas pour l'hydro-électrique et les autres formes de bas-carbone qui sont pilotables. Le nucléaire est pilotable, on n'arrête pas une centrale en appuyant sur un bouton, mais peut être géré (pas sans surcoûts néanmoins si la part du nucléaire est très élevée, comme en France). Toutefois, ces deux sources de production sont variables, selon la pluviométrie pour l'hydroélectricité et les programmes de maintenance pour le nucléaire.

A l'inverse, les centrales fonctionnant au gaz ou au charbon (très peu fonctionnent au pétrole) sont facilement pilotables et peuvent donc donc arrêtées ou démarrées très rapidement, en appuyant sur un bouton en quelque sorte (en pratique, le système se gère grâce à de gros ordinateurs, ce sont eux qui donnent les ordres). Là aussi, pas sans surcoût quand il faut avoir des centrales qui ne fonctionnent que quelques semaines ou moins par an, juste pour parer aux pics de demande de la journée (ou en fonction de la météo).

Plusieurs instituts se sont penchés sur la question. Le lobby *SolarPowerEurope*, qui regroupe essentiellement des producteurs asiatiques de panneaux solaires, pense l'objectif atteignable dès 2030, mais à deux conditions. Premièrement, il faut développer la connexion des réseaux de manière à ce que le surplus d'électricité produit par les éoliennes ou les panneaux puisse être facilement échangé. Toutefois, même avec des réseaux interconnectés, tous les pays voudront garantir leur sécurité d'approvisionnement : l'électricité est une énergie bien trop vitale, et les coupures ont des conséquences trop lourdes sur le plan économique pour qu'un pays accepte de dépendre de la ressource d'un autre pays. L'impérieuse nécessité d'assurer la sécurité d'approvisionnement en électricité sera d'autant plus forte que l'électrification de l'économie continuera de progresser.

Que se passerait-il si l'Espagne par exemple, censée exporter ses surplus d'électricité solaire devait faire face à un été peu ensoleillé ? Un approvisionnement 100% renouvelable supposerait donc de fortes capacités excédentaires, mais aussi des capacités de substitution capable de faire face à une baisse non prévue de l'offre. Ceci implique donc des taux d'utilisation a priori bas des capacités de production, ce qui en retour a des implications sur les coûts de production.

Et atteindre 100% d'électrification de l'économie ?

On peut augmenter de manière très sensible l'utilisation d'une électricité bas-carbone (si elle est produite à partir de charbon ou de gaz, mieux vaut utiliser ces deux énergies directement du point de vue des émissions) dans tous les secteurs, l'industrie, l'agriculture, l'habitat, les services publics ou privés, mais réduire l'utilisation à zéro des énergies fossiles n'est pas une mince affaire.

Dans bien des secteurs, ce sera une opération complexe, voire impossible. Dans l'industrie, certains secteurs pourront difficilement se passer des énergies fossiles pour des raisons techniques et économiques : des solutions de substitution sont presque toujours disponibles mais très souvent, elles sont loin d'être économiquement viables.

Dans le transport routier, même privé, nous avons vu que la hausse du nombre de véhicule va se heurter (se heurte déjà en partie) aux limites de la technologie actuelle des batteries. C'est encore plus le cas dans le transport naval ou aérien par exemple, l'électrification est possible mais on ne voit guère comment elle pourrait être massive avec la technologie de batteries dont nous disposons aujourd'hui.

Une question importante est donc le développement d'importantes capacités de stockage de l'électricité. Or si l'on sait déjà stocker de l'électricité de manière massive, dans les barrages hydro-électriques par exemple, les autres technologies à l'étude sont loin d'être prouvées. Quant à la technologie disponible aujourd'hui, les batteries Lithium-ion, elle n'est pas satisfaisante pour stocker de gros volumes d'électricité : elle est à la fois trop coûteuse et requiert un volume énorme de batteries. Rappelons qu'on ne stocke dans un kilo de batterie que l'équivalent d'1/40-60 de l'énergie que l'on peut stocker dans un kilo d'énergie fossile, pétrole, gaz ou charbon. Si nous pouvions réduire ce ratio des deux tiers, les choses seraient très différentes. Non seulement l'autonomie des véhicules électriques pourrait doubler, ce qui accélérerait leur développement, mais stocker de gros volumes d'électricité deviendrait possible, ce qui pourrait accélérer le développement de l'électricité renouvelable, à la fois en termes de part de marché de production par rapport aux autres sources d'énergie, et pour l'électrification de l'économie.

En conclusion, une amélioration significative de la technologie des batteries est une condition nécessaire pour une transition énergétique rapide et profonde au-delà de 2035. Non seulement celle-ci permettra d'accroître la production d'électricité renouvelable, mais en outre, elle accélérera l'électrification de l'économie, et du transport notamment (qui est un gros morceau, en augmentation de surcroît, comme nous l'avons vu): l'autonomie des véhicules électrique approchera celle des véhicules thermiques. L'avion électrique, au moins pour les moyen-courriers, pourrait aussi se développer. L'électrification du transport fluvial, au moins en partie, deviendra elle aussi possible. En conséquence, atteindre un niveau élevé de renouvelable, au-delà de

70%, faute de pouvoir stocker l'électricité, requiert de disposer de capacités hydroélectriques ou de centrales au gaz.

Ou en est-on sur la recherche en matière de batteries ?

Actuellement, la technologie dominante dans les batteries est dite Lithium-Ion, mise au point dans les années 1980 au Japon. Cette technologie a apporté une très nette amélioration par rapport aux anciennes technologies et notamment les plus communes d'entre elles comme la batterie plomb-acide ou les batteries au nickel.

Le prix des batteries a chuté de 87% entre 2010 et 2019, de 1 100 Wh à 156 $/KWh. Les experts s'attendent à ce que les économies d'échelle rendues possibles par la forte croissance du parc de véhicules électrique permettent de réduire le coût des batteries à 95$/ KWh en 2028. À ce niveau de prix, la traction électrique est concurrentielle avec le moteur à explosion, même dans un scenario de prix du pétrole bas (40-50$/baril)[175]. Autour de 2030, le coût des batteries ne représenterait plus que 20% du prix d'un véhicule électrique contre un tiers en 2020 et la moitié en 2016[176]. Le développement du parc de véhicules électriques est aussi freiné par le niveau d'autonomie des batteries mais aussi le temps de chargement, au-delà de 30 minutes même en charge rapide. Les chercheurs travaillent donc à des solutions qui amélioreraient la technologie Lithium-Ion sur certains plans, notamment :

1) La densité énergétique, capacité à stocker de l'énergie dans une masse ou un volume donné. C'est le critère le plus important qui détermine en particulier l'autonomie des batteries, quel que soit leur usage ;
2) Les composants utilisés, en essayant de se tourner vers des produits abondants ;
3) Le temps de rechargement ;
4) La durée de vie ;
5) L'impact sur l'environnement ;
6) Le niveau de sécurité (les batteries peuvent prendre feu, notamment en cas d'accident) ;
7) Le coût de fabrication, lié en grande partie aux six premiers éléments.

Il existe une multitude d'options dans ce domaine, mais aucune n'a encore atteint un niveau de maturité technologique suffisant. Parmi celles-ci, on distingue essentiellement deux grandes routes, la deuxième ayant plusieurs voies : la première route est l'amélioration de la technologie lithium-ion, encore possible, et dont on peut espérer qu'elle permettra à la fois d'accroître la densité énergétique et de continuer à réduire les coûts de production. Néanmoins, les experts s'accordent sur le fait que cette technologie aura sans doute offert le maximum de son potentiel au milieu de la décennie 2020. L'autre route contient plusieurs options, elles sont nombreuses, et suppose une rupture technologique comparable à celle qu'a apportée la technologie lithium-ion. Celle qui semble avoir le plus de chances de se matérialiser est la technologie lithium-soufre, mais il est aujourd'hui trop tôt pour prévoir quelle sera l'option gagnante. Dans ce domaine, les effets d'annonce sont nombreux, Toyota indique par exemple qu'une batterie lithium-soufre sera commercialement disponible au milieu de la décennie 2020, mais d'autres start-up revendiquent aussi des progrès significatifs sur la base d'options différentes.

Les progrès réels ont été finalement assez lents si l'on tient compte des milliards de dollars investis dans le domaine, ce qui confirme bien que la mise au point d'une nouvelle technologie de batterie est une opération très complexe. Nous n'avons donc pas de certitude absolue qu'une technologie de rupture sera disponible dans les 10 à 15 prochaines années, même si des améliorations des technologies existantes sont quant à elles très probables.

Le développement de batteries de nouvelle génération est un enjeu stratégique : l'Europe ne s'y est pas trompé en annonçant un plan de soutien de plus de 3 milliards d'euros destiné à créer un « airbus » des batteries en Europe.

Le problème du ciment

A elle-seule, la production de ciment compte pour environ 8% des émissions de CO_2, soit plus des deux-tiers de ce qu'émet l'ensemble de l'Europe. La moitié vient de la réaction chimique qui intervient lors de la production de clinker, le produit de base qui entre dans la composition du ciment (et représente environ 70% du total). L'autre moitié vient de l'énergie utilisée, essentiellement du charbon, pour atteindre la température nécessaire au déclenchement de cette réaction chimique.

Le problème du ciment est que sa consommation continue de croître, notamment dans les pays en voie de développement, où les besoins en habitat restent immenses.

Plusieurs options technologiques sont à l'étude pour essayer de réduire ces émissions. Cela passe par une réduction de la proportion de clinker, qui peut être abaissée autour de 55%. L'association internationale des cimentiers étudie ainsi une option visant à utiliser de l'argile comme matière première. Une autre option à l'étude est la substitution du carbonate de calcium, la matière première de base qui lorsqu'elle est chauffée à haute température émet beaucoup de CO_2, par du gypse. L'hydrogène peut aussi aider à réduire les émissions des cimenteries en se substituant au charbon. Une dernière option est la captation et le stockage des émissions de CO_2 près des cimenteries : c'est possible mais coûteux en l'état actuel de la technologie.

Conclusion : scenario 2050

Résumons ici la situation en quelques chiffres clefs.

En 2050, nous sommes 9,1 milliards d'êtres humains sur terre. L'activité économique a plus que doublé, grâce à une croissance de 2,2% par an (soit 1,6% par habitant), si bien que par habitant en moyenne, nous produisons 25 000 dollars contre 15 000 en 2017.

Pour autant, la consommation d'énergie a baissé, mais pas celle de l'énergie réellement consommée et non perdue en chaleur, qui elle s'accroît de 25%.

Nous ne consommons quasiment plus de charbon, et la consommation de pétrole et de gaz est moitié moindre qu'aujourd'hui. Nos véhicules sont électriques en majorité, l'électrification progresse dans l'industrie. Les logements, bureaux et centres commerciaux sont bien mieux isolés et utilisent de l'électricité presque partout.

Voici donc quelle pourrait être la situation en 2050 dans ce scenario. Commençons par les émissions de CO_2 liées à la combustion d'énergies fossiles. Aux 10,4 milliards de tonnes liées à leur combustion, nous devons ajouter celles liées à la production de ciment (mais uniquement en raison de la réaction chimique car les émissions liées à la combustion dans ce secteur sont déjà comptées) ?

Dans le scenario de base, les émissions de CO2 liées à la combustion d'énergies fossiles baissent de 68%

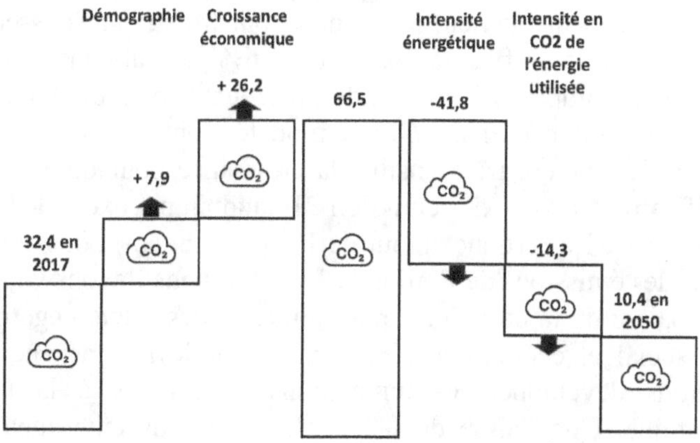

Comment alors atteindre l'objectif zero-émission? Quelles sont les hypothèses qui, si nous les modifions dans nos scénarios, nous permettraient de mieux nous en approcher ? Est-ce possible ou illusoire ?

Moins de croissance démographique et économique ?

Première option : une réduction de la croissance démographique. Il existe en effet un lien presque direct entre nombre d'habitants et émissions de gaz à effet de serre. En ayant, par exemple, une population de seulement 8,4 milliards d'habitants (contre 9,2 dans le scenario de base), on réduirait presque d'autant les émissions, de 10% environ. Toutefois, en raison des progrès dans le domaine médical, une telle réduction paraît difficilement atteignable, sauf à envisager, ce que personne ne peut réellement espérer, un évènement catastrophique (guerre ou épidémie) : une population plus nombreuse et plus âgée est bien le scénario le plus probable, et sans doute le plus souhaitable. Mais une progression moindre de la population mondiale, réduisant les émissions de 5% environ, est envisageable, il faudrait alors une baisse sensible de la natalité particulièrement dans les pays peu développés.

Deuxième option : une croissance économique moins forte. Dans notre scenario de base, celle-ci s'établit à 2,2% par an, ou 1,6% par habitant. Néanmoins, on ne peut guère attendre une croissance économique sensiblement inférieure, pour trois raisons essentielles : tout d'abord, le chiffre de 2,2%, soit 1,6% par habitant, traduit déjà une baisse comparée à la période précédente (plus de 3% par an et 1,8% par habitant). Ensuite, notre modèle montre qu'il nous faudrait réduire de manière très sensible la croissance pour obtenir un effet significatif au niveau des émissions. Il faudrait par exemple baisser la croissance à 1,8% (donc autour de 1% par habitant) pour obtenir une baisse des émissions de l'ordre de 15%. Or, nous l'avons vu, une trop forte baisse de la croissance pourrait avoir des effets négatifs sur le plan social et économique, mais aussi sur le rythme auquel nous pourrons développer les innovations nécessaires à la transition climatique. Une baisse de 0,2% est néanmoins envisageable, elle entraînerait une baisse des émissions de 5%.

Plus d'électrification et de renouvelable ?

Troisième option : croissance plus élevée encore de la part des renouvelables et hausse plus rapide de l'électrification de l'économie. Là encore, compte tenu des niveaux déjà très ambitieux intégrés dans nos scénarios, il paraît illusoire d'espérer une progression beaucoup plus rapide. En effet, nous savons que dépasser 80% de renouvelable sera en général très complexe et que l'électrification est difficilement concevable dans certains secteurs. L'hypothèse d'atteindre 67% d'électrification (ce qui suppose que l'électricité couvre les deux tiers de toutes nos utilisations d'énergie) est déjà très ambitieux. La même remarque s'applique aux hypothèses d'évolution de l'efficacité énergétique, peu à attendre de ce côté-là.

Essayons maintenant de construire un scenario plausible en jouant sur les différentes options. Imaginons qu'une moindre croissance économique et démographique permette de réduire les émissions de 4-6%. Nous économiserons alors environ 3 milliards de tonnes, et l'accroissement induit par la croissance de la population et de l'économie ne serait plus que de 63,5 milliards de tonnes.

Ce changement modéré de nos hypothèses de croissance démographique et économique est loin de suffire : l'écart entre le niveau prévu des émissions et celui qu'il nous faut atteindre est tel qu'il faudra aussi augmenter la part du nucléaire et faire décoller l'usage de l'hydrogène, à moins d'accroître de manière très considérable les émissions négatives. A ce jour, les émissions négatives sont de quelques millions de tonnes, les porter à 10,4 milliards de tonnes parait totalement irréaliste à l'horizon 2050.

En conséquence, la transition énergétique nécessite, au moins à court terme, de développer à la fois le nucléaire et l'hydrogène, la mise en œuvre d'une seule de ces deux options n'est pas suffisante.

La nécessaire contribution du nucléaire

Le nucléaire n'est pas une énergie renouvelable mais émet très peu de CO_2 : il s'agit donc d'une option possible pour réduire les émissions de CO_2. A la suite de la catastrophe Fukushima, plusieurs pays ont décidé de réduire ou mettre fin à l'utilisation de l'énergie nucléaire pour la production d'électricité, considérant que l'usage de cette énergie était trop risqué. En réalité, la baisse de la part de marché du nucléaire avait commencé bien avant cette catastrophe, dès le début des années 2000. Contrairement à une idée communément admise, le bilan du nucléaire en termes de mortalité et santé publique est bien meilleur que celui des énergies fossiles : cela reste vrai même dans l'hypothèse d'un accident nucléaire tous les 40 ans environ. Un des problèmes du nucléaire est bien sûr la gestion des déchets, la durée de vie de certains se comptant en centaines de milliers voire millions d'années.

Les défenseurs du nucléaire rappellent néanmoins que le volume des déchets à vie longue est très réduit : ceux produits par l'ensemble des centrales françaises depuis leur construction tiendraient dans une piscine olympique[177]. Or, l'on connaît des espaces en profondeur qui n'ont pratiquement pas bougé depuis des millions d'années.

Le problème du nucléaire est plutôt son coût. Tout d'abord, celui de la gestion des déchets à long-terme dès l'instant où l'on veut pouvoir intervenir en profondeur si besoin est. Ensuite celui des coûts de construction qui ont explosé pour les nouveaux sites, notamment ceux utilisant la technologie EPR. Enfin les délais de mise en œuvre semblent hors de contrôle pour certains sites. Toutefois, l'électricité produite par les sites déjà largement amortis reste très compétitive, c'est pourquoi la prolongation de la durée des sites existants est souvent une très bonne option, sans risque particulier en termes opérationnels.

En imaginant que nous revenions en 2050 à une part de marché pour le nucléaire de 12% dans la production d'électricité, égale à celle que nous avions en 2007 (mais très en dessous du pic de 1999 à 18%), le nucléaire se substituant essentiellement à des centrales électriques au gaz, la réduction des émissions de CO_2 pourrait atteindre 2 milliards de tonnes. Le développement de la recherche permet aussi d'envisager des réacteurs de plus petite dimension, mieux adaptés aux plus petits pays ou zones à moindre densité de population. Le premier d'entre eux a été mis en opération en Chine en 2021[178]. A plus long terme, des réacteurs de nouvelle génération pourraient voir le jour, produisant moins de déchets ou utilisant pour partie les déchets des armes nucléaires tout en offrant une sécurité renforcée[179].

Sauf avancée majeure dans la recherche, le nucléaire n'est peut-être pas une énergie du XXIIe, mais elle reste une énergie de transition pour le XXIe siècle avant que, par exemple, la fusion nucléaire ne puisse devenir réalité.

Le bilan sanitaire de l'explosion de la centrale de Fukushima

Première évidence, l'explosion de la centrale ne peut être considéré comme un accident : elle est due à une erreur de conception du mur de protection qui n'avait pas été construit pour résister à un important tsunami, pourtant fréquent dans cette région. Elle aurait donc pu être évitée. Deuxièmement, une étude détaillée des autorités japonaises n'a noté aucune surmortalité par cancer, si bien que le bilan de mortalité reste extrêmement faible, moins d'une dizaine de morts. A titre de comparaison, les énergies fossiles sont considérées comme responsables de la mort de 8,7 millions de personnes par an dans le monde (source : Sylvan Fondation, dont près de 30 000 pour la seule Allemagne). Ce bilan étonnement faible est dû aux actions prises par le gouvernement japonais dès les premiers jours de la catastrophe et particulièrement l'évacuation des zones contaminées. D'ailleurs, le Japon a décidé de relancer son programme nucléaire, seul moyen réaliste pour réduire ses émissions de CO_2.

Et celle de l'hydrogène

L'hydrogène est l'autre énergie indispensable à la transition énergétique. L'hydrogène peut être produit de différente façon, et à chacun des modes de production, on attribue une couleur. L'hydrogène gris et bleu sont produits à partir de gaz naturel, mais le deuxième est associé à des technologies de récupération du CO_2. L'hydrogène vert est produit grâce à l'électrolyse de l'eau, utilisant de l'électricité dont la production ne génère pas ou très peu de CO_2, solaire ou éolien : la société Siemens a lancé une expérimentation au Danemark[180] pour la production d'hydrogène utilisant de l'électricité éolienne. Des recherches sont aussi menées sur celle utilisant l'énergie nucléaire, l'hydrogène est alors appelé hydrogène jaune. Dernière source possible, l'hydrogène extrait du sol, appelé hydrogène blanc. On produit déjà un important volume d'hydrogène gris, c'est une large majorité des 75 millions de tonnes produites chaque année. Ce dernier ne réduit pas les émissions de CO_2 car s'il ne s'accompagne d'aucune émission de CO_2 lorsqu'il est utilisé comme carburant, il entraine en effet un volume élevé lors de sa production, de telle sorte que le bilan est en fait pire que pour l'essence ou le diesel. L'hydrogène bleu permet d'améliorer la situation, mais seule une partie des émissions de CO_2 sont captées lors de la production, si bien que là encore, il ne permet de réduire que d'assez peu les émissions des véhicules par rapport à ceux équipés d'un moteur à combustion. Dans tous les cas, le coût de production de l'hydrogène reste très élevé, de deux à trois fois plus que l'essence ou le diesel[181].

L'hydrogène pose d'énormes défis sur le plan logistique. Ceux-ci sont liés à ses propriétés physiques et on ne peut donc attendre qu'une révolution technologique les transforme et abaisse ainsi son coût de manière suffisante pour rendre cette option réellement attractive à grande échelle. La voiture à hydrogène reste donc une option complexe et coûteuse, elle le restera, surtout dans l'hypothèse de l'amélioration des performances des batteries, et de nombreux experts doutent que son utilisation puisse s'étendre au-delà de certaines applications spécifiques (bus, véhicules haut de gamme). En réalité, pour la masse des véhicules privés, développer l'hydrogène en parallèle de l'électricité, option bien moins coûteuse, est une absurdité : en effet, il faudra doubler la logistique de distribution, l'une pour des points de chargement rapide, l'autre pour la distribution d'hydrogène. Ceci revient un peu à construire deux ponts en parallèle, l'un a côté de l'autre, plutôt que d'accroître les capacités du premier.

Néanmoins, en se concentrant sur quelques secteurs, industries lourdes opérant à haute température, aviation, bus, trains, éventuellement flottes d'entreprise opérant sur une zone relativement étroite et des circuits limités et bien établis, la contribution de l'hydrogène à la réduction des émissions pourrait être significative. Il peut se substituer au charbon dans les industries qui opèrent à haute température, comme la production d'acier et de ciment, gros émetteurs de CO_2. Dans le transport, Airbus affiche l'ambition d'avoir un avion fonctionnant à l'hydrogène en 2035[182], mais de nombreux spécialistes restent dubitatifs compte tenu de l'ampleur du défi technologique : il est encore trop tôt pour se prononcer sur la viabilité d'un avion gros porteur fonctionnant à l'hydrogène et en tout état de cause, il est très peu probable qu'il soit prêt en 2035[183]. Compte tenu du temps nécessaire pour adapter la logistique aéroportuaire et renouveler la flotte, il est illusoire d'imaginer que cette option permettra de réduire de manière sensible les émissions du secteur de l'aviation à l'horizon 2050.

L'hydrogène blanc, nouvel Eldorado ?

L'hydrogène blanc est extrait du sol à des profondeurs variables. Il s'apparente beaucoup au gaz naturel pour les techniques d'extraction et la chaîne de distribution. Néanmoins, un kilo d'hydrogène contient près de 3 fois plus d'énergie qu'un kilo de gaz naturel et, en brûlant, il ne dégage aucun CO_2 (car contrairement à la molécule de gaz naturel, CH_4, la molécule d'hydrogène, H2, ne contient pas de carbone). Comme le gaz naturel, il peut être transporté par pipeline, sinon il doit être compressé. Un des problèmes concernant l'hydrogène blanc est que l'on ne connait pas les réserves disponibles, mais de nombreux scientifiques estiment qu'elles pourraient être abondantes et réparties de manière relativement uniforme.

Selon un rapport réalisé par le *Hydrogen Council*, l'hydrogène pourrait représenter 18% de la demande d'énergie en 2050, dont un tiers environ pour le transport : il s'agit d'une hypothèse haute, et il paraît plus raisonnable d'attendre une pénétration comprise entre 3 et 6%. L'AIE prévoit une contribution de 5,8% en 2050, une multiplication par plus de 5 des volumes produits et consommés (jusqu'à 500 Millions de tonnes en 2050), un objectif qui semble déjà assez ambitieux puisqu'il implique un développement considérable dans les transports avec une part de marché supérieure à 15% en 2050, dont une utilisation importante pour l'aviation et le transport routier.

Au total, l'option hydrogène pourrait contribuer à une réduction de 3 à 4 milliards de tonnes de CO_2.

Enfin, il nous faudra aussi compter sur des émissions négatives, et celles-ci devront être massives. Il nous resterait en effet 6,8 milliards d'émissions à compenser par des émissions négatives. Bien que ce chiffre reste très élevé, on peut envisager de l'approcher par une combinaison de solutions technologiques :

1) Reforestation : replanter massivement des arbres pourrait aider à réduire nos émissions de 3 à 4 milliards de tonnes. Pour atteindre un tel niveau, il faudrait envisager de replanter l'équivalent de la Belgique, ce qui à l'échelle de la planète, semble faisable.
2) Promouvoir la séquestration de CO_2 avec enfouissement en profondeur ou toute autre technologie qui deviendrait commercialement viable vers 2035-2040.

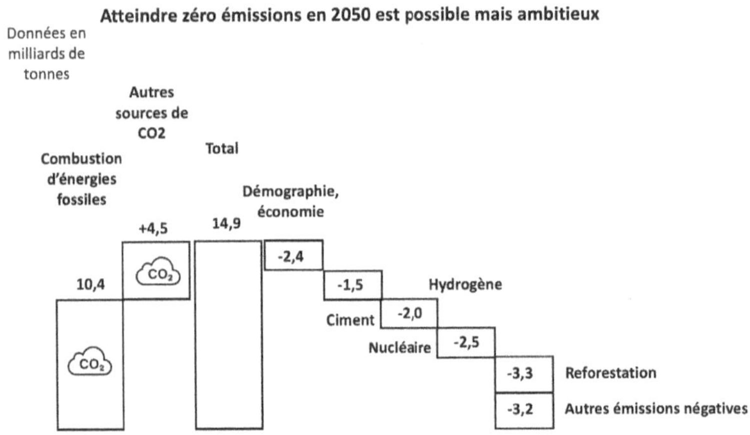

Les émissions négatives

On parle d'émissions négatives pour toutes les technologies ou procédés qui détruisent du CO_2. Les plus connues d'entre elles sont les forêts et les océans, qui ont la capacité d'absorber des grandes quantités de gaz carbonique. Selon le *World Wildlife Fund* (WWF)[184], la surface des forêts a été réduite de 43 millions d'hectares entre 2004 et 2017, soit l'équivalent du Cameroun. Une première étape serait donc de réduire la déforestation à zéro.

Par ailleurs, essayer de reproduire la réaction naturelle des plantes qui absorbent naturellement du CO_2 est une option prometteuse mais complexe sur laquelle des recherches sont en cours mais encore loin d'être arrivées à maturité.

Du coté des autres technologies de captation du CO_2, les nouvelles ne sont malheureusement pas très bonnes. Les techniques de captation du CO_2 dans l'atmosphère sont à la fois coûteuses et loin d'être au point techniquement, même si un certain nombre de sites sont déjà en activité. Le principe est le suivant : on capte le CO_2 dans l'atmosphère, puis on le stocke en grande profondeur ou on le transforme en produits chimiques. Dans les deux cas, c'est assez coûteux : pour chaque tonne de CO_2 récupérée, il faut débourser entre 20 dollars et 270 dollars[185].

Pour comprendre ce que veulent dire ces chiffres, une taxe de 20 dollars la tonne de CO_2 ne représente qu'environ trois centimes au litre d'essence au litre[186]. En revanche, 270 dollars c'est autour de 40 centimes, ce qui est considérable : rappelons qu'une quasi-révolution a été déclenchée en France face à la perspective d'instaurer une taxe carbone de quelques centimes !

Cet écart énorme est lié aux différentes options technologiques, elle souligne aussi combien les technologies de captation et de stockage de CO_2 ne sont pas encore mûres. Certains experts considèrent même que nous ne maîtrisons pas réellement les enjeux technologiques à long terme liés au stockage en sous-sol et que nous sommes, de ce fait, dans l'incapacité d'estimer le coût réel. Les écarts tiennent aussi à la concentration de CO_2 dans l'air : ainsi, le coût est réduit à 15-25 USD/t de CO_2 pour les procédés industriels produisant des flux de CO2 « purs » ou très concentrés (comme la production d'éthanol ou le traitement du gaz naturel), il monte à 40-120 USD/t de CO_2 pour les procédés avec des flux de gaz «dilués», comme la production de ciment et la production d'électricité, tandis que le captage du CO_2 directement dans l'air est l'approche la plus coûteuse, au-delà de 200$ la tonne.

Ce coût élevé tient en partie à un paradoxe : s'il est si coûteux de capturer du CO_2 dans l'atmosphère, c'est qu'elle en contient très peu. Avec une densité moyenne de 400 ppm (particules pour un million de particules), capturer une molécule de CO_2 revient à rechercher dans un sac contenant 2 000 boules rouges une seule bille bleue : il faut donc brasser beaucoup d'air pour obtenir un volume significatif de CO_2. Même dans le cas où la captation se fait près d'installations qui en émettent beaucoup, une partie seulement du CO_2 émis, les deux tiers environ, est récupéré. L'autre contrainte est que ce procédé de récupération est très gourmand en énergie. Enfin, une fois récupéré, le CO_2 doit être compressé et stocké en profondeur.

C'est une solution qui pourrait être attractive pour des zones où se concentrent des usines avec de fortes émissions, cimenteries, centrales à charbon : comme il y en beaucoup plus dans l'environnement immédiat et en hauteur de ces usines, c'est moins coûteux. A priori, on ne stockera pas le CO_2 sur place, il sera transporté par pipeline à des champs pétroliers ou gaziers en grande profondeur déjà assez largement exploités : y réinjecter un autre gaz, le CO_2, ne devrait pas poser de problèmes majeurs, puisque l'exploitation du gaz et pétrole a consisté à extraire des poches de gaz et de pétroles présentes dans le sous-sol et très stables depuis des millions d'années. Certes, une fois enseveli, les fuites sont toujours possibles mais, en réalité, assez facilement contrôlables (on le fait déjà aujourd'hui pour éviter que du gaz naturel s'échappe des plateformes dans l'atmosphère).

Cette option fait l'objet d'importantes recherches par les sociétés pétrolières et gazières notamment, mais la grande question est comment couvrir ce coût très élevé de captation. Quand une société pétrolière exploite un champ pétrolier, elle peut vendre son gaz et pétrole pour payer l'ensemble de ses coûts, et souvent dégager des profits élevés. Mais quand on capture du CO_2, il n'y a que des coûts et très peu de revenus. Une taxe CO_2 très insuffisante pour couvrir tout le coût correspondant à la captation et l'enfouissage en profondeur.

A moins que les coûts de captation ne soient payés par l'émetteur, la cimenterie, l'aciérie, la centrale au gaz ou au charbon, ce qui ne peut que fortement renchérir le coût et donc le prix des produits que ces usines vendent, en plus de l'achat des matières premières dont elles ont besoin (gaz ou charbon pour les centrales électriques, autres matières premières pour les cimenteries et aciéries). Or, il n'y a pas de visibilité claire sur l'évolution de la prime (taxe) qui sera affectée à la captation de CO2. Sa hausse, à court-terme, se traduit par un accroissement des prix, avant que les consommateurs finaux, entreprises et consommateurs, n'ajustent leur comportement. Les gouvernements, poussés par l'inquiétude de leurs peuples, très sensibles à l'accroissement des prix, et pour de bonnes raisons, sont donc très lents à s'engager. Sans compter que cela nécessite une coopération mondiale : si le coût et le prix du ciment ou de l'acier par exemple (l'électricité ne se transporte pas d'un continent à l'autre) augmente, il sera tentant de l'acheter dans les zones qui appliquent une taxe CO_2 à la production plus faible.

Toutes ces options sont possibles, mais il est illusoire d'imaginer qu'elles pourront être mises en œuvre à une grande échelle sans un coup de pouce fiscal et des accords internationaux, donc sans taxer plus lourdement, d'une manière ou d'une autre, les émissions de CO_2 de manière à rendre ces technologies plus attractives. Cela renchérira le coût de l'énergie, mais pour une petite partie de la production. En 2021, quelques signes encourageants ont été enregistrés : le nombre de sites avait déjà plus que doublé et le volume du CO2 capturé dans l'atmosphère a atteint 40 millions de tonnes. L'AIE y voit le signe que l'objectif de 1,5 milliards[187] de tonnes en 2040 pourrait être atteint.

Conclusion : peut-on arriver à un scénario zéro émissions

On le voit, ce scénario est possible, même s'il reste très ambitieux. Il ne se réalisera qu'à plusieurs conditions.

Sur le plan démographique, il nous faudrait un ralentissement un peu plus sensible de la population que ne suggèrent les projections des Nations Unies. Au niveau économique, nous devons atteindre une croissance plus inclusive pour que le niveau de vie des populations continue à s'améliorer avec un niveau de croissance par tête plus faible que ce que nous avons connu depuis 1990.

Sur le plan politique, il est urgent que les gouvernements accélèrent la mise en place des taxes et législations qui inciteront les acteurs publics et privés à se transformer, plaçant l'efficacité énergétique et le changement climatique au cœur de leurs préoccupations. Depuis 2020, plusieurs signaux encourageants sont enregistrés. Le premier et le plus important d'entre eux est le retour des États-Unis dans l'Accord de

Paris et le club des nations décidés à faire avancer la cause de la lutte contre le changement climatique. Le deuxième est le fait que la Chine se soit enfin engagée sur un objectif ambitieux, celui d'atteindre la neutralité carbone en 2060. Par ailleurs, la hausse du prix de la tonne de CO_2, qui avait dépassé les 40 euros en Europe avant la guerre en Ukraine est une bonne nouvelle ; pour la première fois, la production d'électricité à partir de gaz était devenue plus économique que celle utilisant du charbon.

Autre note positive, près de 140 pays ont un objectif zéro émissions, dont une large majorité en 2050, ils totalisent près de 80% de la population et activité économique mondiale.

Un autre signal encourageant vient du secteur privé : le magazine Forbes estime que près d'un quart des plus grandes entreprises mondiales ont maintenant un objectif zéro émissions, pour une majorité dès 2040. Le problème est que les engagements des sociétés privées sont déclaratifs, n'entraînent pas de pénalité s'ils ne sont pas atteints et que certaines sociétés présentent leurs données pour apparaitre plus vertes qu'elles ne le sont, faisant ce que les spécialistes appellent du *green washing*. Certaines associations néanmoins font un travail sérieux d'évaluation des politiques environnementales des sociétés privées.

La transition énergétique passe par une taxation des émissions de manière à inciter les consommateurs à ajuster leurs comportements. Or, une taxe de 50 euros par tonne de CO_2 accroîtrait le prix de l'essence d'environ 10 centimes par litre, et celui d'un billet d'avion long-courrier de 100 euros, ce qui n'est pas négligeable[188]. Si le principe d'une taxe CO_2 aux frontières mise en œuvre en Europe en 2023 est acté, les modalités d'application doivent encore être définies.

Nous l'avons vu, si une partie de la transition énergétique peut s'appuyer sur des technologies existantes et commercialement viables, comme la production d'électricité renouvelable éolienne ou solaire ou encore les pompes à chaleur et les technologies d'isolation des bâtiments, toutes les technologies nécessaires pour atteindre la neutralité carbone ne sont pas encore au point. C'est particulièrement le cas pour les batteries, les émissions négatives ou encore l'hydrogène. L'AIE estime ainsi que la moitié des réductions intervenant entre 2030 et 2050 seront liées à de nouvelles technologies.

Dans son dernier rapport publié en 2021, l'AIE a produit pour la première fois une feuille de route détaillée pour atteindre la neutralité carbone à un horizon 2050.

Celle-ci est peut-être la partie la plus intéressante du rapport puisqu'elle donne des indications précises sur les grandes étapes de la transition énergétique d'ici à 2050. L'AIE ne se contente donc pas de lancer un cri d'alarme, de proposer plusieurs scénarios alternatifs (de manière à montrer le lourd prix de l'inaction), elle trace aussi le chemin vers la transition énergétique en montrant ainsi qu'il n'est pas trop tard mais que plusieurs étapes clefs devront néanmoins être franchies dans les prochaines années.

Cette feuille de route apporte plusieurs enseignements intéressants : le premier message tient dans la recommandation, qui a fait grand bruit, d'arrêter les nouveaux projets gaziers et pétroliers….dès maintenant. En effet, compte tenu du temps nécessaire pour développer les nouveaux champs, puis de leur durée de vie d'exploitation, les décisions prises aujourd'hui engagent le futur des 40 prochaines années. Les sociétés pétrolières ont brutalement compris qu'il leur fallait trouver un nouveau modèle économique et n'allouer presque plus de capital au développement d'activités qui ont été pendant plus d'un siècle le cœur de leur activité. Si les sociétés pétrolières engagent pour certaines un virage stratégique majeur, réduisant fortement leurs investissements en exploration, nous sommes encore loin de l'objectif de l'AIE de renoncer à tout nouveau projet.

L'arrêt des investissements dans l'exploration fait d'ailleurs débat : pour de nombreux observateurs, c'est avant tout à la demande qu'il faut s'attaquer, l'offre s'ajustant à cette dernière. En d'autres termes, pas de demande, pas de projets pétroliers et gaziers (en outre, plus de capacités permet de contenir les prix surtout si la demande baisse).

L'autre recommandation essentielle est l'arrêt de la construction de toute nouvelle centrale à charbon dès aujourd'hui.

Mais in fine, en dehors de ces deux recommandations critiques pour l'industrie charbonnière, pétrolière et gazière, d'ici à 2035, les actions prévues sont limitées et reposent sur la mise en œuvre de technologies prouvées.

En revanche, un effort majeur doit être réalisé en matière de recherche et de développement pour que les nouvelles technologies permettant de franchir les étapes suivantes au-delà de 2035 soient prêtes à cette date. Or, dix ans pour développer de nouvelles technologies, c'est à la fois beaucoup et très peu si l'on considère qu'il nous faudra à la fois :

- Améliorer la technologie des voitures électriques (du côté des batteries) pour que leur pénétration puisse dépasser 60% des nouvelles ventes. Nous sommes aujourd'hui à près de 10% et le niveau de 60% parait difficilement atteignable avec les technologies actuelles et celui d'aller bien au-delà, irréaliste. L'annonce faite par plusieurs pays de bannir les moteurs à explosion autour de 2035-2040 a peu de chance de devenir réalité sans d'importants progrès dans les technologies des batteries. Ceux-ci seront encore plus essentiels pour permettre d'atteindre 50% de camions électriques à partir de 2035. Avec les technologies actuelles, les spécialistes doutent que leur pénétration puisse dépasser quelques pourcents[189].
- Le développement de technologies pour construire à grande échelle des bâtiments à très faible émissions (si ce n'est zéro). Ces bâtiments existent mais ils sont aujourd'hui handicapés par leur coût élevé et très peu nombreux.
- Des avancées majeures dans la production d'hydrogène propre, mais aussi des technologies bas-carbones pour les industries opérant à haute température (aciéries, cimenteries).
- Des avancées significatives dans les technologies d'émissions négatives.

S'y ajoute, avant 2035, le développement de technologies permettant aux avions et bateaux de réduire très fortement leurs émissions. Trois options possibles, l'électricité (qui pourra devenir réalité pour des vols moyen-courrier seulement si la technologie des batteries s'améliore fortement), l'hydrogène (très complexe et aléatoire) et les carburants propres (solution qui pose la question de la ressource).

Les quinze années de 2021 à 2035, devraient donc avant tout être celles de la Recherche et le développement. L'AIE appelle les secteurs publics et privés à unir leurs forces pour relever ces défis technologiques.

Nous y voilà, un scénario zéro émissions est donc possible mais :

- Il implique d'importants changements économiques et la taxation des émissions de CO_2 et de nouvelles avancées sur le plan technologique.
- L'impérieuse nécessité de jouer sur tous les tableaux. Atteindre un objectif de neutralité carbone nécessitera à la fois d'améliorer de manière massive l'efficacité énergétique, de développer la production d'électricité renouvelable, d'accélérer l'électrification de l'économie, d'utiliser l'hydrogène et de favoriser les émissions négatives.
  Une politique volontariste, encouragée par des législations adéquates, des aides aux secteurs économiques les plus concernés par la transition énergétique. Pour certaines activités économiques, une profonde transformation sera nécessaire, pour d'autres elle sera plus légère.
- Des transferts de technologie et aides massives, mais ciblées et dont on contrôle l'usage, aux pays les moins développés pour les aider dans leur transition énergétique. Point essentiel. Rappelons qu'une partie importante et croissante des émissions vient des pays en voie de développement et que celle-ci sont globales, or ce qui est émis à Bombay affecte autant Paris que l'inverse. C'est pourquoi, pour un pays développé, il sera plus judicieux d'aider ces pays à contenir leurs émissions en déployant des technologies existantes que d'investir massivement pour éliminer ses dernières émissions.

Pour conclure sur une note optimiste, rappelons quelques faits importants concernant la transition énergétique :

1) Avec les technologies existantes, l'électricité bas-carbone (renouvelables et nucléaire) ne coûte pas plus cher que l'électricité conventionnelle produite à partir de charbon ou de gaz, mais plutôt moins.

2) La plupart des technologies qui permettent d'économiser de l'énergie sont économiquement viables, elles n'entraîneront pas de surcoût à long terme mais devraient plutôt favoriser une baisse des coûts de l'énergie.
3) Dans l'hypothèse du développement des batteries de seconde génération, le véhicule électrique ne sera pas plus coûteux que le véhicule thermique, même avec un prix du pétrole de l'ordre de 40 dollars au baril, mais plus économique. S'il devient aussi plus confortable en termes d'autonomie, comme il offre un agrément de conduite au moins égal à celui du moteur thermique, il sera gagnant sur presque tous les tableaux.

Nous avons vu par ailleurs que la transition énergétique permettra de réduire le niveau de corruption dans le secteur énergétique tout en tarissant une partie des sources de financement pour les groupes terroristes.

Et si de nouvelles options technologiques pouvaient nous permettre de trouver une solution massive et rapide au risque de changement climatique ?

Nous l'avons vu, il existe un certain nombre de conditions pour que la transition énergétique puisse s'accélérer et que nous puissions ainsi éviter une hausse supplémentaire des températures supérieure à 0,5 °C.

Deux d'entre elles sont critiques : le développement de batteries de nouvelle et génération et l'amélioration des techniques de captation du CO_2 pour permettre d'obtenir un niveau suffisant d'émissions négatives.

Toutefois, est-il possible d'envisager aussi de nouvelles options technologiques réellement révolutionnaires qui apporteraient une solution au problème, idéalement rapidement ?

La première de ces technologies du futur est la fusion nucléaire, différente de celle que nous connaissons, la fission nucléaire. Son principe est le développement d'une énergie propre et abondante. D'une manière simple, la fusion nucléaire essaye de reproduire la réaction qui alimente le soleil en énergie : il s'agit donc de créer une sorte de mini-étoile, mais sur Terre. Un programme international, ITER, a reçu près de 20 milliards d'Euros pour avancer sur ce sujet, mais de l'avis même de ses responsables, il est à ce jour impossible de savoir si ces investissements auront été réalisés à fonds perdus ou s'ils déboucheront un jour sur des applications concrètes. De récents développements grâce à un aimant développé par le MIT permettent néanmoins de caresser l'espoir d'y arriver dans un délai raisonnable, puisqu'il est prévu qu'un réacteur expérimental entre en service dès 2025[190] et qu'un réacteur commercial soit raccordé au réseau dès 2030, soit avant même que ITER n'ait terminé son cycle de test vers 2035. En tout état de cause, même dans le scénario le plus favorable, il est peu probable que nous soyons en mesure de produire de l'énergie à partir de la fusion nucléaire de manière commercialement viable et à grande échelle avant de très nombreuses années. Se posera aussi la question du coût de cette énergie. Il paraît très aléatoire que tout miser sur la fusion nucléaire, ce d'autant plus que dans ce domaine, les effets d'annonce (destinés à attirer des capitaux) sont fréquents et que, contrairement à ce que l'on lit souvent, cette énergie n'est pas disponible en quantité illimitée (elle utilise beaucoup d'eau).

D'autres options technologiques sont également ardemment défendues par leurs promoteurs. Nous en dressons la liste ici, sachant que celle-ci tend à grandir de mois en mois[191].

- Reproduire les effets d'une éruption volcanique
- Les algues mangeuses de CO_2 ;
- Planter 1 000 milliards d'arbres ;
- Semer du verre pilé sur la banquise ;
- Regeler l'Arctique avec des éoliennes ;
- Blanchir les nuages ;
- Répandre du sable vert sur les plages ;
- Modifier génétiquement les plantes pour qu'elles soient plus claires et réfléchissent le soleil ;
- Créer des millions de microbulles à la surface de l'océan pour réfléchir le soleil ;
- Détruire les nuages de haute altitude (qui accentuent l'effet de serre) avec un rayon laser ;

- Déployer un miroir géant dans l'espace pour réduire le rayonnement solaire ;
- Construire un immense mur autour des principaux glaciers pour les empêcher de fondre ;
- Créer des icebergs hexagonaux avec des sous-marins pour refroidir l'océan.

Examinons quelques-unes d'entre elles plus en détail.

Reproduire les effets d'une éruption volcanique

Les éruptions volcaniques peuvent avoir un effet double sur le climat, en faisant baisser la température. Tout d'abord, lors d'une éruption, des millions de tonnes de dioxyde de soufre peuvent être envoyées dans la haute atmosphère qui par réaction chimique avec l'eau de l'atmosphère, forment des aérosols d'acide sulfurique absorbants et réfléchissants, ce qui provoque une chute de température. Cet effet fut mesuré à plusieurs reprises, et notamment en 1883 lors de l'éruption du volcan Indonésien Krakatoa. Ainsi, ce dioxyde de soufre, que nous avons rencontré plus tôt comme émission polluante résultant de la combustion de charbon, peut avoir, en haute altitude un effet positif en réfléchissant vers l'espace une partie du rayonnement solaire[192].

Aussi le prix Nobel Paul Crutzen a-t-il proposé d'envoyer du soufre dans l'atmosphère, de la même façon que le font les éruptions volcaniques, ayant constaté un effet refroidissant significatif lors de l'éruption du Mount Pinatubo aux Philippines en 1991.

D'autre part, les millions de tonnes de cendres relâchées par les volcans sont riches en fer et retombant dans la mer, elles « fertilisent » les organismes marins et participent à la capture de CO_2 par différents mécanismes biologiques et chimiques. L'éruption du volcan islandais l'Eyjafjöll en 2010 avait ainsi dopé la production de phytoplancton dans la région. Des chercheurs de l'université de Southampton avancent donc l'idée de reproduire cet effet naturel en aspergeant l'océan avec des cendres volcaniques depuis un bateau.

L'option souffre est néanmoins considérée comme potentiellement dangereuse, les climatologues s'inquiétant des conséquences potentiellement incontrôlables, dangereuses, imprévues et irréversibles que pourrait avoir une action visant à délibérément modifier le climat.

Les algues mangeuses de CO_2

Cette idée fait l'objet de nombreuses recherches et un article publié en août 2019 dans la revue *Current Biology* suggère que la culture d'algues pourrait être une option intéressante pour obtenir les fameuses émissions négatives dont nous avons besoin.

C'est la proposition de chercheurs de l'université de Santa Barbara : cultiver et récolter des algues en vue de les immerger au fond des océans, où le carbone absorbé par photosynthèse serait envoyé par grand fond. « Ce n'est pas une solution miracle, ni une industrie qui existe encore. Mais elle a un potentiel énorme », affirme Halley Froehlich, l'auteure principale de l'étude.

Le problème est que pour obtenir un effet significatif, il faut cultiver de très grandes surfaces : pour extraire de l'atmosphère l'équivalent de la moitié des émissions carbonées du secteur agroalimentaire (hors déforestation), il faudrait cultiver des algues sur 7 millions de km^2 d'océans, ce qui correspond à multiplier par 3 600 la surface mondiale des fermes aquacoles. Selon l'étude, la Californie pourrait tester efficacement ce dispositif, en raison de sa politique volontariste en faveur du climat et ses eaux marines riches en nutriments. Une couverture de 3,8% de la zone économique exclusive de la Côte Ouest suffirait à compenser les émissions carbonées de l'ensemble du secteur agricole californien[193].

Planter 1 000 milliards d'arbres

Les arbres absorbent du CO_2 et rejettent de l'oxygène grâce à la photosynthèse. C'est le moyen le plus simple et fiable de créer des émissions négatives. Le chercheur britannique Thomas Crowther, qui travaille a l'ETH Zürich en Suisse, a calculé qu'il serait possible d'ajouter 1 000 milliards d'arbres à la couverture forestière actuelle, ce qui permettrait de capturer 205 gigatonnes de CO_2 dans les prochaines décennies, soit six fois la quantité émise en 2019 dans le monde. « Si nous plantions ces arbres aujourd'hui, le niveau de CO_2 dans l'atmosphère pourrait être diminué de 25% », indique l'étude publiée par la revue Science en 2019 et à laquelle a participé Thomas Crowther. Ces préconisations sont en ligne avec le GIEC, qui cite aussi l'afforestation comme moyen de limiter le réchauffement climatique.

Mais certains scientifiques remettent en cause ces calculs, d'autant plus que les arbres plantés sont beaucoup moins efficaces pour stocker le carbone que les forêts naturelles. S'ajoute que pour planter 1 000 milliards d'arbre, avec 1 000 arbres à l'hectare en moyenne, il faudrait une surface équivalente à celle des États-Unis, à supposer que les surfaces plantées ne soient pas déjà couvertes d'arbres.

Au total, ces différentes options, bien que théoriquement possibles pour certaines d'entre elles, apparaissent néanmoins comme très risquées, d'un coût mal connu et d'une faisabilité douteuse.

Septième partie : Et moi, que puis-je faire à mon niveau ? Par où commencer ?

On peut être convaincu de la réalité du changement climatique, de la nécessité d'agir vite mais se trouver un peu désemparé et découragé par rapport à l'ampleur de la tâche, considérer que ses actions individuelles auront peu d'impact, ou encore ne pas avoir envie de renoncer à certains aspects de son confort matériel ou habitudes de consommation. Si vous êtes, comme moi, dans cette situation, bonne nouvelle, des actions sont possibles, pour certaines à fort impact.

La première étape est de se convaincre qu'une action est possible et utile au niveau individuel, en acceptant le principe que tout ne pourra être résolu à coups de taxes et de règlements, ou encore grâce aux nouvelles technologies. Pour maximiser notre impact, nous devons adopter une approche holistique, en prenant en compte toutes les dimensions possibles en nous souvenant que nous sommes à la fois consommateurs, employés, épargnants et citoyens. Malheureusement, nous ne contrôlons directement que 30 à 40% de nos émissions : si nous pouvons choisir de rouler électrique ou de nous chauffer à l'électricité, mais ne décidons pas de la façon dont notre fournisseur d'électricité produit notre électricité bien que dans ce cas précis une forme de choix soit possible puisque certains proposent une électricité verte à faible émission. Nous n'avons aucun contrôle sur la façon dont les administrations publiques, l'école ou l'hôpital par exemple, se chauffent et économisent de l'énergie, pas plus que nous contrôlons les émissions de la plupart de nos fournisseurs privés des objets ou services que nous consommons.

Un autre aspect est d'ignorer ceux qui souhaitent nous culpabiliser en soulignant un comportement passé peu vertueux, tout en étant en général discret sur le leur. Dans ce domaine, les injonctions punitives ne produisent guère de résultats concrets, seuls comptent les actes.

Il faut également éviter de tomber dans le piège du *Greenwashing*, tout en sachant que ce mot est souvent employé à tort et travers. Il existe en effet des actions qui ont l'air vertueuses sur le plan environnemental, mais qui ont sur le climat, soit peu d'effet, ou pire un effet contraire. Avant donc de changer ses comportements, il est indispensable de bien se renseigner, internet offre de ce point de vue l'opportunité d'accéder à de bonnes informations, parfois issues de médias alternatifs mais rigoureux[194].

Enfin, éviter à tout prix l'attitude du tout ou rien : si je ne suis pas capable de réduire mes émissions à zéro, alors autant ne rien faire.

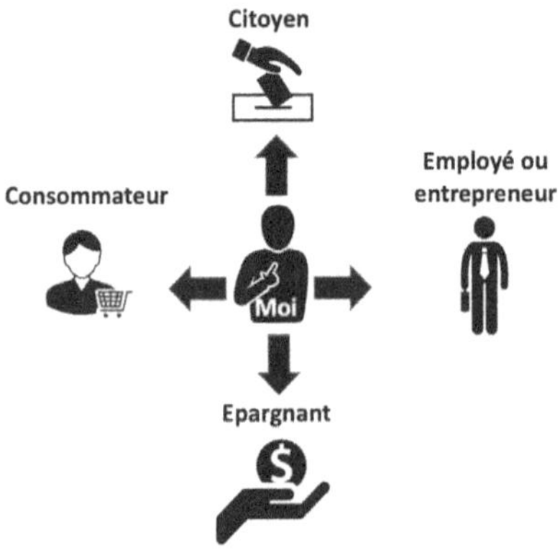

Nous sommes consommateurs

Commençons par le plus simple, nos moyens d'action en tant que consommateur. La première étape pour agir est de calculer notre empreinte carbone individuelle, c'est-à-dire le montant de gaz à effet de serre que nous émettons chaque année et pourquoi nous en émettons beaucoup (ou peu).

Nous avons vu dans un chapitre précédent les limites de ce concept, qui consiste à nous attribuer la responsabilité d'émissions sur lesquelles nous n'avons aucun contrôle, notamment quand elles sont importées. Toutefois, c'est un chiffre utile à calculer au niveau individuel en se rendant sur internet ou sont proposés de nombreux calculateurs[195], et le mieux est d'en essayer plusieurs. Pour la France, à la date de parution de cet ouvrage, celui de l'ADEME était le plus détaillé. Une fois connecté au site, cela ne prend que quelques minutes.

L'ADEME fournit aussi des données pour la répartition moyenne des émissions en France, sur la base de 9 tonnes en moyenne par Français, et son calculateur fournit aussi la répartition de nos émissions selon notre profil de consommation. Enfin, il propose des solutions pratiques pour tenter de réduire ses émissions.

Le calculateur découpe notre empreinte carbone en cinq parties plus ou moins égales, c'est-à-dire représentant environ 20% chacune

1) Transport ;
2) Logement ;
3) Consommation alimentaire ;
4) Consommation non alimentaire ;
5) Consommation de services publics.

Pour le transport, le calculateur nous demande de répondre à quelques questions simples, par exemple combien de kilomètres parcourons-nous en voiture, et quel est son type (essence, diesel, électrique…), combien en avion, combien en train et en transport publics.

Pour la maison, c'est le nombre de pièces, le nombre de personnes qui occupent le logement, le type de chauffage et la consommation annuelle.

Pour l'alimentaire, quelques questions sur le type d'alimentation et particulièrement à quel rythme nous mangeons de la viande rouge et des produits laitiers.

Pour le non-alimentaire, nos achats moyens en vêtement, électronique, etc.

En réalité, même si les questions semblent assez simples, elles ne le sont pas tant que cela : par exemple, pour l'usage de l'automobile, il faut y intégrer tous les kilomètres, y-compris ceux réalisés à titre professionnel. Pour la maison, il faut penser à ajouter une résidence secondaire, mais pas un logement dont on serait propriétaire mais mis à la location : dans ce cas, les émissions liées au chauffage sont attribuées à l'occupant. Dans les immeubles locatifs, on ne sait pas toujours le type de chauffage et même la quote-part exacte. Il en est ainsi de la consommation numérique, selon que celle-ci est basée ou non sur des centres de données et des réseaux fonctionnant à l'électricité bas-carbone ou aux énergies fossiles, le niveau d'émissions sera différent. Or nos données sont souvent stockées plusieurs fois et dans différents pays, sans que l'on sache où exactement.

Manger local permet-il de réduire ses émissions ?

Manger local n'a qu'un effet très réduit sur les émissions de CO2 dans la mesure où les émissions liées au transport de la nourriture représentent moins de 6% des émissions totales du secteur alimentation. En outre, une grande partie de ces émissions vient du transport sur les derniers kilomètres, indispensable même pour une production locale, tandis que le transport navire ou camion compte pour peu. On peut néanmoins vouloir manger local pour d'autres raisons, apporter son soutien à des producteurs locaux par exemple ou accéder à des variétés de fruits et légumes souvent plus goûteuses, celles qui supportent mal le transport sur longues distances. En revanche, il faut éviter à tout prix de consommer des produits alimentaires transportés par avion. Malheureusement, il est parfois difficile de savoir quels produits, une toute petite minorité représentant moins de 1% des produits alimentaires, utilisent ce moyen de transport : ce sont en général des produits périssables, haricots verts, fraises, asperges pour lesquels le transport par cargo prend trop de temps. Toutefois, dans la liste des produits ayant le plus fort taux de croissance dans le transport par avion, on trouve aussi les crustacés d'Écosse, la viande fumée et le vin d'Australie, la crème caillée du Royaume-Uni et les plantes médicinales d'Afghanistan. Quant aux produits bio, s'ils sont bons pour notre santé, leur empreinte carbone est assez proche des autres produits, mais comme les produits bios sont souvent des fruits et légumes, en en consommant beaucoup, nous réduisons bien notre empreinte carbone par rapport à une consommation de viande par exemple. Le même résultat est obtenu en consommant des produits issus de l'agriculture raisonnée, bien moins chers. Cependant, manger des produits de saison est incontestablement bon pour le climat.

En faisant le test, j'ai calculé une empreinte carbone 20% au-dessus de la moyenne française calculée par l'ADEMA, soit 11 tonnes environ. Le calcul effectué sur d'autres simulateurs m'attribuait une empreinte carbone comprise entre 10 et 13 tonnes pour la même année, ce qui montre bien d'ailleurs la complexité des calculs sous-jacents et la marge d'erreur possible. Réaliser cet exercice m'a permis de comprendre les sources de mes émissions et la part de celles sur lesquelles je n'avais aucun contrôle. Étant locataire d'un logement où le chauffage est collectif, je ne puis agir sur les émissions liées au chauffage ou très peu : fermer ou baisser mes radiateurs est toujours possible, mais cette action n'aura aucun impact sur mes charges locatives et très peu d'effet sur les émissions de CO_2, sauf à ce que la loi, qui oblige les compteurs individuels, soit effectivement mise en œuvre. Par ailleurs, comme tous les Français, j'utilise les services publics de santé, de police, de justice ou d'éducation par exemple, et à ce titre, on m'alloue un quota d'émissions.

Mais malgré tout, une partie significative de mes émissions vient du poste transport, avion et voiture essentiellement, et une autre importante du chauffage de mon appartement.

Ensuite, je me suis fixé un objectif de réduction de 30% d'ici à 2030, puis à nouveau de 30% sur les cinq années suivantes, donc un peu plus de 50% sur la période 2022 à 2035 : cela m'a paru à la fois raisonnable et ambitieux, un objectif d'une certaine façon aligné avec l'accord de Paris, mais à un niveau individuel. Je ne serai donc pas à une empreinte carbone zéro dès 2035, mais autour de 5,5, avec le bon espoir de pouvoir atteindre 2 à 3 tonnes en 2050 (en espérant que la reste pourra être compensé par des émissions négatives).

J'ai aussi décidé de me construire une petite grille d'analyse pour juger des actions possibles selon cinq critères, et pas seulement l'empreinte carbone :

1) Réduit mon empreinte carbone
2) Bon pour la santé
3) Bon pour le portefeuille (source d'économies)
4) Facile à mettre en œuvre

On peut y rajouter une cinquième dimension, en réalité résultant de la combinaison des autres : éprouver du plaisir et de la satisfaction à faire quelque chose de concret pour le climat. Mais, en réalité, mon conseil est de faire sa propre grille, y sélectionnant les éléments les plus importants pour chacun, quitte à en discuter avec collègues, amis ou membres de sa famille.

Les actions que j'ai choisies sont alignées avec celles qu'il convient d'envisager au niveau des États. Électrifier mon environnement, réaliser des économies d'énergie, réduire ma consommation de viande et consommer avec modération.

	Impact Gas à effet de serre	Bon pour la santé	Economies	Facile à mettre en oeuvre
Acheter une voiture électrique	Très significatif	Non	Oui, > 5ans	Oui
Pompe à chaleur et solaire pour sa maison	Très significatf	Non	Oui, retour de 7 à 10 ans	Oui
S'habituer à chauffer moins	Oui, 0-7% de réduction	Oui	Oui, 7% pour un degré de moins	Oui, si progressivement
Garder ses objets plus longtemps, éviter les achats inutiles	Oui, 15-20% de réduction	Non	Oui, 30% d'économie	Oui
Privilégier le train à l'avion	Très significatif	Non	Pas toujours	Pas toujours
Manger moins de viande	Significatif	Oui, moins de risque de cancer	Limitées	Oui, si progressivement
Réduire au maximum le gaspillage alimentaire	Significatif	Non	Oui, significatif	Oui
Acheter des produits d'occasion	Significatif	Non	Oui, significatif	Oui

En me livrant à de (très relativement) savants calculs, je me suis aperçu que réduire mes émissions de 30% environ à l'horizon 2030 était possible, sans bouleversement majeur de mon mode de vie. Est inclus dans la liste de mes objectifs celui d'atteindre pratiquement zéro déchets alimentaires, de trier rigoureusement les autres déchets, de donner plutôt que jeter des vêtements, livres, jouets pour enfants (etc.) dont je souhaite me séparer faute de place. Éviter les consommations inutiles et dès que possible, me reporter sur des produits de meilleure qualité dont je peux espérer qu'ils auront une durabilité plus grande et, lorsque c'est possible, acheter des produits d'occasion plutôt que neufs.

Toutes les actions ne sont pas cumulables, mais elles montrent qu'il est relativement facile de baisser ses émissions de 2 tonnes environ, privilégiant l'habitat, la voiture électrique et le train par rapport à l'avion. D'autre part, elle apporte de 80 à 200 euros d'économies par mois, ce qui est significatif pour la plupart d'entre nous. Si les écarts entre le minimum et le maximum de réduction en émissions de CO_2 ou en économies sont si élevés, c'est qu'ils dépendent de notre point de départ et des subventions accordées.

La production de nourriture représente environ un quart des émissions de gaz à effet de serre au niveau mondial. Cette proportion varie d'un pays à l'autre en fonction des habitudes alimentaires, plus proche d'un tiers aux États-Unis et de 22% en France par exemple. L'action la plus efficace pour réduire son empreinte carbone dans ce domaine est de substituer de la viande rouge avec des légumes ou de la viande blanche. Comme je suis soucieux du bien-être des agriculteurs-éleveurs, si indispensables à la réussite de la transition énergétique et qui nous nourrissent en menant une vie souvent pas facile, je ne vais pas arrêter de manger de la viande rouge. En outre, j'adore les vaches et les moutons pour la beauté qu'ils ajoutent au paysage. Je réduirai mon volume de consommation mais pour une meilleure qualité et y mettrait un peu plus de canard. Un peu moins de fromage aussi, mon péché mignon, mais de meilleure qualité, ce sera bon pour ma santé.

En tant que consommateur, nous avons d'autres leviers. Premièrement, nous pouvons bien sûr choisir des biens et services dont la production émet peu de CO_2. Mais nous pouvons aussi privilégier les producteurs qui ont un programme ambitieux de réduction des gaz à effet de serre. Bien évidemment, il peut être difficile de vérifier sur internet quel est le comportement de chaque fournisseur auquel nous nous adressons, mais pour les gros achats au moins, cela est possible. Nous avons vu par exemple que tout ce qui est fabriqué en Chine souffre d'une empreinte carbone a priori élevée : lorsqu'il nous est possible de connaitre l'origine, éviter d'acheter des produits chinois tant que le pays n'aura pas commencé à mettre en œuvre les engagements qui sont les siens.

Me concernant, mon programme basé sur le passage à une voiture électrique, réduire ma consommation de viande rouge de 25%, appliquer les petits gestes du quotidien qui réduisent mon empreinte carbone, passer à une démarche zéro déchets ne me permet malheureusement pas d'atteindre mon objectif de réduction de 30%. En voici le résumé :

Mon point de départ est de 11 tonnes, et l'ensemble des réductions de CO_2 atteignent 2,3 tonnes, portant mon empreinte carbone à 8,7 tonnes. Pour atteindre 30% de réduction en 5 ans, soit 7,7 tonnes, je dois encore trouver 1,0 tonne. Il me faudra envisager plusieurs options :

- ⇨ Réduire mes voyages en avion à un aller-retour par an en Europe (au lieu de 2) ;
- ⇨ Réduire encore ma consommation d'objets, en me concentrant sur ceux qui sont vraiment nécessaires ;
- ⇨ Essayer d'agir autour de moi pour que l'entreprise où je travaille, les services publics que j'utilise, les associations dont je fais partie fournissent aussi des efforts.

Vaut-il mieux commander sur internet ou aller en magasin ?

Une question que nous nous posons souvent : vaut-il mieux commander sur internet ou aller en magasin pour un achat, du seul point de vue de l'empreinte carbone ? La réponse à cette question est complexe ; il n'existe aucune étude complète sur le sujet.

Sur site internet associé au livre, vous lirez également la responsabilité particulièrement lourde d'Amazon en matière d'émissions de CO_2, pour des raisons factuelles, et le *Greenwashing* presque drolatique auquel se livre cette firme en la matière. Et comment agir, simplement, à notre niveau pour l'obliger à changer.

La mauvaise nouvelle est que pour atteindre mon deuxième objectif de réduction de 30% et atteindre 5,4 tonnes en 2035, il me faudra a priori envisager des actions plus radicales : d'ici à la fin de la période néanmoins, 10 ans en tout, je peux espérer trois évolutions favorables. Tout d'abord, si les services publics améliorent sensiblement leur efficacité énergétique, mon bilan carbone pourrait baisser de 300 à 500 kg par an.

Si l'avion électrique ou à hydrogène devient réalité, ce sera plus de 800 Kg CO_2 économisés dans mon bilan. Je peux aussi anticiper une forte baisse des émissions de la Chine, où sont fabriqués certains des produits que je consomme.

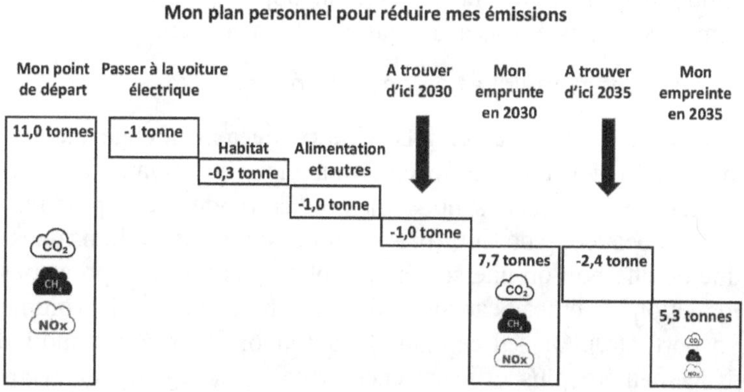

Ce sera plus sûrement le cas si les distributeurs de produits chinois, en magasins ou sur internet, sont obligés d'indiquer le contenu en CO_2 des produits qu'ils commercialisent. Tous ces éléments, dont aucun ne dépend directement de moi, pourraient m'aider à baisser mes émissions de 1 à 1,7 tonnes, et je pourrais donc être assez proche d'atteindre mon objectif sans bouleversement massif de mon mode de vie.

En conclusion, baisser sensiblement son empreinte carbone, de 20% environ, est possible et relativement facile. L'effort dépend aussi du point de départ et paradoxalement, plus aisé pour ceux qui ont une empreinte carbone élevée. En revanche, au-delà, cela implique des changements de vie, dont certains sont importants.

Pour la première vague de réduction, si on le peut, isoler sa maison et utiliser une pompe à chaleur et/ou des panneaux solaires est l'action qui rapporte le plus avec acheter une voiture électrique et réduire ses déplacements en avion. Bien isoler mon logement est une action importante, mais à supposer que je me chauffe au gaz : paradoxalement, si j'utilise de l'électricité renouvelable ou nucléaire, le niveau d'isolation compte peu du point de vue des émissions, mais il me permet quand même de réduire ma facture énergétique. Mais il n'y a nul besoin d'arrêter de conduire ou de manger une bonne entrecôte ou du saucisson, même de ne jamais plus prendre l'avion (mais clairement, plus d'un vol par an commence à faire beaucoup). D'autre part, mieux vaut se fixer un objectif à moyen terme, par exemple sur deux à trois ans et faire un bilan annuel.

Nous sommes employés ou entrepreneurs

C'est un des leviers essentiels. Une partie non négligeable de nos émissions a lieu dans notre environnement de travail, soit que les sociétés pour lesquelles nous travaillons vendent des produits qui émettent beaucoup de CO_2 (par exemple, si nous travaillons dans une mine de charbon ou une société pétrolière), soit que le processus de production en émet beaucoup (dans les bureaux, par le volume de transport, etc.). Or, sur ce plan, nous pouvons agir, à titre individuel ou de manière plus efficace encore, en nous regroupant avec des collègues pour faire en sorte que les questions environnementales s'inscrivent au cœur de la stratégie de la société qui nous emploie.

Voyons un exemple, parmi des milliers d'autres : la société Google émet beaucoup de CO_2, notamment en raison du volume d'électricité utilisé par ses data centers. D'ailleurs, le secteur digital dans son ensemble représente presque 5% des émissions de CO_2. Jusqu'à une période récente, Google se contentait d'un rapport environnemental avec de belles images et quelques intentions. Néanmoins, ses propres collaborateurs ont commencé à faire pression sur la direction pour que la société agisse de manière plus ambitieuse et rigoureuse dans ce domaine. Pour la société Google, régulièrement citée dans les classements *Best Company to work for*, ne rien faire représentait un risque considérable : celui d'être moins en mesure d'attirer les meilleurs talents en raison d'une mauvaise image, totalement méritée, sur le plan environnemental. Plus que les investisseurs, trop contents des performances boursières et *a priori* prêts à se contenter d'une politique environnementale essentiellement basée sur la communication et de belles images, ce sont les employés de Google qui ont fait bouger les choses[196]. En réalité, aux États-Unis particulièrement, pendant les quatre années de la présidence Trump, si les choses ont continué de progresser de manière positive sur beaucoup de plans malgré le peu d'ambition sur le plan fédéral, c'est en raison d'évolutions importantes dans le *corporate world* (le monde de l'entreprise). Certes, celui-ci peut avancer sur ce thème beaucoup plus rapidement s'il y est incité par le gouvernement fédéral, mais les poussées de la part des employés et des investisseurs jouent aussi un rôle très important.

Comment aborder ces questions au sein de son entreprise ?

Le mieux est évidemment d'adopter une attitude coopératrice et pragmatique en se concentrant d'abord sur toutes les mesures qui, loin d'affecter la compétitivité de l'entreprise, peuvent au contraire la renforcer en économisant des coûts inutiles ou favorisant des investissements rentables (même si ces derniers peuvent l'être seulement à long terme). On peut par exemple proposer un groupe de travail sur ce sujet, quitte à le faire au sein d'instances syndicales, à supposer que ces dernières aient aussi sur ce sujet une attitude constructive et le désir d'avancer. Le groupe de travail peut par exemple :

- ⇨ Essayer de quantifier les émissions de CO_2 de l'entreprise, si ce n'est déjà fait, en posant des hypothèses simplificatrices, de manière à éviter les calculs trop compliqués qui finalement n'apportent guère de valeur, si ce n'est d'améliorer la précision : dans ce domaine, on peut se contenter d'une approche 80/20. Quelle est la consommation d'électricité, d'où vient-elle, est-elle renouvelable pour partie ? Quelle est l'utilisation d'eau, de papier, de transport ?
- ⇨ Combien de voyages en avion, quelle proportion pourrait aisément être évitée et comment ?
- ⇨ Pourquoi l'entreprise n'encourage pas le télétravail, quels sont les points bloquants et comment les lever ?
- ⇨ Pour obtenir l'engagement de tous, un effort important de communication interne doit être mis en œuvre, sur les travaux réalisés, les mesures proposées, les résultats obtenus. On peut tenter de s'appuyer sur des *green leaders* au sein des

différentes filiales ou services, qui auront la charge de collecter auprès de leurs collègues réactions et suggestions.

Une fois les premières mesures engagées, sur la base de crédibilité obtenue sur des projets concrets, il est possible d'aborder des sujets plus stratégiques.

Nous sommes épargnants

Là encore, il s'agit d'un levier très important, même s'il l'est davantage dans certains pays que dans d'autres : dans tous les pays où une part importante de la population détient, directement ou indirectement (via des fonds de pension par exemple) des actions, ce peut même être un outil d'une redoutable efficacité. C'est le cas en particulier aux États-Unis.

Certains fonds d'investissement, sous la pression de leurs clients, c'est-à-dire ceux qui leur confient leurs économies en général pour leur retraite, commencent à délaisser les sociétés considérées comme peu vertes. Une des raisons de ce changement d'attitude vient qu'une partie des investisseurs est sensible à la question environnementale, même si peu sont sans doute prêts à accepter un rendement de leur épargne beaucoup plus faible à condition que celle-ci soit plus verte. Mais la raison la plus importante est que plusieurs études suggèrent que les sociétés avec une conscience environnementale forte sont en fait… plus rentables que les autres. Ainsi, l'association *Just Capital* qui mesure les performances sur plusieurs milliers de sociétés américaines sur un ensemble de paramètres sociétaux, dont l'environnement, a montré que la rentabilité des « leaders en matière d'environnement » était en moyenne plus élevée que celle des autres, de 20% environ, ce qui est très significatif[197]. Il existe d'autres associations faisant le même travail, pour les États-Unis et d'autres pays, et leurs conclusions sont identiques[198].

Nous sommes des citoyens

Nous pouvons dans ce domaine avoir un impact important, même si c'est sans doute plutôt collectivement que seul que nous pouvons atteindre cet objectif au mieux. Notre citoyenneté peut s'exercer de différentes façons, en adhérant ou en soutenant financièrement des associations, ou, dans les pays où cela est possible, en exerçant notre droit de vote. Dans les démocraties, les électeurs peuvent pousser les acteurs politiques à mettre l'action pour le climat au cœur de leurs préoccupations. La question du réchauffement climatique n'est ni de droite, ni de gauche, elle devrait être reprise par tous les dirigeants, qu'ils soient conservateurs ou non. Des signes encourageants sont visibles de ce côté-là quand, par exemple, les dirigeants conservateurs britanniques affichent une grande ambition pour leur pays dans ce domaine. Il est sans doute beaucoup plus efficace de faire pression sur les partis traditionnels pour qu'ils agissent vite plutôt que de porter ses voix sur des partis verts. Nous avons besoin de dirigeants politiques pragmatiques et ambitieux dans ce domaine, bien plus que d'hommes et femmes familiers des coups de gueule, tribunes et indignations. Nous avons aussi besoin de leaders qui donnent l'exemple par leurs propres engagements et style de vie, plutôt que de donneurs de leçon (toujours indignés).

Nous pouvons également exercer ce pouvoir politique au niveau local, pas seulement en votant pour des partis verts, mais en incitant tous les candidats en lice, ceux qui ont notre préférence sur d'autres questions que le climat, à mettre cette préoccupation au cœur de leurs programmes locaux. Nous pouvons aussi prendre contact avec notre mairie et lui proposer d'animer un groupe citoyen de réflexion sur des actions simples et concrètes à mettre en œuvre pour que notre ville ou même quartier devienne plus vert, moins émetteur de CO_2.

Le levier associatif peut être aussi très puissant : membre d'un club de boules ou de chasseurs, pourquoi ne pas poser la question de ce qui pourrait être fait au niveau de mon association pour le changement climatique ? Pourquoi ne pas acheter une fontaine à eau plutôt que d'utiliser des bouteilles en plastique par exemple ? Pourquoi ne pas équiper notre local d'une pompe à chaleur ? Est-ce possible ? Il existe mille et une initiatives possibles.

La fin de l'enquête ? Non, l'enquête continue

Comme je l'ai indiqué au début de cet ouvrage, j'ai abordé sans *a priori* le sujet du réchauffement climatique. Certes, ma position de départ était que je n'avais aucune raison de ne pas faire confiance à une communauté scientifique qui, dans une large majorité, croyait à l'existence du phénomène. Le tampon « approuvé par les scientifiques » ne suffisait néanmoins pas à lever toutes mes doutes, ayant vu, par le passé le consensus scientifique se former sur des hypothèses qui furent par la suite démenties. Je connaissais certains des errements du GIEC à ses débuts et les critiques qui lui furent adressées, parfois à raison. Toutefois, en l'espèce, le fait que des milliers de chercheurs de tous pays soient arrivés à la même conclusion soulevait une question : pourquoi donc défendraient-ils une position consensuelle alors que leur intérêt personnel serait plutôt grâce à leurs recherches de se distinguer de leurs collègues dans un monde scientifique marqué par une forte concurrence internationale et une difficulté à exister au niveau individuel ? J'ai aussi pris le temps d'examiner les arguments des climato-sceptiques ou ceux, plus nuancés, qui se catégorisent comme climato-réalistes. Néanmoins, je n'ai rien trouvé de très convaincant, à la fois sur la question de l'existence d'un réchauffement climatique et son lien aux activités humaines, mais plutôt beaucoup d'articles bâclés ou truffés de grossières erreurs de logique.

Au contraire, j'ai découvert la grande rigueur dont fait preuve le GIEC, auquel un excès de prudence est d'ailleurs parfois reproché. J'ai compris que les mécanismes physiques du réchauffement climatique étaient connus depuis la fin du XIXe siècle et que les débats que nous avons depuis portent essentiellement sur la réalité de sa matérialisation dans le monde réel et complexe du climat. En bref, la question d'un lien aux activités humaines et la consommation d'énergies fossiles ne se posait plus depuis longtemps, les seules questions éventuellement valides étant : l'existence effective d'une hausse des températures et la partie imputable à des mécanismes naturels. Or, on dispose d'évidences très solides concernant la hausse des températures, tandis que des études scientifiques montrent qu'à long-terme, les effets naturels (El Nino par exemple, cycles solaires) n'ont contribué que de manière marginale à cette hausse.

Bref, de convaincu de l'existence du réchauffement climatique sur la seule base de la confiance accordée à la communauté scientifique, je le suis devenu grâce à l'examen des faits et des arguments utilisés par les uns et les autres.

J'ai aussi compris que par rapport aux autres problèmes environnementaux que nous avions eu à affronter, celui du réchauffement climatique était d'une bien plus grande complexité. Le trou de la couche d'ozone était *in fine* un défi simple, dont chacun pouvait comprendre les effets et dont la résolution impliquait des changements assez limités pour un coût connu. Au contraire, le changement climatique exige des changements profonds qui affecteront tous les secteurs économiques, avec un bilan coûts/bénéfices plus difficile à établir.

Finalement, la transition énergétique, par les bouleversements qu'elle implique, ressemble plus à la combinaison des différentes révolutions économiques et technologiques que nous avons connues depuis le milieu du XVIIIe siècle, machine à vapeur et industrialisation, révolution de la mobilité, puis celle de la médecine et des technologies de l'information. En une cinquantaine d'années seulement, puisqu'il faudra atteindre la neutralité carbone au plus tard en 2050, quand il aura fallu plus de deux siècles pour les autres.

Commençons donc par les mauvaises nouvelles sur le front de la transition énergétique. La première est que la hausse des températures va probablement continuer, même si nous réduisons de manière drastique nos émissions dans les 10 prochaines années.

La deuxième mauvaise nouvelle est que toutes les technologies nécessaires à la transition énergétique ne sont pas encore au point : des efforts de recherche massifs devront être réalisés dans le domaine des batteries, des émissions négatives mais aussi du nucléaire (fusion, SMR, etc) et dans une moindre mesure de l'hydrogène.

Les bonnes nouvelles sont nombreuses néanmoins : limiter la hausse à 0,5°C, au pire 1°C est encore peut-être encore possible. Pour cela, il nous faut réussir une transition énergétique, c'est-à-dire passer d'un modèle essentiellement basé sur les énergies fossiles à un autre où domineront les sources d'énergie bas-carbone.

Il est possible d'atteindre cet objectif avant 2050 mais à plusieurs conditions :

Il faut d'abord mettre fin à l'usage du charbon et décarboner la production d'électricité grâce aux énergies renouvelables, au nucléaire et des émissions négatives pour compenser l'usage du gaz naturel qu'il faudra continuer d'utiliser longtemps. On peut atteindre ou au moins se rapprocher d'une électricité 100% bas-carbone avec les technologies actuelles.

Il faut ensuite électrifier l'économie, en clair passer à l'électricité partout où c'est possible, transport et chauffage en particulier, mais aussi dans l'industrie. Là aussi, les technologies actuelles permettront d'accélérer l'électrification dans beaucoup de secteurs.

Autre étape, réduire la consommation d'énergie de manière très sensible dans tous les secteurs, grâce à l'électrification de l'économie, l'isolation des bâtiments et les pompes à chaleur et plus généralement toutes les mesures possibles visant à améliorer notre efficacité énergétique.

Nous devons également apprendre à consommer moins et mieux et se diriger vers une croissance économique plus modeste mais plus inclusive.

Il faut également mettre fin à la déforestation.

Il est enfin nécessaire de réduire les émissions de méthane d'au moins 25% rapidement et de viser une baisse plus forte à terme.

La mise en œuvre de ces mesures permettrait une réduction des émissions de plus des deux-tiers.

En parallèle, il faut investir donc massivement dans la recherche et développement, particulièrement avant 2035, notamment dans les domaines déjà cités.

Enfin, les pays riches doivent aider de manière massive, mais ciblée et contrôlée les pays les moins développés pour lesquels la transition énergétique est un défi majeur. Ils attendent transferts de technologie et aides financières. Il en est de notre intérêt en réalité de les aider : il sera plus efficace d'aider les pays moins développés à contenir leurs émissions que de dépenser sans compter pour effacer la dernière fraction de nos émissions en Europe ou aux Etats-Unis. Les gaz à effet de serre sont globaux, on ne le dira jamais assez.

Une autre bonne nouvelle est venue des changements positifs dont j'ai réalisé qu'ils accompagneront la transition énergétique : un système d'approvisionnement en énergie plus durable, stable, moins corrompu et un coût de l'énergie moins volatile, si ce n'est plus faible.

Une importante découverte fut celle du montant faramineux d'énergie que nous consommons chaque année et à quel point presque toutes les activités humaines en impliquent une utilisation souvent massive. Une autre surprise fut de réaliser combien notre système énergétique, notamment parce qu'il est basé sur les énergies fossiles, est inefficace puisque les deux-tiers de l'énergie consommée sont perdus. Cet immense gâchis est, d'une certaine façon, une bonne nouvelle puisque le développement des énergies renouvelables, l'électrification de l'économie et une meilleure isolation de nos habitats permettraient d'accroitre considérablement l'efficacité énergétique.

In fine, cette enquête me laisse avec un optimisme relatif, malgré l'ampleur des défis et la force de lobbys qui luttent encore pour retarder la transition énergétique, particulièrement dans les grands producteurs d'énergies fossiles, au Moyen-Orient, en Russie mais aussi aux États-Unis[199], au Canada[200] ou encore en Australie, où ces secteurs ont un poids important en termes d'emploi et de commerce extérieur.

Autre bonne nouvelle, la prise de conscience du public commence à être réelle, à mesure que se multiplient des évènements météorologiques majeurs, dont il apparait de plus en plus qu'ils sont liés au réchauffement climatique. Celle des gouvernants également : la Chine en particulier, dont la responsabilité dans la hausse des émissions depuis 1990 est immense, donne des signes encourageants de vouloir avancer vers l'objectif de zéro émission malgré son refus de mettre dès aujourd'hui fin au plus vite à l'usage du charbon.

Le défi du changement climatique nous oblige aussi à prendre conscience du caractère limité des ressources naturelles, à nous interroger sur nos modes de consommation, surtout dans les pays développés, et mettre sur la table de vraies questions comme celles de l'inégalité, de la croissance démographique et du niveau de croissance économique soutenable.

En ce sens, il signe la fin d'une période de 250 ans d'histoire de l'humanité, commencée au milieu du XVIIIe siècle et la première révolution industrielle et basée sur une exploitation intensive de ressources qui nous paraissaient alors presque illimitées.

Remerciements

Je l'ai dit au début de l'ouvrage, celui-ci est en réalité un ouvrage collectif. Mes remerciements vont tout d'abord aux sources d'information institutionnelles et leurs équipes, au premier rang desquelles : *l'Agence Internationale de l'Energie*, *Carbon Brief and Carbon Tracker*, *Netherlands Environmental Assessment Agency*, *IRENA*. S'y ajoute le site *Wikipedia*, référence toujours utile sur les sujets de la transition énergétique et d'autres. Pour la couverture media, mention spéciale à l'équipe de *Bloomberg Green* et l'AFP. Les médias français, privés ou publics, radio, TV ou presse écrite, offrent maintenant une plutôt bonne couverture sur la question du climat, même si certains, ceux avec les plus grosses rédactions en général, font mieux que d'autres.

Je dois également remercier Linkedin grâce auquel j'ai pu avoir accès à des dizaines de contributions du plus grand intérêt, mais aussi établir des liens directs avec un grand nombre de leurs auteurs.

Outre mon épouse, Arianne, à mes côtés pour une relecture critique et attentive, mes remerciements particuliers vont à Andreas et nos nombreuses discussions. Parmi mes autres sources, citons : Jean-Marc, Tom, Guillaume, Cédric, Rainer, Robin, Jan, Greg, Dilip, Nicolas, Robert, Greg, Gilles, Ted, Thomas, Julien, Maxence, Ducan, Christian, Mickael, Antony, François. S'y ajoute plusieurs amis, qui m'ont aidé dans mes réflexions, parfois sans même le savoir, pour ne nommer que quelques-uns : Albrecht, Louis, Charles-Henri, Mathieu.

Pour mon comité de lecture : Arianne, Aurélie, Bakhtiar, Daniel, Damien, Ghislain, Gildas, Juliette, Guillaume, Juliette, Lucas, Marc, Pascale, Vincent.

L'ensemble des notes sont disponibles sur le site de l'auteur aux éditions Harmattan. Elles le sont également sur le site dédié :

www.Enquete-climat.com

Ce site contient également de nombreuses données et analyses complémentaires. Il sera mis à jour régulièrement.

Structures éditoriales du groupe L'Harmattan

L'Harmattan Italie
Via degli Artisti, 15
10124 Torino
harmattan.italia@gmail.com

L'Harmattan Hongrie
Kossuth l. u. 14-16.
1053 Budapest
harmattan@harmattan.hu

L'Harmattan Sénégal
10 VDN en face Mermoz
BP 45034 Dakar-Fann
senharmattan@gmail.com

L'Harmattan Cameroun
TSINGA/FECAFOOT
BP 11486 Yaoundé
inkoukam@gmail.com

L'Harmattan Burkina Faso
Achille Somé – tengnule@hotmail.fr

L'Harmattan Guinée
Almamya, rue KA 028 OKB Agency
BP 3470 Conakry
harmattanguinee@yahoo.fr

L'Harmattan RDC
185, avenue Nyangwe
Commune de Lingwala – Kinshasa
matangilamusadila@yahoo.fr

L'Harmattan Congo
219, avenue Nelson Mandela
BP 2874 Brazzaville
harmattan.congo@yahoo.fr

L'Harmattan Mali
ACI 2000 - Immeuble Mgr Jean Marie Cisse
Bureau 10
BP 145 Bamako-Mali
mali@harmattan.fr

L'Harmattan Togo
Djidjole – Lomé
Maison Amela
face EPP BATOME
ddamela@aol.com

L'Harmattan Côte d'Ivoire
Résidence Karl – Cité des Arts
Abidjan-Cocody
03 BP 1588 Abidjan
espace_harmattan.ci@hotmail.fr

Nos librairies en France

Librairie internationale
16, rue des Écoles
75005 Paris
librairie.internationale@harmattan.fr
01 40 46 79 11
www.librairieharmattan.com

Librairie des savoirs
21, rue des Écoles
75005 Paris
librairie.sh@harmattan.fr
01 46 34 13 71
www.librairieharmattansh.com

Librairie Le Lucernaire
53, rue Notre-Dame-des-Champs
75006 Paris
librairie@lucernaire.fr
01 42 22 67 13

www.ingramcontent.com/pod-product-compliance
Lightning Source LLC
LaVergne TN
LVHW011011061026
849535LV00006B/1831
* 9 7 8 2 3 3 6 4 5 3 0 3 3 *